Martha Schad

Gottes mächtige Dienerin

Martha Schad

Gottes mächtige Dienerin

Schwester Pascalina und Papst Pius XII.

Mit 25 Fotos

Herbig

Für Schwester Dr. Uta Fromherz,
Kongregation der Schwestern vom Heiligen Kreuz,
Menzingen in der Schweiz

Besuchen Sie uns im Internet unter:
www.herbig-verlag.de

1. Auflage September 2007
2. durchgesehene Auflage August 2008
3. durchgesehene Auflage Februar 2011
4. Auflage Mai 2011
Sonderproduktion – 1. Auflage 2013

Umschlaggestaltung: Wolfgang Heinzel
Umschlagbild: Hans Lehnert, München
und SV-Bilderdienst, München
Lektorat: Dagmar von Keller
Satz: VerlagsService Dr. Helmut Neuberger
& Karl Schaumann GmbH, Heimstetten
Gesetzt aus: 11,5/14,5 Punkt Minion
Drucken und Binden: GGP Media GmbH, Pößneck
Printed in Germany
ISBN 978-3-7766-2531-8

Inhalt

Teil IV
1959–1983
Oberin am päpstlichen nordamerikanischen Priesterkolleg in Rom

Anhang

Teil I
1894–1929
In der Nuntiatur in München
und Berlin

Schwester Pascalina als junge Nonne

Von Ebersberg nach Altötting

»Vielleicht bin ich deshalb so heiter, weil wir so viele zu Hause waren. Luftschaukeln gab es im Garten und eine riesige Scheune, in der wir herrlich spielen konnten.«[1]

Josefine Lehnert aus Ebersberg

Josefine Lehnert war die siebte von zwölf Geschwistern; sie kam am 29. August 1894 in Ebersberg in Oberbayern zur Welt. Ihr evangelischer Vater Georg (1861–1923) aus Ingolstadt war Postbote in Ebersberg, ihre Mutter Maria (*1860, †12.4.1926) stammte aus der wohlhabenden katholischen Familie Dierl aus Dachau. Die junge Frau galt als gute Partie und konnte bei einer Eheschließung mit einer schönen Mitgift rechnen. Da sie sich allerdings in den evangelischen Georg verliebt hatte, wurde sie enterbt.

Die ersten sechs Kinder wurden noch in München geboren, dann konnte Vater Lehnert ein Haus in Ebersberg kaufen, das er umbaute. An das ursprüngliche Bauernhaus erinnert lediglich die Ausstattung der Bauernstube mit dem großen Holztisch und der Eckbank im Herrgottswinkel. Dennoch wurde in vielen Zeitungsberichten über Schwester Pascalina ihr Elternhaus fälschlich immer als Bauernhof bezeichnet, sogar mit dem Hinweis auf eine landwirtschaftliche Tätigkeit des Vaters.

Ebersberg war einst »Altbayerns berühmtester Wallfahrtsort«. Dort befindet sich eine der bedeutensten Reliquien auf bayerischem Boden, die Hirnschale des heiligen Sebastian, die ein

Ebersberger Mönch schon 931 aus Rom mitgebracht hatte, wo das Skelett des Heiligen ruht. Vor allem in den Pestjahren schwoll der Pilgerstrom an. Schließlich gilt der römische Offizier Sebastian, der um 285 den Märtyrertod fand, seit jeher als Pestheiliger.

In Ebersberg wuchsen Josefine Lehnert und ihre Geschwister auf. Der Kinderreigen bestand aus[2]:

Magdalena (1882–1955) heiratete den Schuhmacher August Brenner aus München.

Juliana (1885–1974): verheiratet Bauer, eine Tochter Juliana.

Joseph, geboren 1888 kam bei einem Sportunfall 1921 ums Leben. Dieser Tod war ganz besonders für die Mutter ein schlimmer Schicksalsschlag. Joseph hatte ihren innigsten Wunsch erfüllt und war Priester geworden.

Georg kam 1890 zur Welt. Er fiel als Soldat am Ende des Ersten Weltkrieges 1918 in Belgien.

Hans, Taufname Johann, wurde 1891 geboren. Er fuhr schon mit fünfzehn Jahren zur See und wanderte kurz vor dem Ersten Weltkrieg in die Vereinigten Staaten aus, wo er 1982 in Seattle starb. Der Kontakt zu den Geschwistern blieb zeitlebens erhalten. Nach dem Zweiten Weltkrieg war Hans Lehnert mit seiner Frau Elisabeth zweimal in Rom zu Besuch bei seiner Schwester Josefine/Pascalina.

Maria (1893–1946) trat 1921 ebenfalls in den Orden der Barmherzigen Schwestern in München ein; sie übernahm den Klosternamen ihrer verstorbenen Schwester.

Josefine (1894–1983), liebevolle »Finele« genannt, besuchte die Volks- und Hauswirtschaftsschule in Ebersberg und ließ sich zur Handarbeitslehrerin ausbilden. Sie trat in den Orden der Lehrschwestern vom Heiligen Kreuz in Altötting ein; Klostername Pascalina.

Anna (1896–1921) trat 1916 in den Orden der Barmherzigen

Schwestern in München ein; sie nahm den Klosternamen Gradulpha an.

Ferdinand (1899–1978) war von 1933 bis 1945 Hauptschriftleiter der Landkreiszeitung »Der Oberbayer« (ab 1936 in »Ebersberger Anzeiger« unbenannt) und von 1957 bis 1972 Bürgermeister von Ebersberg. Er heiratete 1957 Valerie, geb. Buchmeier. Sie haben zwei Kinder: Johannes Georg, geb. 1957, und Birgit Anna, geb. 1960.

Barbara (1901–1992) heiratete den Beamten Franz Kinskofer; 1934 kam Tochter Martha zur Welt.

Zwei Kinder der Familie Lehnert starben im Säuglingsalter.

Lehrschwester vom III. Orden des heiligen Franziskus von Assisi

Am 24. Mai 1913, kaum neunzehnjährig, trat Josefine Lehnert in Altötting als Kandidatin in die Kongregation der Lehrschwestern vom Heiligen Kreuz ein. Diese Kongregation geht zurück auf den Kapuziner Theodosius Florentini (1808–1865). Er wollte durch den Einsatz von Ordensschwestern in Schulen den katholischen Glauben im Volk, namentlich unter den Frauen, erhalten. Gläubige Lehrkräfte, die den anderen an wissenschaftlicher Bildung in nichts nachstehen, sollten in katholischen Schulen die Kinder in christlichem Geist erziehen. In dem vom ihm seit 1839 als Spiritual betreuten Kapuzinerinnenkloster Mariä Krönung in Baden bei Zürich ließ er drei junge Frauen auf seine Kosten als zukünftige Lehrerinnen ausbilden: Maria Anna Heimgartner (1822–1863), Anna Maria Kramer (1823–1859) und Walburga Mäder (1824–1854). Sie sollten die Begründerinnen des Ordens werden. Maria Anna Heimgartner stammte aus Fislisbach, Kanton Aargau, Schweiz. Sie besuchte von 1839 bis 1841 das Institut der

Kapuzinerinnen in Baden. Im Jahr 1841 hob die Regierung des Kantons Aargau alle Klöster im Kanton auf. Theodosius Florentini musste fliehen. Dabei lernte er das Lehrschwesterninstitut von der Göttlichen Vorsehung in Rappoltsweiler (Ribeauvillé) im Elsaß kennen. Auf seinen Wunsch gingen Maria Anna Heimgartner, Anna Maria Kramer und später auch Walburga Mäder als Schülerinnen und Novizinnen dorthin. Sie erhielten die Schwesternnamen Bernarda, Feliciana und Cornelia.

Theodosius rief im September 1844 die drei Schwestern zu sich und gab ihnen Anweisungen für ihren Beruf als Lehrerinnen sowie für ihr Ordensleben. Vor ihm legten sie am 10. Oktober 1844 ihre Profess als Mitglieder des Dritten Ordens des heiligen Franziskus ab. Bernarda wurde zur Oberin bestimmt.[3] Am gleichen Tag brachen die drei auf und erreichten am 17. Oktober in Begleitung von Pfarrer Röllin Menzingen im Kanton Zug.

Am 3. November begann Feliciana mit zweiunddreißig Schülerinnen den Unterricht an der Oberschule, am 27. November Bernarda mit sechsundfünfzig Schülerinnen an der Unterschule. Auf Vorschlag von Feliciana nannten sie sich fortan »Lehrschwestern vom Heiligen Kreuz«. Ein Hilfsverein aus Zuger Geistlichen und Politikern kaufte in Menzingen 1851 ein Haus für die Schwestern, damit sie dort ein Seminar für Lehramtskandidatinnen führen konnten.

Im Jahr 1883 waren die ersten Lehrschwestern aus Menzingen einem Ruf in die Mission von Südafrika gefolgt. Die ersten Schwestern gingen nach Umtata, wo die Armut unendlich groß war. Schwester Philothea, Oberin in Umtata, war 1893 gezwungen, Schwester Elekta Kaltenbach auf eine Sammelreise nach Europa zu schicken. In ihrer Heimat Baden wandte diese sich an die ihr bekannte Witwe Kreszentia Löffler, die sofort bereit war, eine bedeutende Summe für die Mission zur Verfügung zu stellen. Den anderen Teil ihres Vermögens wollte die fromme Witwe zur

Gründung eines Missionshauses verwenden, in dem die Ewige Anbetung gepflegt werden sollte.

Die Generaloberin Salesia Strickler beauftragte Schwester Elekta, ein Haus in Bayern zu suchen. Am Aschermittwoch 1895 kam Schwester Elekta in Altötting an, nachdem ihre Suche in der Nähe von Augsburg erfolglos geblieben war. In Altötting konnte sie das Schmidsche Anwesen in Namen der Witwe Löffler erwerben, das 1896 in ein Missionshaus umgebaut wurde. Dort erhielten zunächst junge Mädchen in einem zweijährigen Kurs ihre Ausbildung für die Arbeit in den ausländischen Missionen.

Im Oktober 1896 zog Schwester Elekta mit der ersten Kandidatin, Anna Ostermayr, in das Kreszentiaheim genannte Haus ein. Tharsilla Thanner (1861–1937, Profess 1887) aus Probstried in Bayern übernahm 1901 in der Nachfolge von Schwester Elekta als Provinzoberin das Haus in Altötting.

Josefine Lehnert wurde im Jahr 1913 Postulantin im Kreszentiaheim in Altötting. Die junge Frau legte am 4. Oktober 1917 ihre Erstprofess und am 5. Oktober 1923 die ewige Profess ab und nahm den Klosternamen Pascalina an. Sie hatte sich speziell für diesen Orden entschieden, da ihr Lebensziel feststand: Gott zu dienen in der Mission. Die Kongregation hatte bei Pascalinas Eintritt rund 1700 Mitglieder. In Altötting waren sechzehn Schwestern, neun in Wimbledon, 40 in Sondrio im Veltlin/Italien, 1230 in der Schweiz, 223 Schwestern im südlichen Afrika mit großen Schulen und zahlreichen Missionsstationen, 140 Schwestern in Chile mit fünfzehn Schulen mit Internat und Externat sowie zwölf Schwestern in Kerala/Indien, die sich ausschließlich der Krankenpflege widmeten.[4] Von Altötting aus gingen die jungen Schwestern entweder nach Chile oder ins südliche Afrika. Das war während des Krieges Pascalinas Zukunftsperspektive. Doch ihr Wunsch ging nicht in Erfüllung.

In der Zeit des Ersten Weltkrieges entstand 1915/16 ein Vergrößerungsbau des Heimes, an den sich der Neubau der Herz-Jesu-Anbetungskirche[5] anschließt. 1968 erfolgte die Umbenennung des »Kreszentiaheims« Altötting in »Provinz- und Missionshaus Heilig Kreuz«.

Marienheim Mussenhausen

Schwester Pascalina war 1918 als Handarbeitslehrerin und Erzieherin in das Marienheim ins schwäbische Mussenhausen geschickt worden.[6] Der Grund dafür war, dass den Schwestern des Kreszentiaheimes durch den Ersten Weltkrieg weitere Wirkungsfelder zugefallen waren, zuerst die ambulante Krankenpflege, dann das Unterrichten an Arbeits- und Hauswirtschaftsschulen. Zudem waren während der Kriegszeiten Ausreisen in die Mission unmöglich geworden.

Über diese Zeit Pascalinas im Marienheim in Mussenhausen sind so gut wie keine Aufzeichnungen vorhanden. Als Glücksfall zeigt sich ein an Schwester Pascalina gerichteter Brief der damaligen Mitschwester Antonia Reichenberger (1893–1981) vom 21. Februar 1959 geschrieben im Kreszentiaheim Altötting.[7] Schwester Antonia durfte damals mit der Mutter Oberin und Mutter Assistentin zu einem Festakt nach Mussenhausen fahren. Es wurden die Hauskapelle und der Neubau des Marienheims eingeweiht. Sie traute ihren Augen nicht, als sie das »wunderschöne Marienheim« sah, und sie wünschte sich nichts sehnlicher, als diese Freude mit Pascalina teilen zu können. Aus einem zu ihrer Zeit »unansehnlichen Posten«, war nun ein schönes Seniorenheim geworden.

Dieser Brief ist vor allem ein wichtiger Hinweis auf die Tatkraft der jungen Schwester Pascalina, die damals gerade einmal vierundzwanzig Jahre alt war. Antonia schrieb weiter: »Haben doch Sie, vor Sie in die Nuntiatur kamen, den ersten energischen Anfang gemacht und dort die ersten heroischen Opfer gebracht! Und wären Sie nicht gewesen, zur Zeit als wir den ›Saalbau‹ ganz übernommen hatten, wäre das Marienheim heute bestimmt nicht, was es ist. Die Jahre, die ich in Mussenhausen und Sie in der Nuntiatur waren, zogen wieder frisch an meinem Geist vorüber, als wäre alles, was sich zugetragen hatte gestern gewesen.«[8]

Schwester Antonia schwärmte weiter: »Immer wieder musste ich sagen: Lieber Gott, wie gut bist Du, und wie unendlich viel verdanken wir doch der lieben, guten Madre Pascalina!«[9] Sie hoffe, dass sich Pascalina noch daran erinnere, wie sie beide mit den Bauplänen in der Tasche beim damaligen Kultusminister Franz Matt[10] (1860–1929) eine Audienz bekamen und dann »mit der scheinbar unmöglichen Bauerlaubnis auch Tonnen und Tonnen Zement«.[11]

Das dürfte ziemlich einmalig gewesen sein, dass zwei junge Schwestern beim Ministerialdirektor des Staatsministeriums des Inneren für Kultur- und Schulangelegenheiten vorsprachen, damit die Schule in Mussenhausen vergrößert werden konnte.

Schwester Antonia war 1921 für ein Jahr zusammen mit Schwester Pascalina an der Münchener Nuntiatur, kehrte dann wieder nach Mussenhausen zurück. So oft sie dann nach München kam, um für Mussenhausen die nötigen Einkäufe zu besorgen, traf sie sich mit Pascalina, die sie sehr gerne mochte. Antonia meinte: »Vielleicht habe Pascalina es nie realisiert, wie viele schwere Klötze sie von den Herzen der Schwestern wälzte und wie viel unsagbare Freude sie ihnen bereitete.«[12]

Die Barmherzigen Schwestern vom heiligen Vinzenz von Paul

Zwei leibliche Schwestern von Josefine Lehnert traten in den Orden der Barmherzigen Schwestern in München ein. König Ludwig I. von Bayern hatte in Frankreich den Orden der Barmherzigen Schwestern kennengelernt und den Wunsch geäußert, diesen Orden auch ins Königreich Bayern zu holen. Nach Verhandlungen zwischen dem Münchner Stadtmagistrat und dem Mutterhaus Straßburg kamen am 10. März 1832 zwei Schwestern nach München, um hier eine neue Gemeinschaft zu gründen: Schwester Ignatia Jorth sollte im Allgemeinen Krankenhaus in der Nähe des Sendlinger Tors Oberin werden. Die zweite Schwester, Apollonia Schmitt, war als Novizenmeisterin für die sechsundvierzig Mädchen vorgesehen, die dort bereits warteten, weil sie Barmherzige Schwestern werden wollten.[13]

Die Barmherzigen Schwestern waren und sind bis heute vor allem in der Krankenpflege, aber auch in der Altenpflege sowie der Kinder- und Jugendpflege tätig.[14] Für diesen Dienst hatten sich Pascalinas Schwestern Anna und Maria entschieden.

Anna Lehnert, am 19.12.1896 in Ebersberg geboren, trat am 2. Oktober 1916 in den Orden der Barmherzigen Schwestern in München ein. Ihre Einkleidung fand am 2. September 1917 und die Profess am 19. November 1919 statt.

In der »Geschichte der Barmherzigen Schwestern vom Hl. Vinzenz von Paul« findet sich unter dem Jahr 1920 folgender Eintrag: »Unsere junge Schwester M. Gradulpha Lehnert lag schwer krank im Krankenzimmer. Exzellenz Nuntius Pacelli besuchte sie öfter. Sie war die leibliche Schwester von Mater Pascalina, die ihm den Haushalt führte und zum Kloster der Kreuzschwestern in Altötting gehörte.«[15] Des Weiteren steht in der Chronik: »Der Hohe Herr, wie ihn die dienende Schwester M. Pascalina nannte, kam oft ins Mutterhaus, ins Postulat und bald verband ihn treue Freundschaft mit dem Orden.«[16]

An welcher Krankheit die junge Schwester litt, ist nicht überliefert. Sie starb im Alter von nur fünfundzwanzig Jahren in München. Pascalina trauerte sehr um sie. Ihr »Dienstherr« Eugenio Pacelli sandte an den Prälaten Johann Baptist Pfaffenbüchler, Superior des Ordens der Barmherzigen Schwestern, am 27.1.1921 ein rührendes Kondolenzschreiben: »Mit lebhafter Teilnahme und tiefem Schmerz habe ich die traurige Kunde von dem Heimgang der Ehrwürdigen Schwester Maria *Gradulfa* auch durch Ihren sehr werten Brief von gestern vernommen. Ihre aufrichtige Frömmigkeit, ihre vorbildliche klösterliche Regeltreue, sowie ihr unermüdlicher Eifer in der Krankenpflege und schließlich erbauliche Ergebenheit in der letzten schweren Krankheit lassen uns fest darauf vertrauen, dass ihre stets gottsuchende Seele sich bereits des Lohnes ihrer bewundernswerten Tugenden erfreut. Trotzdem habe ich nicht versäumt, für die nunmehr in Gott ruhende Seele der guten Schwester und Dienerin echt christlicher Barmherzigkeit meine Gebete und auch das hl. Messopfer Gott darzubringen.«[17]

Noch im Todesjahr ihrer Schwester Anna trat Maria Lehnert (geb. 16. Februar 1893 in Ebersberg) am 1. Oktober ebenfalls in den Orden der Barmherzigen Schwestern in München ein; die Einkleidung fand am 27. September 1922 statt, die Profess am 15. Dezember 1924. Die ewigen Gelübde legte sie am 7. April 1935 ab. Maria Lehnert nahm den gleichen Klosternamen an wie ihre im Januar 1921 verstorbene Schwester Anna: nämlich Gradulpha, was durchaus üblich war, aber auch auf eine große geschwisterliche Zuneigung hinweist.[18]

Als erlernten Beruf gab Maria Kindermädchen an, im Meldebogen von Ebersberg steht als Beruf Köchin.[19] Im Orden war sie als Krankenschwester tätig. Sie hatte eine staatliche Anerkennung als Säuglingsschwester und nahm 1937 an einem Desinfektionskurs teil. Nach mehreren Stationen begann sie am 21. November 1931 als Krankenschwester im Krankenhaus Traunstein ihren Dienst, dem sie bis zur ihrem Tod 1946 treu blieb.

In diesem aufopferungsvollen Dasein gab es einen ganz besonderen Höhepunkt. Pascalina lud ihre Schwester im Jahr 1933 nach Rom ein. Und dies zu einem ganz besonderen Anlass: die am

28. Mai 1933 stattfindende Seligsprechung der Barmherzigen Schwester Katharina Labouré (1806–1876) unter Papst Pius XI.[20] Die Reise nach Rom begann am 25. Mai in Gesellschaft des Prälaten Pfaffenbüchler sowie der Schwestern Berthilia Hidringer und Clementia Schaetz. Schwester Pascalina hatte sich sehr bemüht, für alle Hotelzimmer zu besorgen. Schließlich stand sie mit einem Wagen am Bahnhof in Rom zum Empfang bereit. Der Aufenthalt in der Ewigen Stadt war für alle ein großes Erlebnis. Besonders fröhlich klingt der Dankesbrief an Schwester Pascalina:

München 13. Juni 1933
Liebe Schwester Pascalina,
wir danken für das Schöne und Überwältigende, dass wir aus der Hand Seiner Eminenz die heilige Kommunion empfangen durften, noch dazu mit dem hohen Herrn speisen und ihn so oft sehen und sprechen durften.
Ihnen liebe Schwester M. Pascalina drücken wir drei im Geiste noch eigens die Hand für Ihr stets so liebevolles Entgegenkommen und weil Sie immer so präzis da standen mit Ihrer Macchina, dieser edlen Maschine mit dem guten Raphaelo, die uns schnellstens an die Anima (Collegio Teutonico di Santa Maria dell'Anima, Anm. d. Verf.) beförderte und so das langsame Tempo der »Barmherzigen« wieder gutmachte. Übrigens hofften wir ein Lob zu ernten für unsere flinken Aus- und Einstiege in die Macchina; auf der Heimfahrt haben wir diesbezüglich ein wenig angetupft. Hochwürdigster Herr Prälat habe aber bloß lachen müssen über diese Hoffahrt, denn es ist ihm unsere Schnelligkeit überhaupt nicht aufgefallen, das ist allerhand, gell. Manchmal sehe ich noch Ihre entsetzten Augen, wenn Sie unser ansichtig wurden und wir jedesmal getreulich wieder bewaffnet waren mit unseren großen Parapluies; der Aufzug hat Ihnen immer besonders gefallen, was? Nach 22 1/2 stündiger Fahrt sind wir glücklich in München angelangt; am Mittwoch mittags 12 1/2 Uhr ist die liebe Schwester M. Gradulpha nach Traunstein abgereist. …
Auf frohes Wiedersehen in Adelholzen freut sich
Ihre dankbare Schwester M. Berthilia[21]

17

Als Geschenk von Kardinalstaatssekretär Pacelli brachten die Pilger 1933 ein schönes Reliquiar der seligen Katharina Labouré mit nach München.

Zwischen Schwester Pascalina und Schwester Maria Berthilia Hidringer (1892–1960, Profess 1915) begann damals eine lebenslange Freundschaft. Berthilia war unter Anleitung ihrer Oberin für die Arbeit im Schreibzimmer herangebildet worden, wo sie bis zu ihrem Tod blieb. Sie hatte in den Jahren, da Nuntius Pacelli in München weilte, diesen »Hohen Herrn« zu betreuen, sowohl im Postulat als im Mutterhaus und Adelholzen.[22] Schwester Pascalina bedauerte es immer wieder, dass sie sich während der Zeit des Zweiten Weltkrieges überhaupt nicht mehr sehen konnten. Sie schickte jedoch oft den päpstlichen Segen über die Alpen nach München.

In vielen Briefen Pascalinas aus Rom an die Münchner Schwester Berthilia finden sich immer wieder Grüße an ihre leibliche Schwester Gradulpha. Einer der Briefe endet mit dem netten Satz: »Wenn Sie mal mein Schwesterlein sehen, ebenfalls einen lieben Gruß. – Vergessen Sie mich nicht beim Tabernakel. Immer Ihre treue Sr. M. Pascalina.«[23]

Ein anderes Mal endet der Brief mit Bezug auf die Romreise: »Herzliche Grüsse Ihren lieben Begleiterinnen, meinem Schwesterlein und der lieben Sr. Berthilia, selbstverständlich zuerst dem Hochwürdigsten Herrn Prälat.«[24]

Am 11. März 1934 fand die Heiligsprechung der seligen Louise de Marillac (1591–1660) durch Papst Pius XI. statt. Wiederum reiste eine Delegation der Barmherzigen Schwestern nach Rom. Schwester Pascalina kümmerte sich um sie, besorgte schöne Plätze bei der Heiligsprechung und begleitete die Gruppe durch Rom. Nach München zurückgekehrt, erhielt Schwester Berthilia »noch ein paar Bildchen der lieben Seligen, die Ihnen ihr Leben lang nicht nur als Mitschwester, sondern auch deshalb teuer bleiben wird, weil Sie ihr zuklatschen durften, als sie im wundervollen Petersdom zur Ehre der Altäre erhoben wurde.«[25] Große Freude herrschte bei den Barmherzigen Schwestern in München als sie erfuhren, dass es Schwester Pascalina gelungen war, ihnen eine Reliquie der Ordensstifterin zuzusenden.

Rom, 4. April 1934

Liebe ehrwürdige Frau Mutter!
Heute darf ich Ihnen eine Freudenbotschaft bringen. Seine Eminenz gab gestern einen Ihnen bekannten geistlichen Herrn eine Reliquie Ihrer hl. Ordensstifterin mit und dieser Tage werden Sie dieselbe wohl erhalten. Ich freue mich mit Ihnen und hätte Sie Ihnen am liebsten selber gebracht. Auch die Urkunde liegt bei. Ich hoffe, dass sie sorgfältig genug verpackt ist, so dass nichts passieren kann.[26]

Völlig überraschend verstarb Schwester Gradulpha am 6. November 1946 an Typhus. Ihre Kranken hatten sie angesteckt. »Sie war nicht einmal dreiundfünfzig Jahre alt und die sechste von uns zwölfen. Auch die sechste im Sterben, ich bin die siebte –?«[27] Pascalinas Ängste waren verständlich, aber es zeigte sich, dass ihr noch ein langes, erfülltes Leben bestimmt war.

Aus Rom bat Schwester Pascalina den Münchner Kardinal Michael von Faulhaber: »Darf ich Eure Eminenz um ein Memento bei der Heiligen Messe für meine kürzlich verstorbene Schwester Gradulpha, Barmherzige Schwestern Traunstein, bitten. Vielleicht haben Eure Eminenz schon davon gehört. Sie starb in Traunstein, wo sie seit vielen Jahren die Infektionskranken betreute. Vergelts Gott.«[28]

Im Dienst für Nuntius Pacelli
in München und Berlin

»Die hohe schlanke Gestalt, das sehr schmale,
bleiche Antlitz, dem zwei seelenvolle Augen
eine eigene Schönheit gaben.«

Haushälterin in München

Schwester Pascalina hatte 1918 gerade einige Monate in dem
schwäbischen Dorf Mussenhausen einer Schar Mädchen Nähen
und Handarbeiten beibringen wollen, da erhielt sie ein Telegramm aus Altötting. Die Oberin Tharsilla Thanner (1862–1937,
Profess 1887 in Menzingen) teilte ihr mit, dass sie »aushilfsweise«
für zwei Monate für den Hausdienst in der Nuntiatur in München
eingesetzt werden würde. Pascalina verabschiedete sich von ihren
Schützlingen und versprach, bald wiederzukommen.
Immer wieder tradiert ist der Hinweis, dass die junge Schwester in
das Mutterkloster der Lehrschwestern vom Heiligen Kreuz nach
Menzingen in die Schweiz geschickt wurde, um dort Kochen,
Nähen und Haushaltsführung zu erlernen.[29]
Der Jesuit Robert Leiber, ab 1924 Sekretär von Pacelli,[30] schrieb über
den Beginn der Tätigkeit von Schwester Pascalina in München:

> … Schwester Pasqualina Lehnert, aus Ebersberg in Oberbayern,
> hat er nicht, wie immer und immer wieder erzählt wird, in roman-
> hafter Form in Einsiedeln kennen gelernt; sie wurde ihm vielmehr
> nach Beginn seiner Münchner Nuntiatur auf sein Ansuchen um
> irgendeine Schwester von der damaligen Provinzialoberin des
> genannten Instituts in Altötting zur Verfügung gestellt.[31]

20

Mit Pascalina kamen die Lehrschwestern vom Heiligen Kreuz, Schwester Bonifatia Walle (1889–1967, Profess 1917) aus Ormesheim sowie Johanna Kolb (1894–1985, Profess 1918) aus Schweinheim in Bayern nach München.[32] Sie begannen sofort, das Haus in Ordnung zu bringen. In München sah Schwester Pascalina schnell, dass das große alte Haus in der Briennerstraße einer gründlichen Reinigung bedurfte. Außerdem fand sie gleich zu Beginn ihrer Tätigkeit in München, dass die Schwester Köchin bei der Menüwahl daran denken sollte, dass die Herren, der Uditore (Botschaftsrat), der Sekretär sowie Nuntius Pacelli, Italiener waren. Dann kam die erste Begegnung mit dem Nuntius Eugenio Pacelli, der von einer Romreise zurückkehrte. Sein freundliches »Grüß Gott, liebe Schwestern« gewann sofort die Herzen der Anwesenden. Und Schwester Pascalina beschrieb seine Erscheinung: »Die hohe schlanke Gestalt, das sehr schmale, bleiche Antlitz, dem zwei seelenvolle Augen eine eigene Schönheit gaben.«[33] Allgemein fiel auf, dass Pacelli stets tadellos gekleidet ging. Die weiten priesterlichen Gewänder, das wunderbare Brustkreuz, das auf der Purpurseide des bischöflichen Zingulums hing, der kostbare Ring, der seine schönen Hände schmückte, dies alles verlieh dem Nuntius ein solch edles und würdevolles Aussehen. Pascalina stockte für einen Augenblick der Atem, bevor sie die schmale Hand zum Ringkuss ergriff.

Am 20. April 1917 hatte Papst Benedikt XV., mitten im Ersten Weltkrieg, den Prälaten der Kurie, Eugenio Maria Giuseppe Giovanni Pacelli, zum Apostolischen Nuntius in München und am 23. April 1917 zum Titularerzbischof von Sardis in Kleinasien ernannt. Der Papst selbst erteilte am 13. Mai 1917 in der Sixtinischen Kapelle in Rom die Bischofsweihe.[34] Die Ernennung des 41-jährigen Pacelli gehört zu den wichtigsten Daten des deutschen Katholizismus im 20. Jahrhundert. Denn von diesem Augenblick an betrachtete der junge Diplomat die deutsche Kirche als seine besondere Aufgabe, die er auch dann nicht aus der Hand gab, als er Ende 1929 nach Rom zurückgerufen wurde, um als Kardinalstaatssekretär und später als Papst die Leitung der Weltkirche zu übernehmen.

Am 26. Mai 1917 überreichte der neue Nuntius König Ludwig III. von Bayern sein Beglaubigungsschreiben in einer feierlichen Audienz. Monsignore Dr. Eugenio Pacelli wurde im Galawagen, dem ein Spitzenreiter voranritt, von dem ihm zugeteilten Kämmerer, Freiherrn von Reitzenstein, abgeholt und zur Residenz geleitet. Sowohl das Königshaus als auch das Volk brachten Pacelli, der »einzigartigen Persönlichkeit«,[35] von Anfang an eine Woge von Sympathie entgegen.

Ludwig III. bemerkte nach der Ansprache Pacellis zu einem Herrn seiner Umgebung, von Pacellis Deutsch hätte er kein Wort verstanden, wenn er den Text der Ansprache nicht schon vorher gelesen gehabt hätte. Nach der Überreichung des Beglaubigungsschreibens unterhielt sich Ludwig III. längere Zeit mit Pacelli und geleitete ihn dann in das Empfangszimmer der Königin Marie Therese.

Bereits am Tage seiner ersten Audienz griff Pacelli im Gespräch mit Ministerpräsident Hertling das »heißeste Eisen«, die Nuntiatur in Berlin und Kontakte mit der Reichsleitung, an. Den Höhepunkt der berühmten Friedensschritte Pacellis im Sommer 1917 bildete die Audienz bei Kaiser Wilhelm II. am 29. Juni 1917 in Bad Kreuznach, bei der er dem Kaiser ein Handschreiben Benedikts XV. überreichte. Es folgten mehrmalige Besuche in Berlin und Audienzen beim Reichskanzler Theobald von Bethmann Hollweg, sowie ein Besuch beim neuen Reichskanzler Georg Michaelis. Schon Anfang 1920 lag in München ein kompaktes Paket römischer Forderungen auf dem Tisch, das an Deutlichkeit nichts zu wünschen übrig ließ. Pacelli nützte alle Möglichkeiten, die die politische Situation bot, um eine umfassende Anerkennung und Gewährleistung des kanonischen Rechts zu erreichen. Am besten gelang ihm dies im bayerischen Konkordat von 1924. Dieses Konkordat galt in Rom als eine Art Musterkonkordat – vorbildlich nicht nur für andere Konkordate in Deutschland.

Es sicherte die Grundsätze des kanonischen Rechtes bei der Besetzung der kirchlichen Ämter, verschaffte der Kirche in seinen Schulartikeln weitreichenden Einfluss auf das ganze Erziehungswesen, namentlich die Volksschulen, und verpflichtete den bayerischen Staat zu immerwährendem Schutz, Anerkennung und Förderung der katholischen Kirche und aller ihrer Einrichtungen.[36]

Kurz vor der Ankunft des Nuntius in München war am 26. Mai 1917 die Ernennung des Bischofs von Speyer, Michael von Faulhaber (1869–1952), zum Erzbischof von München und Freising erfolgt.[37] Die Kardinalswürde erhielt Faulhaber am 7. März 1921 in Rom.

Pacelli erlebte in der bayerischen Residenzstadt das Ende des Ersten Weltkrieges und die erste Welle der Novemberrevolution, die am 7. November 1918 unter der Führung von Kurt Eisner (1867–1919) München erreichte. Auf Anraten von Erzbischof Faulhaber war Nuntius Pacelli ab Ende November 1918 und dann immer wieder in der folgenden Zeit zu Aufenthalten im Töchterinstitut »Stella Maris« der Menzinger Lehrschwestern vom Heiligen Kreuz in Rorschach am Bodensee (Schweiz) abgestiegen. An seiner Seite »die gute Schwester Pascalina«. Einmal sei der Nuntius aus Angst vor Verfolgung sogar im Trachtenanzug verkleidet, in die Schweiz geflüchtet.[38] Auch in dem erst 2005 erschienenen Buch »Die Päpste im 20. Jahrhundert«, das ein eigenes Kapitel zu »Im Schatten Pius' XII.: Die papessa« enthält, wird auf die Fürsorge der jungen Schwester zu dem »schwindsüchtigen« Pacelli in Rorschach im Institut Stella Maris hingewiesen, dem sie mit »einem mütterlichen Gefühl, einem Verlangen, dem schlanken, so aristokratischen, aber angesichts der praktischen Probleme des täglichen Lebens so hilflosen Priester« beistehen wollte.[39]

Nuntius Pacelli folgte einer weiteren Empfehlung von Faulhaber und fand am 9. Februar 1919 im oberbayerischen Salesianerinnen-

Kloster Zangberg Zuflucht. Am 12. März 1919 kehrte er nach München zurück. Ab 10. April 1919 galt zwar die von der sozialistischen Regierung Hoffmann zugesicherte »Garantie der Unverletzlichkeit des Nuntius«,[40] die ihm aber nichts half. Am 24. März suchte er noch um Verlängerung der Fahrerlaubnis für seinen Kraftwagen nach. Am 21. April erschien eine kleine Gruppe unter Anführung des Offiziers Pongratz in der Brienner Straße 15, die mittels Waffengewalt die Herausgabe des Wagens des Nuntius forderte. Schwester Pascalina erklärte ihnen, dass der Nuntius nicht im Hause sei und sie keinerlei Befugnis habe, die Autoschlüssel herauszugeben. Daraufhin zwangen sie den Diener, das Garagentor zu öffnen. Inzwischen war der Nuntius in die Nuntiatur zurückgekehrt, der die Spartakisten auf die Exterritorialität der Nuntiatur hinwies. Die Revolutionäre versuchten, dann allerdings vergeblich, den zuvor vom Nuntiaturpersonal fahruntüchtig gemachten Wagen mitzunehmen. Als ihnen dies nicht gelang, hielten sie ein am Haus vorbeifahrendes Auto an, an das der Wagen des Nuntius angekettet und abgeschleppt wurde. Nach zwei Stunden brachte ein Fahrer den Wagen wieder in die Nuntiatur zurück, was auf Anordnung des Volksbeauftragten des Auswärtigen Hermann Dietrich geschehen sein dürfte.[41] In der katholischen Presse wurde daraufhin dramatisiert, dass Pacelli seit dieser Auseinandersetzung mit dem »gottlosen Bolschewismus einen tief empfundenen Antikommunismus entwickelt habe«,[42] was er allerdings verneinte.
Pacelli fuhr erneut für mehr als drei Monate nach Rorschach. Erst am 8. August 1919 kehrte er auf Drängen der neuen Regierung unter Ministerpräsident Johannes Hoffman zurück.
Ein schwerer Schicksalsschlag traf Nuntius Pacelli 1920. Seine geliebte Mutter verstarb am 10. Februar. Obwohl er sofort nach Rom reiste, kam er erst am Ende der Trauerfeierlichkeiten dort an. Schwester Pascalina hatte nach Rom einen Kondolenzbrief gesandt und darauf auch Antwort erhalten:

24

Ehrw. Sr. Pascalina

Ihren lb. Brief vom 15. Februar habe ich erst heute erhalten und beeile mich, Ihnen u. lb. Schwestern Bonifatia u. Johanna für die tröstlichen Worte, sie sie mir anlässlich des schmerzlichen Verlustes, von welchem ich so unerwartet getroffen wurde, zu spenden die Güte hatten, den innigsten Dank auszusprechen.

Meine zärtlich geliebte Mutter ist heimgegangen, um von Gott den Lohn für ihre erhabenen Tugenden zu empfangen.

Der Schmerz ist für mich umso größer, da es mir nicht beschieden war, rechtzeitig hier einzutreffen, um sie noch zu sehen!

Bitte der Frau Oberin das beigefügte Brieflein zu schicken und beizufügen, dass ich über die Frage der Missionstätigkeit Informationen nehmen und dann von München ihr berichten werde.

Verschiedene Angelegenheiten haben mich hier länger aufgehalten, aber ich hoffe bald nach München zurückkehren zu können. Leider muss ich bei dem kürzeren Weg (also über Innsbruck) fahren, um ohne Verzug wieder anzukommen, und daher werde ich mit meinem Bedauern nicht in der Lage sein, das liebe Stella Maris zu besuchen. Bitte, wollen Sie mich bei der Sr. Direktrice entschuldigen und, da ich bis jetzt wegen der ungeheueren Zahl von Briefe nur ein kleines Wort von Dankbarkeit ihr adressiert habe, beifügen, dass ich von München wieder schreiben werde. ... Von lb. Frau Mutter habe ich keinen Auftrag erhalten. – Ich hoffe die Photographien und das Bild vom Hl. Vater mitbringen zu können.

Mit den besten Grüssen und mit meinem bischöflichen Segen für den ganzen lb. Konvent von München verbleibe ich

Ergebenster K. in Xo + Eugen Pacelli a.N.

PS. Vielleicht darf ich Ihnen schon jetzt die Briefe von Rorschach schicken: so können Sie die Antwort vorbereiten.[43]

Dieser Nachsatz erstaunt bzw. weist darauf hin, dass Schwester Pascalina die an den Nuntius gerichtete Post zu studieren hatte, um sich dann Notizen für eine Antwort zu machen. Das bedeutet wiederum eine große Wertschätzung durch Pacelli.

Die Wertschätzung des Nuntius gegenüber Pascalina zeigt sich auch in Briefen Pacellis an die Generaloberin. Der Nuntius dankte 1921 Generaloberin Maria Carmela Motta (I.) in Menzingen »… für die gütige Überlassung der beiden Schwestern Ihrer Kongregation, die mir mit unermüdlichem Eifer und Fleiß den Haushalt führen. Schwester Pascalina leitet auch die Umarbeitung und die Einrichtung des neuen Nuntiatur-Palais in Berlin mit viel Geschick und Umsicht, und nimmt mir dadurch manche Sorge und Arbeit ab …«[44]

Schließlich schrieb der Nuntius nach Menzingen: »Über die Schwester Pascalina brauche ich Ihnen nichts zu sagen. Sie wissen schon, wie ich die Dienste geschätzt habe und schätze, die mir diese Ordensschwester leistet, die so fromm und immer zum Opfer bereit ist.«[45]

Schwester Pascalina empfand, dass bei aller Arbeit, Sorge und Mühe in dem alten Haus an der Briennerstraße eine wohltuende Atmosphäre herrschte. Erzbischof von Faulhaber, der immer wieder kam, um sich mit dem Nuntius zu beraten, sagte oft zu ihr: »Wie habt ihr's doch schön in der Nuntiatur!«[46] Außerdem scherzte er mit ihr, indem er immer wieder zu ihr sagte: »Ja, du bist ja immer noch da.«[47] Er spielte darauf an, dass die junge Schwester nur für ein paar Wochen in der Nuntiatur hatte aushelfen sollen.

Pacelli und das Haus Wittelsbach

Das Haus Wittelsbach, auch nach der Revolution von seinen früheren Untertanen zu Recht geliebt, unterhielt mit Nuntius Pacelli in München fortwährende Beziehungen voller Sympathie. Welche Herrschaften Pascalina in München damals kennengelernt hat, ist nicht überliefert. Doch es gab später viele Audienzen für die Wittelsbacher in Rom, die nicht ohne Zutun von Pascalina zustande gekommen waren.[48]

Als der verwitwete Kronprinz Rupprecht Antonia von Luxemburg zur Frau nahm, zelebrierte die Vermählung am 7. April 1921 in der Pfarrkirche von Lenggries der apostolische Nuntius Eugenio Pacelli, da der Erzbischof von München und Freising, Michael Kardinal von Faulhaber, verhindert war. Die Hochzeitsgäste wurden angeführt von der Brautmutter, Großherzogin Maria Anne von Luxemburg, und von König Ludwig III. Außerdem waren die näheren Verwandten aus den Häusern Bayern, Luxemburg, Baden, Sachsen, Bragança und Löwenstein geladen. Während das erste Kind Rupprechts, Prinz Heinrich, von Kardinal Faulhaber getauft wurde, erfolgte die Taufe der 1924 geborenen Prinzessin Irmingard sowie der 1925 geborenen Prinzessin Editha durch den Nuntius Pacelli im Schloss in Berchtesgaden.

Die Beziehung zwischen Kronprinz Rupprecht und seiner Familie blieb zeitlebens bestehen, nicht zuletzt weil die gesamte Familie während des Zweiten Weltkriegs nach Italien ins Exil gegangen war. Antonia wünschte, in Rom in der Kirche Santa Maria in Navicella zur letzten Ruhe gebettet zu werden.[49]

Zwei Jahre nach der Trauung von Kronprinz Rupprecht, fand am 20. April 1925 die Feier der Goldenen Hochzeit von Prinz Leopold und Prinzessin Gisela, Tochter der österreichischen Kaiserin Elisabeth, in München statt. Der Ehebund wurde erneut eingesegnet von Nuntius Eugenio Pacelli. Ihm assistierten der Sohn des Jubelpaares, Monsignore Prinz Georg von Bayern, sowie Domprediger Graf Konrad von Preysing, der spätere Kardinal von Berlin.

Prinz Georg von Bayern hatte sich 1912 mit Isabella Erzherzogin von Österreich verheiratet; die Ehe wurde jedoch ein Jahr später annulliert. Nach einem Jurastudium machte Prinz Georg als promovierter Jurist und Domherr von St. Peter in Rom Karriere als apostolischer Protonotar. Am 1. Juni 1943 verstarb er dort völlig unerwartet an Tuberkulose. Sein großes Vermächtnis kann bis heute bewundert werden: das berühmte Manzù-Portal »Pforten der Hölle« am Petersdom in Rom.[50]

Ein weiteres Mitglied des Hauses Wittelsbach, das Schwester Pascalina in Rom kennenlernte, war Prinz Konstantin von Bayern (1920–1969).[51] Mit Blick auf ihre Tätigkeit im päpstlichen Hilfswerk nach dem Zweiten Weltkrieg nannte er sie: »Madre Pascalina, die unbestechliche Helferin der Armen.«[52] Prinz Konstantin von Bayern ist auch der Verfasser einer einfühlsamen Biographie über Papst Pius XII.[53]

Das Silberjubiläum als Priester von Eugenio Pacelli sollte 1924 ganz still im »häuslichen Kreis gefeiert werden«. Doch Pacelli war schon so beliebt in München, dass viele Menschen mit Geschenken in der Nuntiatur erschienen. Die Schwestern hatten in aller Stille den geräumigen Salon geschmückt und der Nuntius war höchst erstaunt, als er die Geschenke sah: handgestickte Messgewänder, feinste Alben, Chorröcke, Altartücher, Kelche, handgemalte Kanontafeln, Mitren und vor allem sehr wertvolle Bücher. Aus Menzingen gratulierte Generaloberin Maria Carmela Motta (I.). In seinem Dankesbrief schrieb der Nuntius: »Schwester Pascalina und Theodosia, die meinen Haushalt zur vollsten Zufriedenheit leiten – erstere schon über sechs Jahre – verdanke ich ja auch Ihrer mir stets teuren Congregation.«[54]

Abschied von München 1925

Für Nuntius Pacelli kam der Abschied von München am 14. Juli 1925. Aus seiner Abschiedsrede im Festsaal des Odeons klang das Echo einer beglückenden Amtszeit in der Isarstadt heraus: »Indem ich München Lebewohl sage, der Stadt mit den herrlichen Schöpfungen seines Kunstsinns und lebendigen Glaubens …, begrüße ich bewegten Herzens das ganze bayerische Volk, in dessen Mitte mir in den vergangenen Jahren eine zweite Heimat geworden ist ...«[55] Prälat Pfaffenbüchler schrieb ihm einen besonders fröhlichen Brief nach Berlin.

Eure Exzellenz
Hochwürdigster Herr Nuntius
Gnädigster Herr
Wenn alle Münchner, die in aufrichtiger Verehrung stets *Eurer Exzellenz* gedenken, nach Berlin kämen, das gäb' eine wahre Völkerwanderung ... Es war rührend welch anhängliche Gesinnung selbst einfache Leute aus dem Volk gegen *Eure Exzellenz* hegen, das zu sehen oder zu hören. Das Volk fühlte, dass *Eure Eminenz* ein recht warmes Herz für die Bayern hatte; leider ist es dem trockenen Altbayern nicht gegeben wie anderen Völkern, seine Gefühle in feurigen und begeisterten Formen zu äußern.
Pfaffenbüchler, Päpstlicher Hausprälat, Ordenssuperior[56]

Freizeit in Rorschach und Menzingen

Von 1925 bis 1938 verbrachte Eugenio Pacelli Jahr für Jahr seinen Urlaub im Töchterinstitut Stella Maris in Rorschach am Bodensee. Zur großen Freude von Schwester Pascalina reiste der Nuntius ab 1919 von dort aus immer zu einem Besuch in das Mutterkloster der Lehrschwestern vom Heiligen Kreuz nach Menzingen. Über seinen ersten Besuch dort schrieb Pacelli zwei Jahre später: »... unvergesslich bleibt mir der Besuch des herrlichen Klosters zum hl. Kreuz in Menzingen im Januar 1919«.[57] Über einen späteren Aufenthalt erhielt die Generaloberin die Versicherung: »Es war mir eine wahre Herzenserhebung in Ihrer prächtigen Institutskirche die hl. Messe zu feiern und dem Gottesdienst anwohnen zu können.«[58]
Ab Oktober 1930 war Pacelli Kardinalprotektor des Instituts und er verbrachte sechs Tage in Menzingen. Damals fand eine Huldi-

gung im Kapitelsaal statt. Pacelli zelebrierte ein feierliches Pontifikalamt und spendete die heilige Kommunion. Bei seinem letzten Besuch im Jahr 1938 hielt er eine Pontifikalmesse für dreihundertsechzig Gäste der Marianischen Kongregation.

Obwohl Schwester Pascalina immer dabei war, wird sie in der Chronik nie erwähnt. Aber es lebt noch eine Schwester in Menzingen, die sich an die Besuche des Nuntius in Stella Maris gut erinnert. Sie war damals Schülerin dort. Während der Nuntius mit den Schulkindern hin und wieder sprach, sie ihm vorsingen durften und sogar einen halben Tag schulfrei bekamen, hielt sich Schwester Pascalina immer völlig im Hintergrund.

Als Schwester Pascalina einmal für kurze Zeit allein in Stella Maris geblieben war, da fühlte sie sich ziemlich unglücklich und teilte dies der ihr sehr vertrauten Schwester Berthilia in München mit: »Wissen Sie, es ist immer Festtag solange Er hier ist und schon der erste Morgen ist leer und öde, wenn seine hohe Ehrfurcht gebietende Gestalt nicht mehr segnend durch die Kapelle schreitet und seine schöne heilige Messe fehlt.«[59]

Im Sommer 1929 unternahm der Nuntius eine Reise zum Katholikentag nach Freiburg. Schwester Pascalina und die damals mit ihr in Berlin dienenden Schwestern Friedberta Epple und Edgar Hettich[60] durften ihn begleiten. Sie stammten nämlich aus dieser Gegend: Schwester Friedberta aus Friedrichshafen und Schwester Edgar Hettich aus Hüfingen bei Donaueschingen. Weiter ging die Reise nach St. Blasien, Beuron, Meßkirch und Salem zum Bodensee-Marienwallfahrtsort Birnau. Dort hatte sich der Birnauer Zisterzienserkonvent mit dem Generalabt von Mehrerau an der Spitze zum Empfang versammelt. Am Abend ging die Fahrt über Überlingen, wo sich Pacelli in das Goldene Buch der Stadt eintrug, nach Beuron zurück, wo die Reise mit einer abendlichen religiösen Feier, an der viele tausend Menschen teilnahmen, endete.

Nuntius Eugenio Pacelli weilte viermal in Altötting: 1917, 1919,

1922 und 1924. Er war jeweils zu Gast bei den Lehrschwestern vom Heiligen Kreuz im Kreszentiaheim und kam natürlich in Begleitung von Schwester Pascalina, die dann ihre Familie wiedersehen konnte. Noch wenige Monate vor seinem Tod schenkte Pius XII. »seinem lieben Altötting« einen Messkelch mit applizierten Miniatur-Schnitzarbeiten aus Elfenbein, der heute in der Neuen Schatzkammer im Gebäude der Bischöflichen Administration am Kapellplatz aufbewahrt wird.

»Versuchen Sie unter allen Umständen mehr zu essen!«

Bis die Nuntiatur in Berlin fertiggestellt worden war, pendelte Pascalina zwischen Berlin und München. Obwohl noch keine dreißig Jahre alt, muss sie sich völlig übernommen haben, denn es ging ihr nach Abschluss aller Arbeiten am neuen Palais in Berlin gesundheitlich sehr schlecht. Wie Nuntius Pacelli an die Generaloberin nach Menzingen schrieb, sei sie »etwas lungenleidend geworden«.[61] Der Arzt verordnete dringend Höhenluft in der Schweiz mit sehr guter Verpflegung. Leider konnte Pacelli in Davos keinen geeigneten Platz finden. So schlug er vor, die Schwester vorerst in Menzingen unterzubringen. Pacelli wies noch darauf hin, dass nach Erklärung des Arztes bei Schwester Pascalina keine Ansteckungsgefahr bestünde. Generaloberin Theresita Hengartner war ganz bestürzt über die Nachricht, nahm sofort Kontakt auf zu der ihr bekannten Oberin der St.-Joseph-Schwestern von Ilanz in der Villa Concordia, Davos. Dort war für Schwester Pascalina ab dem 3. Oktober ein passendes Zimmer frei.

Pacelli war mit Pascalinas Bericht aus Davos nicht zufrieden, da sie nichts über ihre Gesundung schrieb. Er hatte aber von anderer Seite schon erfahren, dass sich ihre Lungen doch etwas gebessert hätten, das Zunehmen allerdings dagegen sei noch unbedeutend, da sie nicht essen wollte, wie sie sollte, und somit würde ein Verbleiben in Davos notwendig sein. Seine Empfehlung an Pascalina: »Versuchen Sie unter allen Umständen mehr zu essen!«[62] Zur Nachkur sollte Pascalina noch einige Wochen in Menzingen bleiben. Insgesamt war sie von Oktober bis April zur Erholung weg aus Berlin. Dorthin zurückgekehrt fühlte sich Schwester Pascalina wieder in ihrem Element. »Leider vergisst sie dabei zu schnell, dass sie große Sorge zu ihrer Gesundheit haben muss. Sie fühlt sich etwas besser und ich hoffe und bete, dass es anhalten möge.«, schrieb sorgenvoll der Nuntius.[63]

In der Nuntiatur in Berlin

»Berlin! Viele schöne Erinnerungen habe ich an diese Stadt und an das Haus, das ich selber aussuchen, renovieren und wohnlich einrichten durfte. Es war nicht sehr einfach, etwas für die Nuntiatur Passendes zu finden, aber dann gelang es doch, und gleich nach der ersten Besichtigung gefiel es dem Hausherrn.«[64] So schwärmte Schwester Pascalina über die ihr vom Nuntius übertragenen Aufgaben in Berlin. Sie war also nicht nur für den Haushalt in München zuständig, sondern auch für das Entstehen eines repräsentativen Hauses in Berlin und verfügte über die entsprechenden Vollmachten.
Pacelli bedankte sich bei Schwester Pascalina für die Übersendung ihres Berichts nach München über den Fortgang der Arbeiten. Ihrer Bitte gemäß hatte er einen Scheck geschickt, für den er von Direktor Semer eine Bestätigung benötige, dass das Geld ausschließlich für das Nuntiatur-Palais verbraucht wurde. Sie solle in diesem Sinne mit dem Direktor verhandeln.
Der Brief ist unterzeichnet mit »Ihr + Eugen Pacelli« und hat

Rom, 15. 5. 28

Ehrw. Sr. Pasc.

Uebermorgen ist Ihr Namensfest und ich will nicht verfehlen, Ihnen bei dieser Gelegenheit meine wärmsten Glückwünsche auszusprechen. Möge der Allmächtige Ihnen die Fülle seiner Gnaden schenken und Sie auch körperlich gesund bewahren. Ich werde Ihrer ganz besonders am Altar an Ihrem Tage gedenken.

Hoffentlich geht es Ihnen und den ehrw. H. Schwestern gut. Ich reise von Rom Samstag (20. h.) abends ab und werde in Berlin am Dienstag früh eintreffen. Ich hoffe dass den H. H. Prälaten es nun möglich sein wird, nach B. zu kommen.

Inzwischen mit besten Grüßen bin ich

Ihr ergebener

+ Euge P.

Nuntius Eugenio Pacelli gratuliert Schwester Pascalina in Berlin zum Namenstag am 15.5.1928 aus Rom.

33

einen Nachsatz. Pacelli wollte wissen, ob es nicht am Platze sei, in Anbetracht der gegenwärtigen Versorgungslage, Kohle sofort zu kaufen, um einen Vorrat zu haben. Er wollte weiter wissen, ob es »in unserem Haus in Berlin« nur Zentralheizung gebe oder auch Ofenheizung möglich sei.[65]

Weitere Anweisungen für Schwester Pascalina gab es mit Brief vom 13. März 1923. Sie erhielt einen für Direktor Semer bestimmten Brief, den sie zur Kenntnis nehmen und dann geschlossen weitergeben sollte. Außerdem sollte sie Semer veranlassen, Herrn Windhoff direkt die nötige Antwort zu erteilen. Des Weiteren lag dem Schreiben Pacellis ein Brief von Kardinal Andreas Frühwirth bei, den sie ebenfalls lesen sollte, um ihn dann nach München zurückzuschicken.[66]

Am 18. August 1925 war es dann endlich so weit. Nuntius Pacelli zog in das parkumsäumte, sehr repräsentative Haus der Reichsnuntiatur in der Rauchstraße 21 ein.

Da die politische Bedeutung des Heiligen Stuhles während und infolge des Ersten Weltkrieges derartig gestiegen war, erschien die Errichtung einer Reichsnuntiatur als unausweichlich und politisch überfällig.[67] Im päpstlichen Staatssekretariat war längst bekannt, dass »die wahre und große Politik in Berlin und nicht in München gemacht wird«.[68] Außerdem war es eigenartig, dass das Deutsche Reich mit zahlreichen Ländern diplomatische Beziehungen unterhielt, nicht aber zum Heiligen Stuhl.

Eugenio Pacelli wurde schnell das bekannteste Mitglied des diplomatischen Korps und war überall willkommen in Berlin. Zu Lätare lud der Nuntius das katholische Berlin in die Nuntiatur ein und zelebrierte den offiziellen Empfang im großen römischen Stil. Es waren 133 Personen geladen und ebenso viele gekommen. Zwischen »Thronsaal« und Kapelle empfing der Nuntius die Gäste, jedem zugeneigt, mit jedem redend, jedem verbindlich. Lange unterhielt er sich mit Reichskanzler Wilhelm Marx.[69]

34

Wenn Pacelli die großen Gesellschaften für die diplomatische und politische Elite Berlins gab, dann oblag die Bewirtung der Gästescharen Schwester Pascalina und ihren Helferinnen, die manchmal noch zusätzlich Franziskaner Mönche zur Hilfe an ihrer Seite hatten. Das Arbeitspensum in Berlin war tatsächlich nicht zu unterschätzen.

Das prächtige Tafelgeschirr in der Nuntiatur in Berlin, das bei der Bewirtung Verwendung fand, war ein Geschenk Hindenburgs an Eugenio Pacelli. Eine verschwenderische Fülle weißer und gelber Tulpen schmückte die Tafel.[70]

Am Jahrestag der Papstkrönung im März sah man dann jedes Jahr alle Regierungsmitglieder mit dem ganzen diplomatischen Korps in der Nuntiatur in der Rauchstraße. So war Reichspräsident Paul von Hindenburg ein regelmäßiger Gast, ebenso Außenminister Gustav Stresemann und andere Regierungsmitglieder. Reichspräsident Ebert war zusammen mit seiner Gemahlin öfter zu Gast beim Nuntius und über die Unterhaltung mit Frau Ebert bemerkte Pacelli: »Ich habe mich mit ihr oft besser unterhalten können als mit Frauen aus gebildeten Kreisen.«[71]

Lord D'Abernon, von 1930 bis 1936 britischer Botschafter in Berlin, hielt Pacelli für den bestinformierten Diplomaten in der Reichshauptstadt. Die einflussreiche Amerika-Korrespondentin Dorothy Thompson bezeichnete ihn sogar als »den bestinformierten Diplomaten in Deutschland«.[72]

Bella Fromm[73], Gesellschaftsreporterin des Ullstein Verlags von 1928 bis zu ihrer Zwangsentlassung aus »rassischen Gründen« 1934, war eine feste Größe in Berliner Kreisen. Bella Fromm schrieb am 2. Oktober 1927 in ihr Tagebuch:

Hindenburgs achtzigster Geburtstag. Nach der Morgenfeier in der kleinen Dreifaltigkeitskirche strömte eine lange Reihe von Amtspersonen zum Präsidentenpalais, um ihre Glückwünsche darzubringen.

Als ich meinen Namen in die Gratulationsliste eintrug, ging gerade der Päpstliche Nuntius, Monsignore Eugenio Pacelli, vorbei. Das diplomatische Korps weist viele anregende und interessante Persönlichkeiten auf, unter denen der Botschafter des Vatikans eine der hervorragendsten ist. Wo seine hohe Gestalt in der Robe von scharlachrotem und purpurnem Damast sichtbar wird, zieht er sofort aller Augen auf sich. Sein Antlitz ist asketisch, die Gesichtszüge sind geschnitten wie bei einer alten Gemme, nur selten huscht der Schatten eines Lächelns darüber. Seine ruhige Ausgewogenheit entzückte mich. Er plauderte ein Weilchen mit mir, und ich war glücklich darüber. Ich küsste seinen Ring mit wirklichem Vergnügen.[74]

Das ist sicherlich ungewöhnlich für eine Jüdin.

Zu den zahlreichen Gästen in der Nuntiatur zählte der spätere Kardinal Clemens August Graf von Galen (1878–1946).[75] Immer wenn er Pacelli einen Besuch abstattete, unterhielt er sich auch gerne mit Schwester Pascalina. Als er einmal mit ihr plauderte, kam der Nuntius dazu, mit einem Buch in der Hand, um auszugehen. Graf von Galen meinte, die Exzellenz sollte die Lektüre zu Hause lassen und den schönen Frühlingstag genießen. Doch Pacelli antwortete, er könne sich diesen Luxus nicht leisten, es sei denn, er wäre Pfarrer von St. Matthias wie von Galen, und könnte es sich erlauben, bei der Predigt auch einmal stecken zu bleiben, was von Galen schon einmal passieren konnte.

Als der Nuntius nach einer Stunde zurückkam, plauderte von Galen immer noch mit Pascalina, versteckte sich aber, damit ihn Pacelli nicht sah. Er empfand den Nuntius als personifizierte Gewissenhaftigkeit: »So etwas hält doch kein Mensch aus!«[76]

Viele Jahre später sollten Pascalina und von Galen sich in Rom wieder begegnen.

Klagen über Schwester Pascalina

In keinem ihrer Briefe nach Menzingen erwähnte Schwester Pascalina, in welche Schwierigkeiten Nuntius Pacelli wegen ihr geraten war. Niemand konnte ahnen, welch ein Machtkampf zwischen dem Nuntius in Berlin und der Oberin von Altötting entbrannt war.

Alles begann in den ersten Tagen des Monats Juli 1925: Schwester Pascalina erhielt in Berlin ein Telegramm von Schwester M. Tharsilla Thanner, Oberin des Klosters in Altötting. Diese befahl der jungen Schwester, schnellstens nach Altötting zurückzukehren. Außerdem schrieb sie sich in einem langen Brief an Nuntius Pacelli all ihren Ärger und Kummer von der Seele.[77]

Der Oberin waren von verschiedenen »glaubwürdigsten« Seiten bittere Klagen über Schwester Pascalina zu Ohren gekommen. Diese Beschwerden waren von so ernstem Charakter, dass die Oberin im Interesse ihres Hauses, ihrer Kongregation und auch aus »Hochverehrung« für den Nuntius keinen anderen Ausweg mehr sah, als Schwester Pascalina nach Altötting zurückzuholen. Tharsilla Thanner bedauerte es sehr, dass sich Pater Archangelus Staiber, der Provinzial der Franziskaner (1924–1927)[78] in München, über Schwester Pascalina so ungehalten zeigte und entschlossen war, seine Mitbrüder von der Nuntiatur in Berlin abzuberufen.

Die Oberin fügte ihrem Schreiben eine ziemlich peinliche Bemerkung an. Sie konnte sich daran erinnern, dass »Exzellenz schon früher einmal von etwaiger, ihm gut scheinender Vereidigung der Schwester Pascalina« gesprochen habe.[79] Sollte diese Vereidigung nicht bereits stattgefunden haben, schlug Thanner vor, ob nicht eine schriftlich vor Zeugen vorgenommene Vereidigung der Schwester Pascalina vor ihrem endgültigen Verlassen der Nuntiatur sehr geraten sein dürfte. Sie argumentierte, dass Pascalina doch in manches Einblick bekommen habe, was ihr eigentlich nicht zustehe und worüber sie später, wenn sie von der Nuntiatur fort sei, immer und unbedingt Schweigen zu bewahren hätte. Tharsilla Thanner versicherte dem Nuntius immer wieder, wie schwer es ihr gefallen sei, diesen Brief schreiben zu müssen.

Schwester Pascalina kehrte nach Altötting zurück. Dort kam es zu einem langen Gespräch zwischen der Oberin und der Schwester. Tharsilla Thanner zeigte sich sehr erstaunt, dass Pascalina, noch bevor sie es ihr nahelegen konnte, zusagte, im Kloster in Altötting zu bleiben. Sie bat sogar kniefällig darum und gab zugleich an, in Berlin seelisch sehr zu leiden. Schwester Pascalina wollte dem Nuntius auf jeden Fall noch einen Brief schreiben. Nuntius Pacelli wirkte ziemlich ratlos, wie sein Schreiben vom 23.7.1926 an die Generaloberin Theresita Hengartner nach Menzingen zeigt:

Wohlehrwürdige Mutter Generaloberin!
In einer besonders delikaten Angelegenheit sehe ich mich veranlasst, das gütige, mir so oft freundlicherweise bekundete Interesse Euer Wohlehrwürden in Anspruch zu nehmen.
Am 7. des Monats erhielt Schwester Pascalina von der Oberin M. Tharsilla ein Telegramm, welches sie wegen wichtiger dringender Ordensangelegenheiten für den darauf folgenden Tag nach Altötting rief. Bald darauf wurde mir durch Schreiben vom 9. dieses Monats mitgeteilt, dass Frau Oberin Tharsilla wegen verschiedener, ihr von glaubwürdiger Seite zugegangener Klagen sich genötigt gesehen habe, Schwester Pascalina von hier abzuberufen. Frau Oberin Tharsilla begründete die eigenartige, ohne jede Information meinerseits erfolgte Abberufung zwar mit Rücksichten auf meine Person. Sie werden es jedoch, wohlehrwürdige Mutter Generaloberin, begreifen, dass ich mich unter grundsätzlicher Anerkennung der Rechte zur Abberufung der Schwester Pascalina mit der von der Frau Oberin von Altötting beliebten Form derselben nicht einverstanden erklären konnte. Da Schwester Pascalina die ganze Verwaltung des Hauses und meines persönlichen Eigentums in Händen hat, musste die anscheinend nur vorübergehende, in Wirklich-

keit aber definitiv gedachte Abberufung für den wirtschaftlichen Betrieb der Nuntiatur und die Ordnung der finanziellen Rechnungsablage die größte Verwirrung mit sich bringen.

Ich habe mich daher genötigt gesehen, Schwester Tharsilla durch Schreiben vom 11. Juli dringendst zu ersuchen, die Schwester zum Zwecke einer geordneten Übergabe der Verwaltung hierher zurückzuschicken. Schwester Pascalina kehrte dann auch zurück, ist jedoch z. Z. infolge der seelischen Aufregung außerordentlich hinfällig, so dass ihr Zustand zu schwerer Besorgnissen Anlass gibt. Unter diesen Umständen und mit Rücksicht auf meine ebenfalls sehr angegriffene Gesundheit, die in Verbindung mit der augenblicklichen schweren Arbeitslast einen Wechsel besonders untunlich macht, bat ich Frau Oberin Tharsilla am 15. dieses Monats um Fristverlängerung, was sie mir durch Telegramm vom 20. dieses Monats auch zusagte.

In Anbetracht der Besonderheit des Falles fühle ich mich jedoch verpflichtet, die ganze Angelegenheit dem Urteil Euer Wohlehrwürden als Generaloberin zu unterbreiten. Eine von mir angestellte Prüfung hat ergeben, dass die Klagen auf die im Hause beschäftigten Franziskanerbrüder und zwei Schwestern zurückgehen. Ebenso klar hat es sich aber herausgestellt, dass es durchgängig an sich kleine, unbedeutende Querelen waren, die zum nicht geringen Teile auch noch auf Missverständnissen beruhten, wie sie gelegentlich in jedem, auch dem best geleiteten Hause vorkommen. Abgesehen von der sachlichen Geringfügigkeit der Klagepunkte hat sich zudem deutlich erkennen lassen, dass die Schuld keineswegs nur auf einer Seite war. Ich beabsichtige gelegentlich meiner Urlaubsreise nach Rorschach Euer Wohlehrwürden die ganze Sache auch noch persönlich und im Einzelnen dazulegen und die endgültige Entscheidung Ihrem weisen Ermessen zu überlassen. Bis dahin aber bitte ich damit einverstanden zu sein, dass Schwester Pascalina hier bleibt. Um Euer Wohlehrwürden eine einwandfreie Beurteilung der ganzen Angelegenheit zu ermöglichen, wäre es wohl am besten, dass Schwester Pascalina zur Berichterstattung nach Menzingen käme, was kurz vor meiner Abreise nach Rorschach ohne Schwierigkeiten für den Betrieb des Hauses möglich wäre.

Indem ich die Angelegenheit der weisen und besonnenen Beurteilung Euer Wohlehrwürden vertrauensvoll anheim gebe, erteile ich Ihnen und dem ganzen Mutterhaus von Herzen meinen Bischöflichen Segen und verbleibe mit dem Ausdruck dankbarer Verehrung ... [80]

Die Oberin in Altötting war mit einer Terminverlängerung bis Ende August einverstanden. Da im Moment noch Ruhe herrsche, könne sich die Schwester still nach Altötting zurückziehen, während sich ein Bekanntwerden der Querelen später katastrophal auswirken würde.

Wie ernst die ganze Angelegenheit war, zeigt sich in einem Brief von Ludwig Kaas[81], dem langjährigen Vertrauensmann und Mitarbeiter Pacellis, vom 2. August 1926 an die Generaloberin in Menzingen. Er betonte, dass er zwar amtlich in keiner Beziehung zu der Angelegenheit stehe, der Gerechtigkeit halber aber nicht schweigen wolle.

Er gab an, dass er seit langen Jahren durch seine dauernde Zusammenarbeit mit seiner Exzellenz, dem Hochwürdigsten Herrn Apostolischen Nuntius, als Beauftragter des zur Fuldaer Bischofskonferenz zählenden Episkopats in die Verhältnisse der Nuntiatur genauesten Einblick gewonnen und auch Gelegenheit gehabt habe, den inneren Betrieb des Hauses in seinen Einzelheiten kennenzulernen und zu beurteilen.

Ludwig Kaas hatte auch bei seiner mehrmaligen Anwesenheit in München reichlich Gelegenheit, sich ein klares und unabhängiges Urteil über den dortigen Hausbetrieb und die in ihm tätigen Schwestern zu bilden.

Kaas drückte klar aus, dass ihm nichts ferner liege, als hier, wo er ganz offen reden könne und müsse, gewisse Fehler der Schwester Pascalina leugnen zu wollen. Menschen, die einen so starken, vor keiner Mühe und keinem Opfer zurückschreckenden Arbeitsdrang hätten, wie Schwester Pascalina, unterlägen leicht der

Gefahr, ähnliche Anforderungen an andere zu stellen und, wenn sie auf passive, weniger tätige Naturen stießen, stärker zu reagieren, als dies bisweilen erwünscht und klug sei. Von der Erkenntnis und der Rüge solcher mit zunehmendem Alter und wachsender Erfahrung auch bei Schwester Pascalina bereits stark abgeminderter Fehler bis zum Vorwurf eines herrschsüchtigen und unumgänglichen Charakters sei jedoch ein weiter Weg – den mitzugehen ihm sein Gerechtigkeitsgefühl und Gewissen verbiete.

Prälat Kaas hatte sich gelegentlich als Freund des Hauses und des Nuntius veranlasst gefühlt, Schwester Pascalina gegenüber einen Rat offenherzig im Sinne einer wohlgemeinten correctio fraterna auszusprechen. Er fand in Schwester Pascalina vielmehr einen im Grunde »außerordentlich kindlichen, leicht lenksamen, innerlich frommen und treuen Charakter«,[82] dessen wertvolle Eigenschaften durch die gelegentlich vorkommenden Versehen kleinerer Art nicht beeinträchtig werden könnten.

Die Lage spitzte sich weiter zu, auch wenn sich mehrere Personen, wie Pater Rauterkus SJ., Beichtvater der Nuntiatur in Berlin, und Nuntiaturrat Prälat Centoz für den Verbleib von Schwester Pascalina einsetzten. Auch Pater Thomas Jüngt O.S.B., damals Spiritual und Einsiedler, der lange Zeit sehr segensreich in Stella Maris in Rorschach lebte, setzte sich für Schwester Pascalina ein. Er betonte, dass die Schwester voll Aufmerksamkeit die »persönlichen« Bedürfnisse Seiner Excellenz besorge, sie leiste »Hochdemselben« mancherlei Dienste in privaten Angelegenheiten; doch mit amtlichen Dingen habe sie nichts zu tun.[83] Es würde ihn aber nicht wundern, wenn ein so energischer Charakter wie Schwester Pascalina auch da und dort rascher und fester zugreifen würde, als lobenswert wäre.

Es fällt auf, dass für die Sorgen der Oberin Tharsilla Thanner offensichtlich niemand Verständnis hatte. Im Gegenteil, Pacelli konnte die Querelen mit Altötting nicht mehr ertragen:

Meine Absicht für die Zukunft geht hauptsächlich dahin, mit Altötting, das mir beständig Aufregung und Kummer bereitet, nichts mehr zu tun zu haben, um endlich zu der für mein schweres und verantwortliches Amt so nötigen Ruhe zu kommen. ...
Ich empfehle aufs wärmste dieses mein Anliegen der Güte Euer Wohlehrwürden und in der sicheren Erwartung Ihrer freundlichen Hilfe verbleibe ich, Sie und die ganze Kommunität von Herzen segnend,
Wohlehrwürden Mutter Generaloberin dankbar ergebenster
+ Eugen Pacelli Erzbischof von Sardes,
Apostolischer Nuntius[84]

Es ist schon bemerkenswert, mit welchem Nachdruck der Nuntius für sein Anliegen bittet:
Am 5. August 1926 erhielt die Mutter Generaloberin die erlösende Nachricht aus Berlin. Tharsilla Thanner hatte unter Berufung auf die von der Generaloberin geäußerte, ausdrückliche Weisung Nuntius Pacelli benachrichtigt, Schwester Pascalina könne in der Nuntiatur bleiben:

Ich vermag Ihnen kaum auszusprechen mit welcher Genugtuung und aufrichtiger Freude diese Nachricht mich erfüllt hat, und sie gibt meinem Hause den seit geraumer Zeit von außen her in so unnötiger Weise gestörten Frieden wieder ... Das rasche von mütterlichen Verständnis und starkem Gerechtigkeitsgefühl getragene Eingreifen Euer Wohlehrwürden, hat den unangenehmen Vorgängen der letzten Wochen und ihren missliebigen Folgen für alle direkt und indirekt Beteiligten ein schnelles Ende bereitet.[85]

Die vom Nuntius so sehr gewünschte Ruhe in seinem Haushalt blieb allerdings offensichtlich nicht lange erhalten. In einem seiner Schreiben vom 19. April 1927 nach Menzingen steht zu lesen, dass er sehr erstaunt war zu hören, dass sich die Gehilfinnen von Schwester Pascalina in Berlin bei Frau Generaloberin über sie beschwert hätten, ohne allerdings konkrete Klagen vorgebracht zu haben. Pacelli ließ die beiden Schwestern Theodosia und Hilaria zu sich rufen, die aber von Klagen nichts wissen wollten. Pacelli setzte sich mit Altötting in Verbindung, hörte von dort, dass die Schwestern gern in Berlin arbeiteten. Sie wurden allerdings nach Altötting zurückgeholt.

»Ersatz« für Berlin sollte wiederum aus Altötting kommen. Nuntius Pacelli hatte allerdings im Verzeichnis der Schwestern entdeckt, dass die für Berlin vorgeschlagene Schwester Alana älter war als Schwester Pascalina. Er befürchtete, dies könne schon wieder eine Ursache für zu erwartende Schwierigkeiten sein, wenn die jüngere Schwester die Leitung des Haushalts innehabe und die ältere sich unterordnen müsse. So ging seine Bitte nach Menzingen, doch von dort neue Kräfte zu bekommen, sogar wenn es sich vorerst nur um Kandidatinnen handeln würde.

Im Juli 1927 stand der Besuch von Schwester Tharsilla in Menzingen an. Für die dort zu führenden Gespräche über Schwester Pascalina übersandte Pacelli der Generaloberin Theresita Hengartner die Abschriften von Pascalinas Zeugnissen, die er auch schon an Monsignore Giuseppe Pizzardo nach Rom weitergegeben hatte. Dieser bezeichnete die Zeugnisse als »sehr schön und erschöpfend« (bellissimi ed esaurienti).[86]

Am 7. September erhielt die Generaloberin in Menzingen nochmals Nachrichten zu Pascalina von Pacelli aus Berlin. Diese ihm so ans Herz gewachsene Schwester gehöre nun ganz zum Mutterhaus nach Menzingen. Pascalina habe zwar immer noch eine starke »Hinneigung« zu Altötting, der Stätte ihres Noviziats und ihrer Profess, sodass die Trennung von dort für sie sehr schmerzlich sei. Nachdem sie nun aber direkt dem Mutterhaus in der Schweiz unterstehe, bat Pacelli nachdrücklich, alle noch in Altötting befindlichen Personalakten nach Menzingen zu übersenden.

Für die Haushaltsführung in Berlin wurden die Schwestern Friedberta und Edgar bestimmt. Beide reisten am 26. Januar 1928 von

Menzingen ab. Das Reisegeld in Höhe von 200 Reichsmark hatte Schwester Pascalina aus Berlin gesandt.

Generaloberin Theresita Hengartner hatte die beiden Schwestern so ausgesucht, dass sie den Verhältnissen in der Nuntiatur Rechnung tragen konnten. Schwester Friedberta habe sich bis dahin stets bemüht, ihrem Namen Ehre zu machen und zeichnete sich zudem durch gewissenhafte Pflichterfüllung in allen Hausarbeiten und im Nähen aus. Schwester Edgar, die als mehrjährige Gehilfin der Oberköchin im Mutterhaus tätig gewesen war, würde ebenfalls ihr Bestes tun, um die abtretende Schwester Theodosia im Küchenamt zu ersetzen.

Kurz nach dem Eintreffen der Schwestern in Berlin verließ Schwester Theodosia die Nuntiatur unter Tränen und Beteuerung ihrer Schuld und bat um Verzeihung. Pacelli schrieb: »Hoffentlich wird sie in Altötting nicht das Gegenteil sagen ... Ich danke Gott, dass nun endlich Ruhe und Frieden im Hause eingezogen ist.«[87]

Pacellis Kampf um Pascalina war längst zum Gesprächsthema in der Nuntiatur in Berlin, bei den Lehrschwestern vom Heiligen Kreuz in Menzingen und in Altötting geworden. Und man kann sich des Eindrucks nicht erwehren, dass Pacelli keinerlei Sympathien mehr für die Provinzoberin Tharsilla Thanner hatte. Dagegen jedoch wehrte er sich massiv mit einem Schreiben aus dem Vatikan vom 6. Juni 1930 an die Generaloberin Theresita Hengartner:

> Es wurde mir mitgeteilt, dass man in gewissen Kreisen die Meinung hat, ich wünsche, wenn ich es auch nicht ausspreche, die Absetzung der wohlerw. Sr. Tharsilla als Provinzoberin in Altötting. Um jedem Missverständnis vorzubeugen, lege ich Wert darauf, Euer Wohlehrwürden mitzuteilen, (und ich bitte den ganzen Generalrat ohne Verzug davon in Kenntnis zu setzen), dass diese Nachricht jeder Grundlage entbehrt.[88]

Mit diesem förmlichen »Kampf« des Nuntius um die junge Schwester zeichnet sich deutlich Pacellis Abhängigkeit von ihr ab. Sie war längst nicht mehr Haushälterin, sondern Hausdame, Privatsekretärin und Verwalterin. Die einfache deutsche Ordensschwester wurde schon damals zur engsten Vertrauten des vornehmen Römers, der in dieser Zeit seine geliebte Mutter verloren hatte. Vielleicht war es genau die »gesunde Vitalität von Schwester Pascalina«, die den vergeistigten Nuntius faszinierte. Möglicherweise erinnerte sie ihn an eine seiner Kinderfrauen. Diese Frauen aus dem Volk, denen adelige Mütter ihre Kinder anvertrauten, waren praktisch veranlagte, meist zupackende, fleißige Frauen. Die Aufgaben, die Pacelli Pascalina stellte, löste sie erfolgreich. Damit wuchs ihr natürliches Selbstbewusstsein, das ihr zugute kam, als sie an der Seite des Kardinalstaatssekretärs 1930 in den Vatikan einzog.

Abschied von Berlin 1929

Am 9. Dezember 1929 überreichte Nuntius Pacelli Reichspräsident Paul von Hindenburg (1847–1934) sein Abberufungsschreiben. Schon seit 1924 galt Pacelli als aussichtsreichster Kandidat für das Kardinalat im Vatikan. Seine Verdienste an den Nuntiaturen in München und Berlin waren unumstritten.
Die Berliner Katholiken bereiteten am 10. Dezember dem scheidenden Nuntius in der Krolloper eine glänzende Abschiedsfeier. Und es ist kaum vorstellbar, dass Pascalina und ihre Mitschwestern dabei nicht anwesend gewesen wären. Am Tag des Abschieds zelebrierte er die letzte Messe in der Hauskapelle der Nuntiatur. Morgendliches Dämmerlicht fiel durch die bunten Fenster. »Beati mundi corde« – leuchtet es auf über dem Bild des Papstes Eugen I., Namenspatrons des Hausherrn. Dieser Raum war die Seele des

Hauses. »Emsige und treue Schwesternhände« hatten die Kapelle an diesem Tag aufwendig mit weißen Rosen und Lilien geschmückt. Auch Pacelli zeigte trotz aller Beherrschtheit, wie nahe ihm die Abschiedsstunde ging. Ein letztes Gebet, ein freundlich grüßendes Dankeswort an die musizierenden Waisenknaben, ein letzter Segen an die weinend niederknienden Brüder und Schwestern der Nuntiatur. Schwester Pascalina schrieb:

> Tausende von Fackelträgern waren erschienen, um den Herrn Nuntius zur Bahn zu geleiten. Das offene Auto fuhr durch eine unübersehbare Menschenmenge, die zu beiden Seiten Spalier bildete ... Auch wir Schwestern kamen mit zum Bahnhof und erlebten mit den Tausenden das überwältigende Schauspiel der Verehrung, das dem Stellvertreter des Heiligen Vaters bereitet wurde.[89]

Es war schon spät, als Schwester Pascalina und die beiden Mitschwestern in die Nuntiatur zurückkehrten. Auf dem ganzen Heimweg sprach keine der Schwestern ein Wort und das Palais erschien ihnen kalt und fremd. Keine wollte etwas essen an diesem Abend. Wie es mit den Schwestern weitergehen sollte, das hatte der Nuntius schon festgelegt und mit der Generaloberin in Menzingen, die ihm zu seiner Ernennung gratuliert hatte, abgesprochen:

> Wohlehrwürdige Frau Generaloberin!
> Lassen Sie mich Ihnen zunächst für Ihr so herzlich gehaltenes Glückwunschtelegramm anlässlich meiner bevorstehenden Erhebung zum Kardinalat meinen innigen und aufrichtigen Dank aussprechen ... Ich gebe mich der tröstlichen Erwartung hin, dass Euer Wohlehrwürden mir die bisher zur Verfügung gestellten Schwestern weiter belassen, wenigstens in dem Sinne, dass dieselben bereit stehen, sobald die Wohnungsfrage für mich in Rom endgültig gelöst ist, was ich in kurzer Zeit erwarte. Unterdessen scheint es mir dringend geboten, die Schwestern nach Beendigung ihrer Obliegenhei-

ten hierselbst, für einige kurze Wochen nach der Schweiz (Schwester Pascalina am besten nach Rorschach) in Erholung gehen zu lassen, damit sie sich in Ruhe auf Rom vorbereiten, und ihre durch die sehr schwere Arbeit der letzten Zeit angegriffenen Kräfte so wiederherstellen, dass sie frisch gestärkt ihren zweifellos im Anfang nicht leichten Dienst in Rom antreten können.

Ich empfehle Ihnen ganz besonders Sr. Pascalina, da sie schon die Zeit in Rorschach, und speziell diese letzten Wochen, viel mehr zu leisten hatte, als ihre schwache und zur Zeit besonders geschwächte Gesundheit erlaubt hätte. Alles was für sie geschieht, betrachte ich, als mir selbst getan. Ich wäre Ihnen daher zu großem Dank verpflichtet, wenn Sie den Schwestern umgehend entsprechende Anweisung zukommen lassen wollten, damit ich beruhigt und wegen der weiteren Entwicklung unbesorgt die Reise nach Rom antreten kann. Die gesamten hierauf bezüglichen Mitteilungen bitte ich *geheim* halten zu wollen.[90]

Die Antwort aus Menzingen vom 26. Dezember 1929 war natürlich die Erfüllung des Wunsches seiner Eminenz. Theresita Hengartner, die Generaloberin, versicherte, dass die Schwestern sich gründlich ausruhen dürften. Schwester Pascalina habe sie schon in Rorschach angemeldet. Und dann sollten alle drei gut erholt nach Rom reisen.

Die Ordensfrauen, für die Kirche »überaus kostbar«

In den zwölf Jahren als Nuntius in Deutschland hatte Pacelli fast täglich einen Nuntiaturbericht zu schreiben, der an seinen Vorgesetzten, Kardinalstaatssekretär Pietro Gasparri, nach Rom gesandt wurde. Als erste »Perle« aus der Vielzahl der Berichte wurde in einer kommentierten italienisch-deutschen Edition Pacellis damalige Schlussrelation, die er 1929 kurz vor seiner Rückkehr nach Rom verfasste, im Jahr 2006 von Hubert Wolf und Klaus Unterburger herausgegeben. Mit Blick auf Pascalina, die Ordensschwester, interessieren hier besonders Pacellis Ausführungen zum Thema »Die Orden und die religiösen Gemeinschaften«:

> Im Allgemeinen ist die mit sehr großer Entsagung ausgeübte Tätigkeit der Ordensfrauen in unterschiedlichen Werken der Wohltätigkeit wie auch im Unterricht, überaus kostbar und reich an ausgiebigen Früchten für die Kirche und für die Seelen. Es soll reichen, als Beispiel das von den Ursulinenschwestern mit der Erziehung der weiblichen Jugend in einer Stadt wie Berlin, so voller Gefahren für den Glauben und für die Sitten, geleisteten guten Werke zu erwähnen. Die Schwestern sehen sich gezwungen, auf die Bedürfnisse der Zeit einzugehen, auch aufgrund von Regierungsbestimmungen, z. B. bezüglich der Volksschullehrerinnen; das ist andererseits manchmal Ursache besonderer Schwierigkeiten, wenn die Bestimmungen selbst nicht mit der von der Heiligkeit des Ordensstandes geforderten Zurückhaltung zusammenpassen, z. B. bezüglich der Ausbildung der Zeichenlehrerinnen; mancher Missbrauch, der auch mit der Zustimmung oder Duldung des Ordinarius eingeführt worden und dem Schreiber zur Kenntnis gekommen war, wurde ohne Zögern umsichtig entfernt. Andere Unannehmlichkeiten habe ich auch nicht selten von würdigen und klugen Ordensleuten beklagen hören, die in der Seelsorge erfahren sind: zum Beispiel, dass in dem einen oder anderen Haus von Ordensfrauen die Oberin den Schwestern nicht die ihnen von den heiligen Canones garantierte Freiheit bezüglich der Beichte und der Seelenführung überlässt; dass in einigen Kliniken Ordensschwestern bei unzulässigen Operationen assistieren müssen, z. B. Abtreibung usw.[91]

Es wird sich zeigen, dass Schwester Pascalina nie mehr als Lehrerin tätig sein und auch nie mehr in ihre Kongregation in die Abgeschiedenheit eines Klosters zurückkehren würde.

Teil II
1930−1939
Im Vatikan mit dem
Kardinalstaatssekretär Pacelli

Nuntius Eugenio Pacelli, München

Der vatikanische Haushalt

»Mit Takt und Sanftmut beherrschte sie
die Kunst, Pius XII. das Leben zu erleichtern,
wenn ihn die Sorgen drückten.«

»Gern und doch voll Bangen reiste ich ab«

Rom – die Ewige Stadt – sie war das Ziel der Reise von Schwester
Pascalina im Januar 1930. Diese Reise sollte sie direkt in den
päpstlichen Palast in der Vatikanstadt führen, ein durchaus muti-
ges Unterfangen der 36-jährigen Schwester. »Gern und doch voll
Bangen reiste ich ab, verstand kein Wort Italienisch.«[1]
Es löst immer noch großes Erstaunen aus, dass Eugenio Pacelli,
der als so unnahbar geltende Nuntius, es durchgesetzt hatte, von
Papst Benedikt XV. Dispens zu erhalten, dass Schwester Pascalina
als Haushälterin nach München kam und dort bleiben konnte.[2]
Papst Pius XI. erneuerte diese Erlaubnis. Damit war der Weg frei
für Schwester Pascalina, die Lehrschwester vom Heiligen Kreuz, in
den Vatikan einzuziehen, um dem Kardinalstaatssekretär zu dienen.
Als Nuntius Pacelli Ende 1929 von Pius XI. nach Rom zurückgerufen wurde, um am 9. Februar 1930 als Kardinal die Leitung
des Staatssekretariats von seinem Gönner Pietro Gasparri zu
übernehmen, galt er bereits als erfahrener Diplomat. Als Staatssekretär bot sich nun Kardinal Pacelli zum ersten Mal Gelegenheit,
seine scharfe, juristisch geschulte Urteilskraft und seine umfassende Bildung in den Dienst der Gesamtkirche zu stellen.

Seine engsten Mitarbeiter, Schwester Pascalina Lehnert und Pater Robert Leiber SJ (1887–1967)[3] standen ihm auch in Rom zur Seite. Der Historiker Michael F. Feldkamp nannte Schwester Pascalina, den Tatsachen entsprechend, als Mitarbeiterin des Nuntius Pacelli an erster Stelle.[4] Auch Ludwig Kaas (1881–1952) stand Pacelli wiederholt persönlich zur Verfügung, bis dieser ab 1933 ganz in der Ewigen Stadt blieb. Alle weiteren Mitarbeiter waren ebenfalls Deutsche: der Bibliothekar Pater Wilhelm Hentrich SJ (1887–1972)[5] sowie Pater Augustin Bea SJ (1881–1968)[6], Rektor des päpstlichen Bibelinstituts und späterer Beichtvater von Papst Pius XII. Allerdings rechtfertigte diese Tatsache noch lange nicht, von einer »den Papst beherrschenden deutschen Clique« zu reden.[7] Ohne Zweifel verfolgte Pacelli auch als Staatssekretär die Vorgänge in Deutschland mit großer Sensibilität.

Pacellis erstes Anliegen an Schwester Pascalina war, wie sie das schon in Berlin bewerkstelligt hatte, nun seine Privatwohnung im vatikanischen Palast einzurichten. Dafür hatte sie gründlich vorgesorgt. Zwar hatten die deutschen Bischöfe geplant, dem aus Berlin scheidenden Nuntius ein Pektorale mit Kette und Ring zu schenken. Ein Freund Pacellis sagte Kardinal Adolf Bertram aber, dass man ihm mit der Einrichtung eines Arbeitszimmers in Rom eine größere Freude bereiten könne. Hinter diesem Vorschlag steckte natürlich die kluge Pascalina. Sie hatte längst Möbel ausgewählt, die sie dem Kardinal dann zeigen konnte. Er wiederum war der Meinung, dass die Büroschränke zum Teil schon mit Büchern bestückt sein sollten. Pascalina ließ sich von Pacelli aus Rom eine Bücherwunschliste zusenden, beschaffte die Schränke und die gewünschten Bücher. Der Schreibtisch wurde mit einer kleinen Silberplatte versehen, auf der die Namen der deutschen Bischöfe – also die Stifter – eingraviert waren. Auch die Einrichtung für das Schlafzimmer, das Speisezimmer, das Herrenzimmer und die Küche durfte die Schwester bereits in Berlin auswählen.

Schließlich wurden alle Möbel versandbereit gemacht und nach Rom transportiert.

Von der vatikanischen Privatwohnung führte eine kleine Treppe zur darunter liegenden Etage, wo die Arbeitsräume von Pater Leiber und Pater Hentrich lagen. Am äußersten Ende der Wohnung war die Küche, in der auf Gas gekocht wurde, ein kleiner Speisesaal und der Schlafraum für Schwester Pascalina und die beiden anderen Ordensfrauen, die den päpstlichen Haushalt zu versorgen hatten. Die Schütten in einem Küchenregal waren mit deutschen Produktnamen beschriftet.

Obwohl noch einige leere Räume zur Verfügung standen, beanspruchten die Schwestern kein Speisezimmer, sondern speisten immer nur zu dritt an einem winzigen Tisch in der Küche neben dem Herd.

> Und wegen der Macht der Verhältnisse mussten sie fast ständig auf die Erholungsstunde verzichten. Mit vorbildlicher Treue, trotz den Schwierigkeiten, die der Dienst des Heiligen Vaters mit sich brachte, hielten sie immer getreulich die gemeinsame geistliche Lesung, das gemeinsame Stundengebet u.s.f., und wenn eine verhindert war, holte sie alles nachher allein nach. Pascalina gönnte sich kaum die Zeit zum ruhigen Speisen: wie oft habe ich sie brüderlich gemahnt, besser für ihre Gesundheit zu sorgen«, schrieb der Bibliothekar Pater Hentrich SJ und fuhr fort: »Dass es anderen Schwestern nicht in der gleichen Weise wie ihr von Gott und der Natur geschenkt war, so fix und schnell zu arbeiten wie sie; sie hat ständig an sich gearbeitet, und wenn sie einmal etwas ›impulsiv‹ war mit andern, hat sie es so bald wie möglich, meist augenblicklich, wieder in Ordnung gebracht. Und mit jedem Jahre, wie auch andere beobachteten, wurde sie gereifter.[8]

Im August 1930 waren die Räume bezugsfertig. Dies berichtete Pacelli der Provinzialoberin nach Menzingen mit der Bemerkung, dass die liebe Schwester Pascalina ihm, mit nimmermüder Sorge, sein neues Heim bereitet hatte. Am 6. September 1930 bestätigte er die Ankunft der Schwestern Friedberta und Edgar. Es lägen zwar für alle anstrengende sechs Monate hinter ihnen, »doch Schwester Pascalina hat alles getan, was irgend möglich war, um es so fein und vornehm zu gestalten, so dass es mir jetzt täglich eine neue Freude ist«.[9] Schwester Pascalina hatte sich wieder einmal als zuverlässige Frau bewährt und der Wechsel von Berlin nach Rom bereitete ihr anscheinend keinerlei Schwierigkeiten.

Der Pascalina-Biograf Paul Murphy[10] sah Pascalinas Weg nach Rom ganz anders: Es sei der amerikanische Bischof Francis Spellman[11] gewesen, dem die in Berlin »Sitzengebliebene« und ständig voll Verzweiflung auf Post aus Rom wartende Schwester Pascalina leidgetan habe. Er habe sie persönlich aus Berlin abgeholt und in den Vatikan gebracht. Belegen kann Murphy diese Aussage nicht.

Der Autor John Cornwell ist da ähnlicher Meinung: Er schreibt, dass sich Pacelli nicht ohne eine gewisse Erleichterung von Pascalina in Berlin verabschiedet habe. »Es war nicht beabsichtigt, die Nonnen nach Rom mitzunehmen.«[12] Auch diese Aussage lässt sich nicht belegen.

Elisabetta Rossignani – Pacellis Schwester

Cornwell berichtet über Pacellis Schwester Elisabetta. Von Anfang an habe eine unüberwindliche Eifersucht von Elisabetta auf Pascalina bestanden. Elisabetta hatte sich eingebildet, sie würde die Haushälterin ihres Bruders im Vatikan werden. Er hätte ihr sogar schon zugesichert, dass dies trotz Ehemann und ihrer tauben Tochter Elena möglich wäre.

Elisabetta startete eine wahre Verleumdungskampagne, als sie vor dem Seligsprechungstribunal im »Fall« Pius XII. auszusagen hatte. Sie bezeichnete Pascalina als »herrisch« und »außerordentlich verschlagen«. Weiter sagte sie aus, dass der starke Einfluss der deutschen Schwester auf ihren Bruder »zu einem Kreuz geworden sei, ein Kreuz, das er aus den Händen Gottes als Mittel zur Heiligwerdung empfing«.[13]

Pascalina sei in Rom plötzlich aufgetaucht, und zwar ohne »das Einverständnis ihres Ordens oder Pacellis«. Sie habe sich in ein Zimmer in einem Kloster an der Via Nicolo V. eingemietet, habe dann aber angeblich Elisabetta so weit gebracht, dass sie bei ihr einziehen durfte, da Pascalina erstens wenig Geld hatte und zweitens kein Wort italienisch sprach. Dies habe Elisabetta aus Liebe zu ihrem Bruder zugelassen, von dem sie aber nicht verstand, warum er der Schwester nicht die Tür gewiesen habe.

Um Pascalina wieder loszuwerden, gab Elisabetta an, ihre eigene Wohnung aufzugeben, um nach Lourdes zu reisen. Doch Pascalina sei nicht nach Deutschland zurückgekehrt, sondern in die Wohnung des Kardinalstaatssekretärs im Vatikan eingezogen, unter dem Vorwand, diese mit Möbeln ausstatten zu müssen. Dann habe sie ihre beiden Mitschwestern nach Rom kommen lassen. So war ihr Eugenio Pacelli wieder anvertraut.

Elisabetta tischte dem Tribunal noch eine weitere Geschichte auf.[14] Die Amerikanerin Mrs Brady[15] hatte den Architekten Ing. Graf Galeazzi zum Verwalter ihrer italienischen Villa außerhalb von Rom gemacht. Diese Villa stellte sie auch Pacelli zur Verfügung. Angeblich habe Schwester Pascalina dorthin öfters Gäste eingeladen. Dass einmal Carlo, der Neffe von Elisabetta, dorthin gekommen und es ihm gelungen sei, unbemerkt ein Foto zu machen, das Schwester Pascalina in einer intimen Pose mit Enrico Galeazzi zeigte. Carlo habe das Foto seinem Vater gebracht, der es an Pacelli weitergereicht habe.[16]

Obwohl diese »Zeugnisse für das Seligsprechungsverfahren Pius' XII. (Gesellschaft Jesu)« nicht zugänglich sind, hat John Cornwell in seinem Pamphlet »Hitler's Pope«, das in deutscher Übersetzung den Untertitel »Der Papst, der geschwiegen hat« trägt, die Aussagen von Elisabetta publiziert. Nach eigenen Angaben hatte er in Rom »großzügig Zugang zu bisher geheimem Material« bekommen.[17] Pater Peter Gumpel SJ, Professor für Dogmatik an der päpstlichen Universität Gregoriana und Untersuchungsrichter bei der Kongregation für die Selig- und Heiligsprechung, verneint diese Aussage und weist darauf hin, dass sich Cornwell den Zugang zu den Unterlagen erschlichen habe.[18] Durch die im Archiv im Institut in Menzingen aufgefundenen Briefe Pacellis, die hier erstmals veröffentlicht werden, können nun die Anschuldigungen von Pacellis Schwester Elisabetta widerlegt werden.

Dennoch war Pascalina zur Zeit ihrer Ankunft in Rom froh, wenn sie von Eugenio Pacellis Familie eingeladen wurde. Ihr gefiel, dass in deren Hause Vornehmheit, Bescheidenheit und tiefe, echte Frömmigkeit herrschte. Die Seele des Hauses war Marchese Francesco Pacelli, der seine geliebte Frau früh verloren hatte. Der Vater erzog die vier Söhne allein. Der älteste war damals jung verheiratet, seine Frau galt nun als Herrin des Hauses. Giuseppe, der Zweitälteste, war Novize bei den Jesuiten gewesen, aber, zum großen Leid der Familie, jung verstorben. Die beiden jüngsten Söhne, Marcantonio und Giulio, waren Studenten. Mit diesen beiden blieb Schwester Pascalina immer in gutem Kontakt.

Wachsam, sanft und diskret

Nachdem die Räumlichkeiten des Kardinalstaatssekretärs eingerichtet waren, begann für Schwester Pascalina allmählich der Alltag. Sie war sicher an einer exponierten Stelle tätig, aber nicht die einzige Frau im Vatikan. Von den damals rund tausend Personen, die dort tätig waren und in der Vatikanstadt wohnten, waren etwa ein Drittel Frauen.

Mehr als hundert Frauen arbeiteten als Hausgehilfinnen. Die anderen etwa zweihundert Frauen gehörten zu den Familien vatikanischer Beamter, sei es als Gattinnen oder Töchter von Beamten weltlichen Standes, sei es als Mütter, Schwestern oder sonstigen Verwandten der dort wohnhaften Geistlichen.[19] Ordensschwestern waren dabei nur in geringer Zahl vertreten. Es waren im ganzen zweiundzwanzig, die meisten in der Krankenpflege, ein kleinerer Teil auch in der Verwaltung tätig. Zusammen mit Schwester Pascalina wohnten nur noch ihre beiden Mitschwestern dort.

Die drei deutschen Schwestern freuten sich darauf, dem Kardinalstaatssekretär dienen zu dürfen. Der französische Historiker Jean Chélini bezeichnet die Tätigkeit von Schwester Pascalina allerdings nicht explizit als dienen. Er konstatierte: »Von jetzt an regierte in den Privatgemächern eine Bayerin, Josephine Lehnert.«[20] Sie schulmeisterte das gesamte Hauspersonal des Kardinalstaatssekretärs bis hin zum Kammerdiener Giovanni Stefanori und dem Chauffeur Mario Stoppa. Da ihr Pacelli völlig vertraute, war sie die einzige Person, die sich in seinen Räumen frei bewegen konnte, die es wagen konnte in sein Arbeitszimmer zu kommen, ohne Angst vor dem Protokoll haben zu müssen oder einem Tadel. Viele Menschen nutzten die Protektion von Schwester Pascalina, andere wiederum mieden sie. Chélini schrieb ihr ein stürmisches Temperament zu, bestätigte aber ihre Loyalität und Diskretion.[21] Pascalina hasste Journalisten, ebenso wie Fotografen. Es gibt tatsächlich kein einziges Foto, das sie zu dessen Lebzeiten allein mit Papst Pius XII. zeigt. Dafür gibt es zahlreiche Beschreibungen der Persönlichkeit von Schwester Pascalina aus dieser Zeit.

Der Arzt Riccardo Galeazzi-Lisi ließ seine Erinnerungen an Papst Pius XII. schon 1960 in französischer Sprache veröffentlichen. Somit konnte Pascalina schwarz auf weiß nachlesen, wie er, der sie dreißig Jahre lang kannte, sie einschätzte: »La maison de Pie XII était gouvernée avec une vigilante, douce et discrète autorité par la Mère Pasqualina.«[22] Sie war die erste Frau überhaupt, die so sicher und so lange Zeit das Haus eines Papstes bestellt hat. »Mit Takt und Sanftmut beherrschte sie die Kunst, Pius XII. das Leben zu erleichtern, wenn ihn die Sorgen drückten.«[23] Pascalina galt ihm von Anfang an als Organisationstalent. Als ein gutes Beispiel dafür ist der jährliche Umzug nach Castel Gandolfo, dem Sommersitz des Papstes, und zurück nach Rom zu nennen. Alles funktionierte so reibungslos, dass Pacelli keinerlei Störung in seinem Tagesablauf in Kauf zu nehmen hatte. Da Pascalina sehr schnell Italienisch gelernt hatte, gab es auch keinerlei Probleme mit dem entsprechenden Personal.

Wenn es galt die Gesundheit des Papstes zu schützen, dann konnte sie kämpfen. Diejenigen, die mit ihrer Strenge nicht zurecht kamen, nannten sie »le caporal allemand«. Galeazzi-Lisi schrieb dazu kommentierend: »... eine Bezeichnung, die aber weder ihrem Charakter, noch ihrer zierlichen Figur im schwarzen Ordenskleid entsprach«.[24]

Konstantin Prinz von Bayern beschrieb das Aussehen von Schwester Pascalina sehr detailliert:

> Pascalina, wie ich sie vor mir stehen sah, war klein, ohne klein zu wirken; sie war zierlich und erweckte trotzdem den Eindruck von Robustsein. Ihre Schritte, die man unter der weiten, schwarzen, bis zum Boden reichenden Tracht nicht sehen, sondern nur an ihren Bewegungen ablesen konnte, setzte sie fest und entschlossen auf die Erde. Ihre Haut, an den wenigen Stellen, wo sie mir sichtbar wurde, auf den Wangen, an den Hängen, war weiß und straff; Hände und Gesicht waren Teile aus einem Guss. Ihre Augen, die lebendig musterten, waren unbestechlich. Und trotzdem, wen sie anschaute, der empfand Güte, Hilfsbereitschaft. Ihre Lippen waren zuerst farblos, unbetont. Aber dann sprach sie, und dabei gewannen auch die Lippen Ausdruck, und in ihren Winkeln begann sich etwas abzuzeichnen, das ich humorvolles Verstehenkönnen nennen möchte.

Es war für mich nichts Geheimnisvolles an ihr zu entdecken. Das Geraune, das viele Römer um diese Franziskanerin, die außerhalb der Wände des päpstlichen Palastes nie in Erscheinung trat, machten, erklärte sich aus der Tatsache, dass hier eine Frau unter 800 Männern – so viele Einwohner dürfte der Vatikan zählen – ihren Mann stand.[25]

Die Köchin und die Schneiderin

Die beiden Menzinger Schwestern, die neben Madre Pascalina[26] am längsten im vatikanischen Haushalt dienten, waren Maria Konrada, die Köchin, und Ewaldis, die Schneiderin.

Maria Konrada hieß mit bürgerlichem Namen Anna Grabmair. Sie wurde am 26. Juni 1914 geboren und am 28. Juni in der Pfarrkirche Hohenbercha, Bezirk. Freising, getauft. Mit siebzehn Jahren kam sie nach Freising in die Töchterschule des Klosters St. Clara, um das Kochen und Nähen zu erlernen. Mit achtzehn Jahren folgte sie dem Ruf Gottes und trat am 19. Juli 1932 in Menzingen als Kandidatin ein. Ihre Kandidatur »brachte sie in Küchen zu«, wie sie selber schrieb: im Mutterhaus in Menzingen, im Menzinger Pensionat und in Aarau. Die Einkleidung erfolgte am 23. August 1934 und sie erhielt den Namen Schwester Maria Konrada. Der 29. August 1935 war Tag der heiligen Profess. Wieder ging es in die Mutterhausküche und leider nicht in die Mission, wie sie es sich immer gewünscht hatte. Doch dann kam die große Veränderung: Sie wurde 1938 als Köchin im Haushalt des Kardinalstaatssekretärs Eugenio Pacelli sehnlich von Schwester Pascalina erwartet. Wie diese wurde sie Bürgerin des Vatikanstaates.

Maria Konrada war im Vatikan für die Küche des Kardinalstaatssekretärs zuständig. Da dieser nur ganz bestimmte Speisen zu sich nehmen konnte, legte sie alle Mahlzeiten schriftlich fest. Als sie nach Menzingen zurückkehrte, landeten ihre Kochbuchaufzeichnungen leider im Küchenfeuer.

Den Tisch für den Kardinalstaatssekretär deckte Schwester Maria Konrada immer nur für diesen allein. Das Mittagessen hatte pünktlich um halb zwei auf dem Tisch zu stehen. Pacelli war anspruchslos beim Essen und eher ein schlechter Esser. Beliebte Gerichte waren Reis- und Gemüsesuppe. Die Schwester kannte seine Schwäche für Spinat, und es gelang ihr, Spinat zu jeder Jahreszeit aus den Glashäusern des Vatikans zu beschaffen.[27] Weiter servierte sie Spaghetti mit Butter und Parmesan oder Reis à la créole, dann eine dünne Scheibe Kalbfleisch oder ein Stück gebratenes Huhn mit Salat und danach Obst. Dazu trank der Papst einen »quartino« – ein Viertelliter weißen Frascatiwein und natürlich Mineralwasser. Im Sommer schmeckte ihm Bier. Zum Abschluss eines Mahles schätzte er eine winzige Tasse schwarzen Kaffees.

Ein eigenes Diätprogramm musste nach Anweisung des Leibarztes Riccardo Galeazzi-Lisi erstellt werden, wenn sich bei ihm sein Magenleiden meldete. Der Arzt nannte Schwester Maria Konrada zwar eine einfache Frau, aber eine talentierte Köchin.[28]

Die zweite im Bunde war Maria Pfanner (geb. 12. Januar 1898) mit dem Klosternamen Ewaldis; sie stammte aus dem Dörfchen Lauterach in Vorarlberg. Am 1. September 1919 trat sie in Menzingen in die Kandidatur, begann 1922 das Noviziat und erlebte 1923 ihre Erstprofess. Die damalige Generaloberin Mutter Theresita Hengartner bestimmte die Professin für die Schwesternschule in St. Gallen, rief sie aber schon nach einem Jahr an das Seminar nach Menzingen zurück. Dort erteilte Schwester Ewaldis nun Handarbeitsstunden und Kochunterricht in der Kindergärtnerinnenabteilung. Doch mit einem Schlag änderte sich ihr beschauliches Leben. Am 17. Oktober 1942 wurde Schwester Ewaldis nach Rom berufen, um dort im päpstlichen Haushalt und in der Paramentenherstellung zu arbeiten.

Schwester Pascalina war sehr froh, dass sich Schwester Ewaldis schnell eingewöhnte. Sie hatte Ewaldis nach Rom geholt, da sie sich selbst seit einiger Zeit nicht sehr wohlfühlte. Der Arzt nannte ihren Zustand eine »Nervenerschöpfung«. Sie gab zu, dass sehr viel an ihr hänge und sie Schwierigkeiten habe, Arbeiten zu delegieren.

Nach knapp zwei Monaten in Rom, bekam die Generaloberin Maria Theresia Naegeli in Menzingen einen ausführlichen und recht originellen Bericht. Ewaldis fand sich schnell zurecht in ihrer neuen Heimat und machte sich vertraut mit den geltenden »Gesetzestafeln«, mit den »du sollst« und »du sollst nicht« Vorgaben. Trotz gutem Willen und bestem Vorsatz ertappte sie sich hin und wieder an einem »du sollst nicht« und sie nannte dafür Beispiele: Du sollst nicht, anstatt am Lichtschalter am Glockenschalter drücken und damit den Schwestern einen unnötigen Gang verursachen. »Du sollst nicht am Abend das Vogelhäuschen zudecken und verdunkeln, bevor du dich überzeugt hast, dass der Vogel-Hanseli auch wirklich darin ist, und nicht gemütlich neben dem Käfig sitzt und nebenbei dem dummen Schwesterlein eine lange Nase dreht.«[29]

Die Schwestern kümmerten sich also auch um die Vögel, die im Speisezimmer in drei Vogelkäfigen lebten. Pascalina nannte sie die »geliebten Sängerlein« des Kardinalstaatssekretärs.

Es war Kardinalerzbischof William O'Connell, der Eugenio Pacelli anlässlich seines Besuches in den USA 1936 einen Käfig mit zwei Kanarienvögeln geschenkt hatte. Besonders gern hatte er »Gretchen«, den schönen ganz weißen Kanarienvogel, der nicht recht gedieh und somit viel Pflege brauchte. Kam der Heilige Vater zu Tisch, stand das kleine Nest mit Gretchen neben seinem Teller, und er fütterte den Vogel selbst. Bei Durst steuerte der Vogel den Wasser- oder Weinglasrand an. Alle aufgetragenen Speisen wurden von Gretchen inspiziert. Was Gretchen nicht mochte, das war, wenn der Heilige Vater schrieb. Da setzte sie sich gerade dorthin, wo er schreiben wollte. Öffnete der Heilige Vater einen Briefumschlag, so versuchte Gretchen sofort in das offene Couvert zu kommen, um zu sehen, was darinnen sei.

Dann gab es noch einen Dompfaff, ein Geschenk von Monsignore Kaas an den Papst. Kaas meinte allerdings: »Er ißt viel und singt wenig.«[30] In Wirklichkeit strafte »Peter«, der Dompfaff, seine Reputation Lügen. Er sang eine kleine Melodie mit etwa zwanzig Tönen, die ihm »mit deutscher Gründlichkeit«[31] von Schwester Konrada beigebracht worden waren.[32]

Schwester Ewaldis oblag das Putzen der Zimmer. Es blieb ihr aber noch genügend Zeit, um sich in ihrem »lieben, alten Beruf« zu betätigen, nämlich der Schneiderei. So durfte sie für den späteren Heiligen Vater zwei Hausmäntel anfertigen, was sie besonders gerne tat. Dann schickte sie »lieb Madre« zu den Franziskanerinnen, um dort das Zuschneiden und Nähen von Messkleidern zu erlernen. In ihrem Schrank lagen damals zehn zugeschnittene Messkleider, die der Dinge harrten, die da kommen sollten. Am Anfang ging das Nähen solcher Gewänder etwas langsam, aber auch hierbei machte die Übung die Meisterin.

Schwester Ewaldis war auch für die Garderobe des hohen Herrn zuständig. Ewaldis wurde als »entzückend und aufmerksam«[33] geschildert, das ganze Jahr mit den vielen verschiedenen liturgischen Gewändern beschäftigt, die sie pflegte, reinigte und ausbesserte. Außerdem versuchte sie zu verhindern, dass die weißen Kleider des Papstes einen Gelbstich bekamen.

Als ein großes Stoffgeschäft in Rom einmal für den Heiligen Vater weißen Talarstoff schenkte, lag ein sehr schöner schwarzer für »un abito d'estate« für Schwester Pascalina bei, den sie allerdings für zu schön und vielleicht auch für zu dünn hielt. Ein Musterschnipsel ging nach Menzingen mit dem Hinweis, dass sie kein neues Kleid brauche. Schwester Ewaldis wäre sofort bereit gewesen, der Madre ein entsprechendes Kleid zu nähen.

Nach dem Zweiten Weltkrieg konnte Pascalina ungefähr 14 000 Erstkommunionkleider vergeben. Die beiden Schwestern Ewaldis und Maria Konrada machten sofort mit und fertigten einige Hundert; mehrere Tausend stellten die verschiedenen Schwesternfamilien her und sandten sie nach Rom. Das waren vor allem die Orden, die in der größten Not mit Lebensmitteln bedacht worden waren. Einige Klöster hatten auch von Rom aus die Stoffe bekommen, die die Schwestern dann zu Mädchen- und Bubenkleidung verarbeiteten. Schwester Pascalina war froh darüber, weil sie wieder vielen Menschen helfen konnte: »Ich sage oft, wir haben wunderbare Stoffvermehrung – nicht nur Brotvermehrung.«[34]

Die Schwestern lernten mit der Zeit Italienisch. Pacelli allerdings sprach immer Deutsch mit ihnen. Freie Zeit gab es am Sonntagnachmittag. Schwester Pascalina berichtete nach Menzingen: »Wir drei Schwestern leben hier ganz klösterlich zurückgezogen und gehen nur am Sonntag nach San Pietro; um dorthin zu gelangen, müssen wir ja nicht mal aus unserem Haus. Am Grabe des Apostelfürsten gedenke ich oft Ihrer und darf vielleicht auch um ein Memento am Altare bitten.«[35] Gerne wohnten die drei Schwestern in der Sixtina einem Requiem bei. Der Gesang aus dem 16. Jahrhundert beeindruckte sie sehr.

Doch auch mit diesen Schwestern verlief das Leben nicht immer friedlich. Dass es im August 1953 einen Zusammenstoß zwischen Madre Pascalina und ihren beiden Mitschwestern gegeben hat, ist dokumentiert. Man kann sich des Eindrucks nicht erwehren, dass sich damals in Rom bald die gleiche Situation ergab, wie sie sich einst in Berlin abgespielt hatte. Pascalina verstand sich plötzlich nicht mehr mit ihren Mitschwestern und der Heilige Vater musste wieder vermitteln.

Pascalina war zu dieser Zeit ständig zwischen Rom und Castel Gandolfo unterwegs. Aus heiterem Himmel sagte sie den Schwestern Ewaldis und Maria Konrada, dass sie nach Menzingen zurückzukehren hätten. Einer der Gründe: Maria Konrada leide immer wieder unter starken Schmerzen und Ewaldis wäre der Meinung, sie könne die Arbeit allein nicht mehr bewältigen. Außerdem stünden die Ferienzeiten an. Die Schwestern reagierten so bestürzt, dass sie Pascalina leidtaten. Schwester Maria Konrada versicherte, dass es ihr so gut wie selten gehe.

Pascalina wollte daraufhin für ein paar Tage nach Grottaferrata verreisen, da sie in diesem Monat noch keine Retraite gemacht habe. Kaum angekommen, wurde sie wieder nach Rom zurückgerufen, da »viele delikate Dinge« zur Erledigung anstanden. Der Heilige Vater musste ihr sagen, dass Schwester Ewaldis weinend zu ihm gekommen sei und ihn über die anstehende Neuerung informiert habe. Er bat Pascalina, der lieben Frau Mutter nach Menzingen zu schreiben, dass es sein Wunsch sei, mit dem Wechsel noch zu warten. Pascalinas Kommentar: »Er ist halt gut, gut – und hat gerade gegenwärtig soviel Kummer und Leid.«[36] Sie war sich sicher, dass die Generaloberin in Menzingen damit einverstanden wäre. Der Wechsel hatte zwar auf Pascalinas Wunsch stattfinden sollen – der aber, wie sie selbst betonte, auch der des Heiligen Vaters gewesen sei. Pascalina war mit der neuen Lösung schließlich auch zufrieden. Sie zog aus diesem Vorfall folgenden Schluss: »Ich will mir Mühe geben verständnisvoller, nachsichtiger und liebevoller zu sein, dann geht es gewiss.«[37]

Erst mit dem Tod von Papst Pius XII. kehrten beide Schwestern nach Menzingen zurück. Als sich Schwester Ewaldis von Pater Hentrich SJ, dem Bibliothekar, verabschiedete, teilte er ihr noch mit, was eine der »Fürstinnen Pacelli« zu ihm am Sterbetag des Papstes gesagt hatte. Die Dame habe sich immer an der guten Schwester Ewaldis erbaut, die stets ein wenig im Schatten stand, an ihrer stillen, einfühlenden Güte, und unter Tränen habe auch er ihr von Herzen darin zugestimmt.[38]

Schwester Ewaldis kehrte für immer in die Schweiz zurück. Auf ihre Diskretion konnte man sich verlassen. Sie wirkte noch viele Jahre segensreich für ihren Orden. Nach siebenundfünfzig Ordensjahren verstarb sie am 12. Dezember 1981. In ihren Notizen über ihr Leben erwähnte sie mit keinem Wort die sechzehn vatikanischen Jahre. »Aber wenn von Pius XII. die Rede war, strahlte sie und verriet eine hohe Bewunderung für diesen Stellvertreter Christi.«[39]

Maria Konrada ging nur für ein Jahr nach Menzingen, und arbeitete dann von April 1959 bis September 1960 als Köchin im Exerzitienhaus Getsemani in Paestum, Süditalien. Wie sehr Pascalina diese Mitschwester, trotz kleinerer Querelen schätzte, zeigt sich darin, dass sie diese an das Nordamerikanische Kolleg in Rom holte. »Zwei starke Frauen hatten einander einmal gefunden und blieben nun für den Rest des Lebens beisammen.«[40]

Der Lieblingsheilige: St. Josef

In St. Peter in Rom suchte Schwester Pascalina sehr gerne den Altar des heiligen Josef, ihres Lieblingsheiligen, auf. Er war ihr Namenspatron, da sie den Taufnamen Josefine trug. Der heilige Josef war zudem der Patron der Menzinger Schwestern und der Schutzpatron der katholischen Kirche.[41] Da Josefine Lehnert den Klosternamen Pascalina angenommen hatte, gab es hin und wieder Zweifel darüber, wann sie ihren Namenstag feiere. So erhielt sie aus Rom einen, am 15. Mai datierten, handgeschriebenen Brief zu ihrem Namensfest von Nuntius Pacelli. »Ehrs. Sr. Pasc.«, schrieb er:

> Übermorgen ist Ihr Namensfest und ich will nicht verfehlen, Ihnen bei dieser Gelegenheit meine wärmsten Glückwünsche auszusprechen. Möge der Allmächtige Ihnen die Fülle seiner

Gnaden schenken und Sie auch körperlich gesund bewahren. Ich werde Ihrer ganz besonders am Altar in diesen Tagen gedenken. ...

Ihr sehr ergebener + Eugen P.

Dieser Brief ist einer von fünfen, die zu Pascalinas Lebzeiten immer in ihrem Besitz blieben.[42] Entsprechend dem Namenstagskalender nahm der Nuntius an, dass Pascalina am 17. Mai, am Tag des heiligen Paschalis Baylon, (16. Mai 1540 Torrehermosa – 17. Mai 1592 im Kloster Villareal bei Valencia) einem Laienbruder im Franziskanerorden, ihr Namenstagsfest begehe.

Es gab aber noch eine weitere Variante. In Berlin gratulierte ihr Bischof Clemens Graf von Galen jeweils am Karsamstag persönlich zum Namenstag, obwohl er wusste, dass sie ihn nicht zu Ostern feierte. Er sagte einfach: »Ostern bedeutet Pasqua, also ...«[43]

Auch Kardinal Faulhaber schrieb ihr einmal einen »Osterbrief« mit dem Hinweis: »Ich nehme an, dass Sie zum Paschafest, das ist zum Osterfest, Ihren Namenstag haben, und sende Ihnen dafür Segenswünsche.«[44] Pascalina feierte allerdings immer ihren Taufnamen, also Josefine, am 19. März, dem Josefstag.

Leider war damals im Petersdom die Kapelle für den heiligen Josef nur jeweils an seinem Festtag, dem 19. März, geöffnet, ansonsten mit einem schönen kunstvollen Gitter verschlossen. Schwester Pascalina fand das »für den Schutzpatron der Heiligen Kirche einfach nicht Recht«.[45] Couragiert wie sie war, sprach sie darüber mit Kardinalstaatssekretär Pacelli, der auch Erzpriester von St. Peter war und an den Festtagen dort das Pontifikalamt zu halten hatte. Pascalina war der Meinung, dass dem heiligen Josef die Ehre gebühre, in der Haupt- und Mutterkirche des Erdkreises, das ganze Jahr von all den Gläubigen aus nah und fern verehrt werden zu können.

Der Kardinalstaatssekretär musste Pascalina allerdings sagen, dass eine solche Entscheidung vom Heiligen Vater persönlich zu treffen sei. Daraufhin beschloss sie, diesem ihr Anliegen in einem Brief zu schildern. Sie bat darum, doch einen der vielen Altäre in St. Peter in einen für den heiligen Josef umzuwandeln. Ihren Brief unterschrieb sie allerdings nicht mit ihrem richtigen Namen, da sie wusste, dass dieser sofort in die Hände des Erzpriesters gelangen würde, dem es vielleicht nicht gefiele, dass sie den Heiligen Vater mit ihrem Anliegen belästigte. Einen fremden Namen wollte sie auch nicht benützen, und so lautete ihre Unterschrift anilacsap (ihr Name rückwärts geschrieben). Es dauerte ein paar Tage, dann rief Pacelli die Schwester zu sich, wohl wissend, dass sie diesen Brief geschrieben hatte. Er bat sie um viel Geduld, versprach aber, sich um den heiligen Josef zu kümmern.

Jedoch, es sollte Jahrzehnte dauern, bis es zur Aufstellung eines neuen Altarbildes und zur Öffnung der Kapelle kam. Das hing auch mit der Zeit des Zweiten Weltkriegs zusammen. Das heutige Mosaikaltarbild »St. Joseph mit dem Jesuskind« kam 1963 nach St. Peter. Es handelt sich dabei um eine Kopie eines Gemäldes von Achille Funi von 1962. Ein Engel übergibt das Petrus-Schifflein an den hl. Josef, der hier als Protektor der Universalkirche dargestellt ist. Der Auftraggeber war Papst Johannes XXIII. (1958–1963) aus Anlass der Eröffnung des II. Vatikanischen Konzils (1962–1965), das unter dem Protektorat der heiligen Jungfrau Maria und des heiligen Joseph stand.[46]

Madre Pascalina konnte sich nicht so recht begeistern für das Mosaikaltarbild. In ihrer Zwiesprache mit dem Heiligen sagte sie: »Pass gut auf, dass Dir das Jesuskind nicht herunterfällt!«[47] St. Josef hält tatsächlich das Jesuskind recht locker auf seinem Arm. Dennoch zog es Pascalina immer wieder zu diesem Altar. Sie vergaß auch nie den Heiligen daran »zu erinnern«, dass er es ihr zu verdanken habe, nun an diesem schönen Platz zu sein. »Du weißt, was mir Not tut, hilf mir bitte und allen, die voll Vertrauen hierherkommen in ihren Anliegen.«[48]

Reisen mit dem
Kardinalstaatssekretär

»Aber eine Begeisterung, ein Jubel ohne Gren-
zen. Wir fürchteten oft, dass er nicht mehr
lebend aus der ungeheuren Menschenmenge
herauskäme.«

Der Eucharistische Weltkongress
in Buenos Aires

Zwei Reisen führten den Kardinalstaatssekretär zu Eucharistischen Weltkongressen. Schwester Pascalina nahm daran teil. Eine
weitere Reise ging in die USA.

Kardinalstaatssekretär Eugenio Pacelli wurde von Papst Pius XI.
zum Legaten für den 32. Eucharistischen Weltkongress[49] im Oktober 1934 in Buenos Aires ernannt. Schwester Pascalina geht
zwar in ihrer Autobiografie ausführlich auf diese Reise ein und
fasst sie zusammen mit den Worten: »Welch ein Triumph waren
diese Tage in der argentinischen Hauptstadt für den Eucharistischen Heiland!«[50] Sie kann sich aber offensichtlich nicht dazu
durchringen, den Lesern ihrer Autobiografie offenzulegen, dass
sie selbst an dieser Reise teilnehmen durfte.

Im Archiv des Mutterhauses der Barmherzigen Schwestern in
München befindet sich eine Fotopostkarte, die am 2. November
1934 in Genua abgestempelt ist. Sie ist adressiert an Sr. M. Berthilia, Nussbaumstraße 5, München. Auf der Postkarte steht zu
lesen:

Durch alle lieben Heiligen innige Grüße vom letzten Tag der großen Reise!

Sr. M. P. – Elena – Giulio Pacelli – Pio Rossignani – Eugenio Pacelli – Ludwig Kaas[51]

Das Foto zeigt nur die genannten Herren: Monsignore Pio Rossignani[52], Giulio Pacelli, einen Neffen von Eugenio Pacelli, Kardinalstaatssekretär Eugenio Pacelli selbst sowie den Prälaten Dr. Ludwig Kaas. Doch die Unterschriften auf der Karte sagen etwas anderes. Sowohl Schwester Pascalina als auch Elena, Tochter von Elisabetta Pacelli, haben an dieser vierzig Tage dauernden Reise zum Eucharistischen Weltkongress nach Buenos Aires teilgenommen. Der Kardinalstaatssekretär hatte seine Nichte zu dieser Reise eingeladen.

Schwester Pascalina und Elena kannten sich seit langem. Im Jahr 1923 weilte Pacellis Schwester Elisabetta für einige Zeit als Gast in der Nuntiatur in München. Ihr Bruder hatte ihr empfohlen, ihre Tochter Elena (*13.8.1915) in einer Münchner Klinik behandeln zu lassen. Sie hatte das Gehör verloren und in München gab es einen Spezialisten für diese Erkrankung.[53]

Schwester Pascalina ging am 10. November 1934 von Rom aus in einem Brief an Schwester Berthilia in München nochmals auf den Kartengruß ein:

Meine liebe Schwester Maria Berthilia!
Was haben Sie wohl zu unserem Kartengruß gesagt? Ja, ja man erlebt Zeichen und Wunder, nicht wahr. Lieben Dank für Ihren Brief, der mich natürlich erst am 3. dieses Monats erreichte, denn als er geschrieben wurde, schwammen wir auf hoher See. Aber diese Mitteilung bleibt bei Ihren lieben Ohren und Ihnen nicht wahr, ich habe es gar niemand gesagt, auch meinen Angehörigen nicht. Es war himmlisch, aber für den Reisenden ungeheuer anstrengend. Aber eine Begeisterung, ein Jubel ohne Grenzen. Wir fürchteten oft, dass er nicht mehr lebend aus der ungeheuren Menschenmenge herauskäme. Ein

Triumph der hl. Eucharistie, wie ihn die Welt gewiss noch nie gesehen hat. – Und mit jedem Tage wurde es mehr. Der Heilige Vater hätte gewiss keinen senden können, der ihn würdiger vertrat und der den fernen Kindern mehr Liebe zum gemeinsamen Vater eingeflösst hätte. Aber Er hat sich auch selber übertroffen. Unermüdlich Tag und Nacht lebte er nur seiner großen Mission und denen, zu denen er gesandt wurde. – Und als das Volk *ihn* erst in seiner Sprache predigen und sprechen hörte, welcher Jubel! Auch nachts blieb das Haus, in dem er wohnte, umlagert, um am Morgen die ersten zu ein, die ihn sehen und grüssen konnten. ... Ich würde gerne soviel schreiben – aber Sie verstehen schon – erzählen ließ sich das alles viel besser ...[54]

Die Generaloberin Theresita Hengartner im Mutterhaus ihrer eigenen Kongregation der Lehrschwestern vom Heiligen Kreuz in Menzingen bekam allerdings schon im Oktober von Schwester Pascalina einen Bericht, geschrieben auf hoher See an Bord der S.S. »Conte Grande«, dem italienischen Luxusliner.

Conte Grande, 4. Oktober 1934
Wohlehrwürdige, teure Mutter!
Heute ist großer Festtag[55] im lieben Daheim und Sie denken gewiss oft an das ferne, schwimmende Haus im Weltenmeer, das den Legaten des Heiligen Vaters zum Weltkongress führt. Seit 6 Tagen sehen wir nichts als Himmel und Wasser, und immer wieder summe ich das Liedchen: weißt du wie viel Tröpflin –! Wenn jeder Tropfen ein Gruß für ... Hier ist der Ozean 6000 m tief.
Seiner Eminenz tut die Seereise sehr gut. Wenn er sich nicht von morgens bis abends plagen müsste mit seinen Predigten und mit der Beantwortung der ununterbrochen einlaufenden Telegramme, dann wäre es für Ihn eine wahre Erholung. Zwischen dem 23.10. und 6. November auf der Rückfahrt.[56]

Am 24. September 1934 hatte sich die päpstliche Delegation in Genua eingeschifft. Die ganze Stadt war in Feststimmung, alle

Kirchenglocken läuteten, Beifallsrufe der unübersehbaren Menge und schmetternde Militärmusik. Staatssekretär Eugenio Pacelli erteilte seinen Segen. Dann stach die »Conte Grande« in See. Am Fockmast flatterte die päpstliche Flagge.

Pacellis Arbeitszimmer auf dem Schiff besaß einen großen Schreibtisch, eine aus seinen eigenen Büchern bestehende Handbibliothek, ein Telefon und eine eingebaute Radioanlage als direkte Verbindung mit dem Staatssekretariat in Rom.

Die »Conte Grande« verwandelte sich in eine schwimmende Kathedrale. Von sechs bis zehn Uhr »ununterbrochene Zelebrierung der Messe«, um 18.30 Uhr Abendandacht. Bei Sonnenuntergang versammelte der Kardinal allabendlich sein Gefolge in der Kapelle zum gemeinsamen Rosenkranzgebet.

Am Morgen des 9. Oktober fuhr das »eucharistische Schiff« bei strahlendem Sonnenglanz in die Bucht von Buenos Aires ein. Der Präsident der Republik, General Pedro Justo, kam vom »Schlachtschiff 25 de Mayo« an Bord, um Pacelli zu begrüßen: »Eminenz, ich begrüße im päpstlichen Gesandten den ersten Souverän der Welt, vor dessen geistlicher Macht sich alle Herrscher in Ehrfurcht neigen.« Und weiter: »Der Stellvertreter des Papstes kommt heute zu uns, wie Jesus an die Pforten Jerusalems. Aber Buenos Aires wird in ihm den Gottgesandten zu erkennen wissen.«[57]

Es ist sehr schade, dass Pascalina diese Reise nicht ausführlicher an die Mutter nach Menzingen geschildert hat. Aber es war sicher für sie ein weiteres großes Erlebnis, fünf Tage lang die beeindruckten Bürger der argentinischen Hauptstadt zu beobachten. Pacellis Fahrt zur Kathedrale wurde zu einer Prozession, umbrandet von stürmischen Beifallsrufen und Blütenregen von Fenstern und Balkonen. Beim Hineinschreiten in die Kathedrale erklang ein prophetischer Hymnus: »Tu es Petrus«. Am 10. Oktober fand die feierliche Eröffnung des Weltkongresses im Palermo Park statt, einem der größten Parks der Welt.

Gastgeberin in Buenos Aires war Gräfin von Olmo, die reichste Landbesitzerin Argentiniens. In ihrem herrlichen Haus bewohnte Kardinal Pacelli ein Appartement. Politische Gespräche, Gottesdienste und Prozessionen wechselten sich ab und der Abschied war nicht weniger eindrucksvoll als die Ankunft.

Die Fahrt ging zunächst nach Montevideo und dann nach Rio de Janeiro. Dort freuten sich die Gläubigen darauf, dass der apostolische Gesandte einen feierlichen Zug zum Cornovado unternehmen würde. Auf dem siebenhundert Meter langen Weg bildeten Gläubige ein Spalier. Und dann stand der Kardinalstaatssekretär Eugenio Pacelli vor der riesigen Statue des Erlösers mit weit ausgebreiteten Armen. Von dort aus segnete er im Namen des Papstes das ganze Land Brasilien. Den Abschluss der brasilianischen Tage bildete der Festgottesdienst im St.-Anna-Park, zelebriert vor einem Altar, der ganz aus Blumen bestand. Für Pascalina gab es damals in Buenos Aires ein erfreuliches Wiedersehen mit Kardinal Michael von Faulhaber aus München, der über Hamburg zum Kongress gereist war.

Am 21. Oktober lichtete der Luxusliner die Anker. Das nächste Ziel war Las Palmas. Kardinalstaatssekretär Pacelli hatte sich gewünscht, die Wallfahrtskirche der »Madonna del Pino«, der Schutzherrin der Kanarischen Inseln, aufzusuchen.

Von dort aus wurde Barcelona angesteuert. Der Besuch am 1. November fiel in eine politisch recht schwierige Zeit. Die Hauptstadt Kataloniens stand noch ganz im Zeichen der letzten revolutionären Ereignisse vom Oktober, als der Separatistenführer Luis Companys einen unabhängigen katalanischen Staat proklamiert und die Beziehungen zu Madrid abgebrochen hatte. Zum Empfang war aus Madrid der Minister Pita Romero und aus ganz Spanien die Kammerherren vom »Degen und Mantel« (espada y capa) gekommen. Pacelli gab ein Frühstück an Bord zu Ehren des Kardinals Vidal, Erzbischof von Tarragona, und des Ministers Pita

Romero. Um 14 Uhr lichtete das Schiff erneut die Anker und legte in Genua am frühen Nachmittag des 2. November an. Damals entstand das besagte Foto, bevor die Reisegruppe mit dem Schnellzug zurück nach Rom fuhr.

Der Eucharistische Weltkongress in Budapest

Für den 34. Eucharistischen Weltkongress im Mai 1938 war Staatssekretär Pacelli wieder als Gesandter auserkoren. Die Reise führte in das Land des heiligen Stephanus und der heiligen Elisabeth. Auch diese Reise beschreibt Pascalina sehr ausführlich. Mit königlichen Ehren war Pacelli vom Regenten, Admiral Horthy, empfangen worden. Als Wohnort wurde ihm der ehemalige königliche Palast angeboten.

Vertreter aus siebenunddreißig Nationen waren mit zweitausend Sonderzügen nach Budapest gebracht worden (Deutschen war der Besuch des Kongresses durch die NS-Regierung verboten). In sieben Sprachen pries der Legat die Liebe Gottes, die sich den Menschen schenkt, um sie alle ewig glücklich zu machen.

Pascalina schildert in ihren Erinnerungen in allen Details die unvergessliche nächtliche Prozession auf der Donau. Auf einer Strecke von über zehn Kilometern bewegte sich der betende und singende Zug. Umgeben von Kardinälen und Bischöfen, stand der Kardinallegat auf der Kommandobrücke eines Motorschiffes und hielt die goldene Monstranz in seinen Händen. Hinter ihm fuhr ein ganzes Geschwader von beleuchteten und dicht mit Gläubigen besetzten Schiffen. An den Ufern flammte ein sprühendes Feuerwerk zum nächtlichen Himmel und zahllose Lichter spiegelten sich in dem ruhig strömenden Wasser des Flusses.[58]

Apostolische Reise nach Nordamerika –
Allianz mit Spellman

Bereits im Jahr 1936 hatte Pacelli zusammen mit Schwester Pascalina eine Reise nach Nordamerika unternommen, die im direkten Zusammenhang mit Kardinal Spellman zu sehen ist.
Francis Spellman[59] hatte am Pontifical North American College in Rom studiert und war 1916 zum Priester des Erzbistums Boston geweiht worden. Ein erstes Zusammentreffen zwischen Pacelli und Spellman ist 1927 dokumentiert. Jahre später schrieb der damalige Bischof Spellman seinem Bruder John: »Ich erinnere mich gut meines ersten Zusammentreffens mit Seiner Heiligkeit Papst Pius XII., als Seine Heiligkeit noch Nuntius in Berlin war. Dorthin reiste ich mit Kardinal Giuseppe Pizzardo und wohnte mehrere Tage als Gast des Nuntius und künftigen Papstes in der Nuntiatur.«[60]
Francis Spellman unternahm zusammen mit Pacelli auch einige Reisen zum Mutterkloster der Lehrschwestern nach Menzingen, der darüber seinem Bruder einen netten Kommentar schrieb: »Als wir in Menzingen eintrafen, war das ganze Dorf zu unserer Begrüßung auf den Beinen.«[61] Da die Tage dort immer voll ausgelastet waren, ließ Spellman bei der Fahrt dorthin, im letzten Dörfchen vor Menzingen das Auto anhalten, um in feierlicher Weise »Abschied« von »Eminenz Pacelli« zu nehmen, weil er ihn im Mutterhaus der Lehrschwestern vom Heiligen Kreuz doch nie zu Gesicht bekäme. Schwester Pascalina empfand schon damals Francis Spellman als eine Frohnatur, im Unterschied zum introvertierten Eugenio Pacelli.
Am 30. Juli 1932 war Spellman zum Titularbischof von Sila und Weihbischof im Erzbistum Boston ernannt worden. Am 15. April 1939 folgte dann die Ernennung Spellmans zum Erzbischof von New York und am 11. Dezember 1939 zum Militärerzbischof der USA. Am 18. Februar 1946 wurde Spellman als Kardinalpriester

mit der Titelkirche Santi Giovanni e Paolo in das Kardinalskollegium aufgenommen. Als einziger Amerikaner stieg er zu einem der wichtigsten Prälaten im Vatikan auf. Schon ab 1930 war Francis Spellman Assistent des Kardinalstaatssekretärs Pacelli.

Im Vatikan arbeitete Spellman gerne in der Presseabteilung, die er neu strukturieren wollte. Er hatte dort immer das Gefühl, gegen eine Mauer zu rennen und er sah sich selbst als eine frische Brise. Spellman bat auch Schwester Pascalina für ihn zu arbeiten, da er der Meinung war, sie brauche auch »einen Freund« im Vatikan. Er bekam durchaus mit, wie schlecht sie von manchen Mitgliedern der Hierarchie behandelt wurde. Die meisten beneideten sie um ihre einflussreiche Position. Spellman war einer der wenigen Kirchenmänner, denen Pascalina vertraute.

Sie prallte immer wieder mit Würdenträgern zusammen, wie beispielsweise mit dem großen, ihr arrogant erscheinenden Kardinal Eugène Tisserant, der sich über ihre Freimütigkeit beklagte und die Art und Weise, wie sie eifersüchtig den Zugang zu Pacelli überwachte. Die Macht, die sie im Laufe der Zeit ausübte, war einmalig und wurde ihr in dieser völlig von Männern dominierten Welt übel genommen. Spellman dagegen betrachtete von Anfang an Pascalina als eine wichtige Verbündete. Als Realist wusste er genau, dass Pacelli die Frau, die ihm schon so lange diente, nicht wieder hergeben würde. Bischof Spellmans Fürsorge für Pascalina kann nicht so ganz ohne Eigennutz gesehen werden: Zum einen konnte sie ihm helfen, Einblicke in das Innere des Vatikan zu bekommen, zum anderen war es für Spellman angenehm, sie auf seiner Seite zu haben. Schließlich sollte seine Karriere weitergehen, und je mehr Leute Gutes von ihm zu berichten hätten, desto besser für ihn.

Francis Spellman und Schwester Pascalina verband ganz besonders ihre Verehrung für Nuntius Pacelli. John Cooney, ein Biograf von Kardinal Spellman, schreibt dazu:

Die einzige Person, die den Kirchenmann besänftigen konnte, war Mutter Pascalina. Eine schöne Nonne, die den Haushalt des Nuntius führte. Pascalina war eine besondere Persönlichkeit, die, wie Spellman, Pacelli gegen seine Feinde schützte. Mit der Zeit bildete sie und Spellman eine Allianz, die im Dienst für Pacelli gründete.[62]

Im Laufe der Jahre wurde Spellman für Schwester Pascalina zum großen Geldgeber für karitative Zwecke. Sie konnte große Summen nach eigenem Gutdünken einsetzen. Es ist müßig, alle Geldzuwendungen aufzulisten, die in Briefen von Schwester Pascalina erwähnt sind und über die sie beispielsweise im Dezember 1942 der Generaloberin Maria Theresia Naegeli in Menzingen schrieb:

Allerlei wäre zu *erzählen* von dem Besuche Monsignore Spellmans! Denken Sie liebe Frau Mutter, er ließ mir 4000 Dollar hier. Wie Sie wissen habe ich noch vom vorigen Weihnachten und so, wenn Sie etwas brauchen –. Es ist jederzeit zur Verfügung. Wir haben manche Erinnerung aufgefrischt. Er ist sich so gleich geblieben und ich freue mich so, weil der liebe Heilige Vater viel Freude erlebt, da er seine große Erzdiözese so gut regiert.[63]

Ein anderes Mal gab Spellman Pascalina 5000 US-Dollar, damit sie Kardinal Faulhaber eine Freude machen könne. Außerdem überließ Kardinal Spellman sein modernes »Reiseschreibmaschinchen« Schwester Pascalina, die dieses sofort ausprobierte. Nach dem Zweiten Weltkrieg kamen für die karitativen Programme des Vatikans, die fast ausschließlich in den Händen von Schwester Pascalina lagen, die größten finanziellen Hilfeleistungen aus den USA, vor allem durch Kardinal Spellman, und dann durch die War Relief Services (WRS) mit dem Ziel, in den vom Krieg zerstörten Ländern Hilfsorganisationen zu unterstützen. »The War Relief Services« hatten mehr als 200 Millionen US-Dollar zusammengetragen, damit Nahrung, Kleidung und Medizin für die im Nachkriegseuropa notleidenden Menschen erworben werden konnte.

»Ganz Amerika ist voll Freude und Begeisterung«

»Nicht selten bestätigte uns dieser oder jener, wie sehr Pius XI. seinem Staatssekretär zugetan sei und ihn schätze und liebe. Ist es darum verwunderlich, dass ihn der Papst 1936 nun auch nach Amerika ziehen ließ?«[64] Diese Frage stellte sich Pascalina, als Papst Pius XI. seinen Kardinalstaatssekretär bat, in seinem Auftrag in die Vereinigten Staaten von Amerika zu reisen. Es war das erste Mal, dass ein römischer Kardinalstaatssekretär nordamerikanischen Boden betreten sollte.

Im August 1936 teilte die damals schon verwitwete Herzogin Geneviève Garvin Brady Bischof Francis Spellman telefonisch aus Paris unter dem Siegel größter Verschwiegenheit mit, dass Eugenio Kardinal Pacelli im Oktober in Inisfada, ihrem Besitz auf Long Island, ihr persönlicher Gast sein werde.

Geneviève Brady, die Schwester des berühmten Detektivs Francis P. Garvan, und ihr Mann Nikolas Brady, Sprössling eines reichen Unternehmers, hatten Francis Spellman in Rom kennengelernt. Es zeigte sich bald, dass dieses Ehepaar zu Spellmans großen Gönnern werden sollte. Das fromme Ehepaar Brady überwinterte viele Jahre in seiner wunderschönen Villa, der Casa del Sole, Via Aurelia Antica 16, am Janicolo mit einem hinreißenden Ausblick auf St. Peter. Mrs Brady bekam 1927 den Titel »Dame of Malta«, außerdem »Dame of the Holy Sepulchre« sowie »Holder of the Cross Pro Ecclesia et Pontifice«.[65] Ihre Umgebung nannte sie kurz »the Duchess«.

Die von den Bradys gegebenen Einladungen galten in Rom als herausragend. Gern gesehene Gäste waren die Kardinäle Bonzano, Gasparri und Pacelli. Auch Schwester Pascalina war Gast in der eleganten Villa. Nach einem Eintrag im Tagebuch von Bischof Spellman war Mrs Brady nicht begeistert von Schwester Pascalina: »Rom, 19. Juni 1931: Mrs Brady ging zur Messe zu Kardinal Pacelli. Sie mag die Schwester nicht.«[66]

Im Jahr 1936 freute sich Mrs Brady auf den Besuch des Kardinalstaatssekretärs auf Inisfada, ihrem beeindruckenden Landsitz in der Manhasset Section von Long Island.[67]

Mrs Brady träumte davon, den Kardinalstaatssekretär drei Wochen lang reich bewirten zu können. Spellman allerdings konnte sich nicht vorstellen, dass der Kardinalstaatssekretär die Vereinigten Staaten gewissermaßen unter Ausschluss der Öffentlichkeit besuchen wollte. So setzte sich Spellman mit Rom ins Benehmen, schrieb seitenlange Reisevorschläge, die von seinem Freund Graf Enrico Galeazzi in Rom gutgeheißen wurden.[68]

Am 30. September wurde im Vatikan bekannt gegeben, Seine Eminenz wolle am folgenden Tag in Neapel an Bord der »Conte Di Savoia« gehen. Auf die Frage nach dem Anlass für diese Reise gab dieser der Associated Press folgenden Kommentar: »Ich fahre einfach auf Urlaub nach Amerika. Ich sehne mich sehr danach, die Vereinigten Staaten kennenzulernen. Mit Politik hat meine Reise ganz und gar nichts zu tun.«

Der Empfang in New York war überwältigend. Kardinal Spellman beeilte sich, in die Kabine des Kardinalstaatssekretärs zu gelangen. Die beiden Herren umarmten einander, Spellman begrüßte dann auch Enrico Ing. Graf Galeazzi. Der Spellmanbiograf Cooney schreibt, dass sich in der Kabine eine dritte Person befunden habe, nämlich Schwester Pascalina, die sich in letzter Sekunde entschlossen hätte, mitzureisen.[69]

Paul Murphy wiederum erfindet in seinem Buch »La Popessa« eine rührselige Geschichte und berichtet von der Nonne, die an Bord nicht in Erscheinung treten wollte, dafür lieber in ihrer

Kabine saß, meditierte und betete, während sich die Geistlichkeit und die reichen Leute auf der Schiffsreise vergnügten. Sie studierte angeblich die Zeitungen und Magazine. Und wenn sie etwas darin entdeckte, was für Pacelli von Interesse sein konnte, dann schnitt sie die Artikel aus und gab sie ihm zu lesen.[70]

Und was berichtet Pascalina in ihrer Autobiografie über die Reise des Kardinalstaatssekretärs nach den USA? Kein Wort davon, dass sie selbst in USA dabei war. Pacelli muss sich dies gewünscht haben. Das Einverständnis von Papst Pius XI. ist vorauszusetzen. Es dürfte kaum im Ermessen der Schwester gewesen sein, eine Reise nach Amerika mitzumachen. Allerdings reiste Schwester Pascalina nicht auf dem gleichen Ozeandampfer wie der Kardinalstaatssekretär. Das auf hoher See von ihr benützte Briefpapier trägt den Namen des italienischen Luxusdampfers S.S. REX, einem der größten Passagierschiffe seiner Zeit, schöner, luxuriöser, größer und schneller als die Titanic. Das gigantische Schiff konnte 2032 Passagiere und 870 Besatzungsmitglieder aufnehmen. Das 268 m lange, 30 m breite und 40 m hohe Schiff hatte zwölf Decks, die untereinander mit Liften und Treppen verbunden waren. Auf dem Schiff befanden sich eine Kirche, dann Kino, Theater, eine Bank, zwei Schwimmbassins, ein Turnsaal sowie Bücherei, Physiotherapie, Geschäfte, Friseurläden, ja sogar eine eigene Druckerei. Mehr als 90 Köche fertigten phantastische Gerichte für die grandios ausgestatteten Restaurants.

Am 23. September 4.30 Uhr legte die S.S. REX in Neapel ab. Pascalina bezog ihre große Kabine, die eine eigene kleine Terrasse hatte. Dort nahm sie ihre Mahlzeiten ein und genoss es, allein sein zu können. Das Abreisedatum, eine Woche vor Pacellis Abreise, geht aus Pascalinas Brief an die Generaloberin Theresita Hengartner nach Menzingen vom 24. September 1936 aus Genua hervor.[71]

An Bord schrieb sie ihren ersten Brief in englischer Sprache an

»My dear Mother General!« Sie gab gleich zu, dass sie sich Englisch selbst beigebracht habe.

Als sie in Genua zu einer Stadtbesichtung von Bord ging, goss es in Strömen, doch dann wurde es wieder schön und das Meer grün-blau. Obwohl das Schiff sehr ruhig fuhr, hatte Pascalina Angst, seekrank zu werden. Der nächste Hafen, der angelaufen werden sollte, war Gibraltar. Dort wollte sie ihren Brief aufgeben, damit die »Mother General« und »Mother Assistent« etwas zum Lachen hätten. Von Genua aus schrieb Pascalina einen Brief an Eugenio Pacelli und einen weiteren an ihre Mitschwestern. Sie hatte ihnen nicht gesagt, wohin sie reisen würde. Alle ihre Briefe adressierte sie an Elisabetta Pacelli, damit im Staatssekretariat niemand an den Briefmarken erkennen konnte, wo sie sich aufhielt.

Pascalina ging fleißig in die schön ausgestaltete Kirche des Schiffes. Sie hörte manchmal »6 heilige Messen« an einem Tag. Da drei Bischöfe mit an Bord waren, musste Pascalina viel ministrieren.

Pascalina hoffte damals beitragen zu können, dass die Mission seiner Eminenz in Amerika von Erfolg gekrönt sein würde. Sie wünschte ihm eine bessere Überfahrt als es die ihre war. Pacelli kenne zwar keine Seekrankheit, »aber wenn es ohne Unterlass gießt und man nichts als schwarze Wolken und ein noch schwärzeres Wasser vor sich hat, da macht es weniger Freude«.[72] Sie versicherte der Mutter Oberin in Menzingen, dass sie ihr aus Amerika noch einmal schreiben werde. Der Brief endet: »Always your loving child – Sr. M. Pascalina.«[73]

Auf dem Schiff erhielt Pascalina ein Willkommenstelegramm von »Frau Herzogin«, wie sie Mrs Brady nannte. Von da an waren es nur noch zwei Nächte und ein Tag bis zu ihrer Ankunft in New York. Wer Schwester Pascalina zum Anwesen von Mrs Brady nach Inisfada brachte, ist nicht bekannt. Schwester Pascalina blieb für ganze sechs Wochen dort wohnen. Auch der Kardinalstaatssekretär residierte in Inisfada. Von dort aus unternahm er seine Reisen durch den ganzen amerikanischen Kontinent. Er besuchte insgesamt 76 Diözesen.[74] Während der vier Wochen reiste Pacelli 6500 Meilen weit, meist mit United Airlines DC 3. Das Flugzeug startete jeweils am Roosevelt Field, Long Island. Francis Spellman war der zuverlässige Begleiter bei allen Reisen.

Der Bischof traf auch immer wieder mit Schwester Pascalina zusammen. In seinem Tagebuch[75] vermerkte er unter dem 2. Oktober, dass er ein langes Gespräch mit der Schwester (sister – ohne Namensnennung) gehabt habe, das ihm allerdings nicht lang genug dauerte. Möglicherweise unterbrach Mrs Brady diese Unterredung, da sie die Vertrautheit des Bischofs mit Schwester Pascalina nicht mochte.

Die Gastgeberin und Schwester Pascalina schienen ebenfalls Probleme miteinander gehabt zu haben. Mrs Brady machte einen Ausflug mit ihr zu dem von ihrem Mann erbauten »Jesuit Center« nach Wernersville in Pennsylvanien. Schwester Pascalina wollte allerdings nicht dorthin.[76]

Was schrieb nun Schwester Pascalina über ihren Aufenthalt in der Neuen Welt? Ein ausführlicher Brief im Archiv des Instituts in Menzingen lässt an Pascalinas Erlebnissen teilhaben:

Inisfada, den 11. Oktober 1936.

Wohlehrwürdige, liebe teure Frau Mutter,
Meine Briefe vom Schiff werden Sie ja erhalten haben. Zum Glück hatte Seine Eminenz eine sehr schöne Überfahrt mit immer schönem Wetter. Als er ankam, regnete es leider, aber das hielt niemand ab, ihn am Schiff zu empfangen. Die Begeisterung war ungemein groß, trotzdem er doch nur privat und inoffiziell kam. Am Sonntag hatte Eminenz Pontifikalassistenz in der Kathedrale und es war ganz herrlich dort. Ganz Amerika ist voll Freude und Begeisterung, dass er zu ihnen gekommen ist. Kardinal Hayes ist so zuvorkommend und lie-

benswürdig und alle Kardinale und Bischöfe ect. machen alles
Erdenkliche, um Seiner Eminenz zu zeigen, wie es sie freut,
dass er einmal nach Amerika gekommen ist. Freilich, Ruhe
gibt es nicht viel. Jeden Tag ist etwas anderes, wenigstens bis
jetzt und nicht nur jeden Tag, es gibt zwei und drei Sachen am
Tag. Aber in Gottes Namen, das heißt es nun in Kauf nehmen,
denn wenn niemand Eminenz zu sehen bekommt, kann er
auch nichts Gutes tun. Der Heilige Vater erwartet ja so vieles
von ihm. Und ganz Amerika ist stolz einmal den Kardinal
Staatssekretär zu haben. Ich hoffe, dass trotz allem das andere
Milieu ihm gut tut und die Luftveränderung und alles drum
und dran. Der liebe Gott kann ja ersetzen, was sonst fehlt an
Ruhe und wirklicher Vakanz.[77]

Es ist nicht zu verkennen, dass Pascalina von Inisfada äußerst
beeindruckt war:

Hier in Inisfada ist es wunderschön. Das Haus ist ein großes
Schloss, etwa 20 Jahre alt, aber ausgestattet mit allem, was man
sich nur immer denken kann. Ein Reichtum und eine Pracht,
die man gesehen haben muss. Die Kostbarkeiten aller Jahr-
hunderte sind hier zusammengetragen. Gobelins, Teppiche,
Möbel, Kristall, Porzellan, alles ist hier so verschwenderisch
und in solcher Fülle, dass ich glaube, dass der Reichtum all der
Schlösser, die ich bisher sah, dagegen verschwindet. Ich habe
das Haus in Rom gesehen und all den Reichtum, der dort ist.
Aber ich hätte nie für möglich gehalten, dass es so etwas gibt,
was hier ist. ...
Als Eminenz gestern, um in die Kathedrale nach New York zu
fahren, in Pontifikalkleidung die wundervolle Treppe hinun-
ter stieg und unten durch die weite Halle schritt, so war dies
wirklich ein Bild zum Malen. Er passt in diese Umgebung und
ist dabei so einfach und herzlich, dass er alle Herzen für sich
gewinnt.[78]

Sr. M. Pascalina Lehnert

Der Empfang auf Inisfada

Am 24. Oktober gab Mrs Brady einen Empfang, der sogar in Rom großes Aufsehen erregt hätte. In der großen Halle empfingen die gebieterische Herzogin mit den strahlend blauen Augen und ihr Ehrengast, der aristokratische Kardinalstaatssekretär Eugenio Pacelli die Ankommenden am flackernden Kamin. Bei diesem Empfang in Inisfada fehlte Bischof Francis Spellman. Mrs Brady hatte ihn nicht eingeladen. Sie hatte längst erfahren, dass es Spellman war, der Pacelli die ursprüngliche Zusage, in Amerika nur bei ihr zu logieren, ausgeredet hatte. Die Rache der Mrs Brady ließ nicht lange auf sich warten. Spellman wurde in ihrem Testament gestrichen. Sie hinterließ dagegen dem Kardinalstaatssekretär Eugenio Pacelli persönlich 100 000 Dollar.

Am Ende seiner Reise, am 6. November 1936, traf Kardinalstaatssekretär Eugenio Pacelli mit Franklin Delano Roosevelt zusammen, der in diesem Jahr mit größter Stimmenmehrheit in seinem Amt als Präsident der Vereinigten Staaten von Amerika bestätigt worden war. Die Gastgeberin in Hyde Park war die sichtlich stolze Mutter des Präsidenten, Sarah Delano Roosevelt. In ihrer Gästeliste waren aufgeführt: Kardinal Pacelli, Bischof Spellman, Bischof Stephen J. Donahue als Vertreter von Kardinal Hayes, Graf Ing. Enrico Galeazzi; ferner Joseph Kennedy – Vater des späteren Präsidenten. Außerdem waren geladen Mrs Kennedy, Frank C. Walter und Mrs Walker. Die zweistündigen Gespräche Pacellis mit dem Präsidenten dürfen als eine erste diplomatische Brücke gelten für eine Freundschaft zwischen den USA und dem Heiligen Stuhl. Mit einem Sonderzug ging es von Hyde Park zurück nach New York. Dort wurde Pacelli mit Gefolge von Ambassador J. P. Kennedy zur Teestunde erwartet. Mit den Kennedy-Kindern führte Pacelli eine lange Unterredung in französischer Sprache. Ob und bei welchen Empfängen Schwester Pascalina dabei war, darüber schwieg sie sich aus. Sie fehlte aber sicher nicht beim Abschiedsempfang im Waldorf-Astoria-Hotel in New York, wo etwa 1500 Personen eingeladen waren.

Am Sonntagmorgen, dem 7. November, um 10 Uhr war Pascalina in der St.-Patrick-Kathedrale zum offiziellen Abschiedsgruß Pacellis an die Gläubigen. Später an der Hafenmole fanden sich etwa 2000 Menschen ein, als die S.S. »Conte di Savoia« die Anker lichtete.

In ihrem Brief vom 8. November 1936 nach Menzingen schwärmte Pascalina von der Verabschiedung des Kardinalstaatssekretärs: »Ganz New York schien am Schiff zu sein. Zwei Kardinäle – die eigentlich nach dem Zeremoniell gar nicht gehen dürften – Vertreter des Präsidenten, viele Bischöfe und Vertreter derselben und ungeheure Volksmengen. Und dies alles bei einer rein privaten Reise in die Ferien.«[79]

Pacelli segnete die Menge zum Abschied mit den Worten: »Ich verlasse nun Amerika, aber in meinem Herzen bleibt die Dankbarkeit für alle, denen ich begegnen durfte. Möge Gott der Allmächtige weiterhin diese große Nation segnen und ihre Söhne erfolgreich und glücklich werden lassen. Möge die Macht der Vereinigten Staaten stets der Förderung des Friedens dienen.«[80]

Pascalina kehrte zurück in das Haus ihrer Gastgeberin Mrs Brady.

Rückblickend betonte Pascalina, dass die Eminenz nicht eine freie Minute in Amerika gehabt hätte, und auf dem Schiff würde es nicht anders sein. In Inisfada erhielt sie einen Anruf des Kardinalstaatssekretärs vom Schiff aus. Er teilte ihr mit, dass es ihm gut gehe, es regne zwar, aber die See sei trotzdem ruhig.

Pascalina wünschte, nun ebenfalls nach Hause reisen zu können. Doch sie hatte Probleme mit ihren Zähnen. Ein Zahn war ihr abgebrochen, einen anderen hatte ihr der Zahnarzt schon gezogen und mehrere mussten noch plombiert werden. Solange der Kardinalstaatssekretär anwesend war, hatte sie beim besten

Willen keine Zeit für Zahnarztbesuche. Doch nun wollte sie die Behandlung vor ihrer Rückkehr nach Europa abschließen. Das genaue Datum ihrer Abreise aus New York ist nicht bekannt. Ohne von Menzingen etwas gehört zu haben, was sie sehr bedauerte, ging am 17. November von der S.S. REX wieder ein Brief an die Generaloberin. Darin berichtete sie, dass Pacelli zweimal pro Woche mit Rom telefoniert habe und Monsignore Unterstaatssekretär Giuseppe Pizzardo darüber jedes Mal selig gewesen sei. Er hatte wissen lassen, dass des Heiligen Vaters erste und letzte Frage am Tag gewesen sei: »Haben Sie Nachricht von meinem Kardinal?« Pascalina meinte, für Pacelli war der Aufenthalt in Amerika alles andere als Urlaub, aber sein Besuch habe unendlich viel Gutes gewirkt. Sie fügt an:

> Und dass der feine, delikate Römer es fertig brachte, in den kurzen 4 Wochen seines Aufenthalts ganz Amerika kennenzulernen, hat die sportbegeisterten Amerikaner ganz für ihn eingenommen. An jedem Platz, wo er landen musste um Benzin zu füllen ect. waren Tausende von Menschen, um ihn zu sehen und ihm zu huldigen. Eminenz hat 76 Diözesen mit ihren Bischöfen besucht. Eine Leistung in so kurzer Zeit, die gewiss einzig dasteht.[81]

Pascalinas Überfahrt war wiederum sehr stürmisch. Schon eine Stunde außerhalb New Yorks begann der Sturm und am folgenden Tag war er so schlimm, dass eine Welle die Fenster ihrer Veranda zerschlug und Glassplitter und Wasser sich auch in die Kabine ergossen. Pascalina war gerade erst zwanzig Minuten vorher ins Bett gegangen, so war ihr »gottlob« nichts passiert. »Liebe Frau Mutter wissen vielleicht aus Erfahrung, was es heißt immer stürmische See zu haben. Aber in Gottes Namen, 4 Tage sind um und die anderen gehen auch noch vorüber.«[82] Am 21. November kam Schwester Pascalina in Neapel an. Es wird viel zu erzählen gegeben haben, als Schwester Pascalina wieder in den Vatikan zurückgekehrt war.

»Mit brennender Sorge«, 1937

»Auch nach hierher dringt die Kunde von den
Geschehnissen in Deutschland!«

Enzyklika zur politischen Entwicklung in Deutschland

Zum politischen Geschehen der Zeit zwischen 1930 und 1939
nahm Pascalina weder in ihren eigenen Aufzeichnungen noch in
den spärlich erhaltenen Briefen Stellung. Kein Wort zu den spektakulären Besuchen im Vatikan von deutschen Politikern wie
Reichstagspräsident Hermann Göring, Vizekanzler Franz von
Papen und Reichskanzler Heinrich Brüning. Die Ratifizierung
des Reichskonkordats am 20. Juli 1933, eine Angelegenheit, die für
Pacelli von großer Bedeutung war, erwähnte sie nicht.
Dass Informationen über das politische Geschehen in Pascalinas
Heimat zu lesen waren, zeigt der Brief Pacellis vom 20. August
1932 an den Münchener Prälaten Pfaffenbüchler: »Auch nach
hierher dringt die Kunde von den Geschehnissen in Deutschland!
›Der gerade Weg‹ wird mir seit einiger Zeit zugesandt. Wir hoffen
und beten, dass der liebe Gott Ihr schwergeprüftes Vaterland aus
diesem Chaos heraus und einer glücklicheren Zeit entgegenfüh-
ren möge.«[83]
Mit großem Interesse verfolgte sie allerdings die Entstehung der
Enzyklika »Mit brennender Sorge«. Sie erlebte mit, wie im Januar
1937 auf Einladung von Pacelli die Kardinäle Adolf Bertram
(Breslau), Michael von Faulhaber (München), Karl Joseph Schul-
te (Köln) sowie die Bischöfe Konrad Graf von Preysing (Berlin)

und Clemens August Graf von Galen (Münster) nach Rom zu kommen hatten. Diese berieten über die Abfassung einer päpstlichen Enzyklika zur Lage der katholischen Kirche. Bereits bei der ersten Besprechung mit Pacelli bat dieser Kardinal von Faulhaber um eine schriftliche Zusammenfassung. Er erweiterte dann allerdings seinen Wunsch auf die Abfassung eines förmlichen Entwurfes.

Pascalina erinnerte sich, dass die beiden Herren im Privatappartement des Kardinals mehrere Stunden lang die ganze Arbeit noch einmal durchgingen. Am 21. Januar konnte Michael von Faulhaber einen elf Seiten umfassenden handschriftlichen Entwurf abgeben. Sieben Wochen dauerte dann die Fertigstellung unter Pacelli und dem Staatssekretariat. Bis zum 16. März 1937 hielten alle Bischöfe den Text der Enzyklika in Händen, der nicht nur als eigenständiges Heft gedruckt worden war, sondern auch von der Kanzel verkündet werden musste. »Wie ein Blitz schlug dann, im März 1937, die Enzyklika ›Mit brennender Sorge‹ nicht nur in Deutschland – nein, in der ganzen Welt ein.«[84], kommentierte Pascalina. Der Appell verhallte tatsächlich nicht ganz wirkungslos. Eine spürbare Änderung der Appeasementpolitik der westlichen Großmächte kam jedoch nicht zustande.

Wiedersehen mit Bischof Clemens August Graf von Galen 1937 und 1946

Schwester Pascalina freute sich damals, Bischof Clemens August von Galen, den sie aus ihrer Berliner Zeit in so guter Erinnerung hatte, wieder zu begegnen. Pacelli und Schwester Pascalina wussten, in welcher Gefahr von Galen schwebte. Er hatte schon 1935 öffentlich gegen das NS-Regime protestiert. Er rechnete 1937 mehrfach mit seiner Festnahme. Im Juli 1941 predigte er mutig gegen das Euthanasieprogramm der Nationalsozialisten. Die Gestapo hatte die Jesuiten sowie die Immakulataschwestern aus Münster ausgewiesen, achthundert Geisteskranke waren aus den Krankenhäusern der Stadt geholt worden, um ihren Familien schließlich in einer Urne zurückgegeben zu werden. Da stieg Galen auf die Kanzel und nannte die Dinge beim Namen.[85] »Unschuldige Nonnen auszuweisen sei ein Verbrechen gegen das Recht, Euthanasie sei Mord«,[86] predigte er. NS-Parteifunktionäre forderten damals Galens Hinrichtung. Doch Angehörige des deutschen Episkopats wurden nicht verhaftet: Denn ein sublimeres Prinzip hatte sich durchgesetzt, »nicht den Hirten, sondern die ihm anvertrauten Untergebenen zu strafen«.[87]

Als Reaktion auf die Predigten von Galens verhaftete die Gestapo tatsächlich 30 Priester des Bistums Münster. Gerade die furchtbare Gewissheit, dass an Tausenden Vergeltung geübt würde, zwang auch Papst Pius XII. »so oft zum Schweigen«,[88] dies hielt Schwester Pascalina fest. Jahre später schrieb Papst Pius XII. an den Bischof von Berlin: »Die drei Predigten des Bischofs von Galen bereiten auch Uns einen Trost und eine Genugtuung, wie Wir sie auf dem Leidensweg, den Wir mit den Katholiken Deutschlands gehen, schon lange nicht mehr empfunden haben.«[89]

In Deutschland fanden die Predigten eine große Verbreitung So lasen auch Hans und Sophie Scholl diese Texte. Sophie sah ihre Lebensmaxime bestätigt: »Seid aber Täter des Wortes und nicht Hörer allein« (Jakobus, 1,22).[90] Die Verbreitung der genannten Rede des Bischofs kostete leider auch einer weiteren Frau das Leben: der Jurastudentin Maria Terwiel (1910–1943). Da ihre Mutter jüdischer Abstammung war, wurde Maria Terwiel aufgrund der Nürnberger Gesetze nicht zum Referendarexamen zugelassen und musste ihr Studium aufgeben. In Berlin fand sie Arbeit als Sekretärin in einem Textilunternehmen. Sie nahm Verbindung auf zu der Gruppe des Oberleutnants Schulze-Boysen und nutzte deren Beziehungen zur Verbreitung der Predigten des Bischofs von Galen. Darüber hinaus half sie vielen gefährdeten Juden durch die Beschaffung von Pässen bei der Flucht aus Deutschland. Gemeinsam mit ihrem Verlobten Helmut Himpel wurde sie inhaftiert und im Januar 1943 vor dem Reichskriegsgericht zum Tode verurteilt; am 5. August 1943 wurde das Urteil vollstreckt. Maria Terwiel starb als überzeugte Katholikin.[91]

Schwester Pascalina sollte von Galen erst nach dem Krieg wieder begegnen. Im Februar 1946 wurde von Galen als Kardinalpriester in das Kardinalskollegium aufgenommen, zusammen mit zwei weiteren deutschen Bischöfen: Joseph Frings und Konrad Graf von Preysing. Bischof Clemens von Galen suchte in Rom Schwester Pascalina auf und kommentierte seine Ernennung durch Pacelli zum Kardinal: »Sehen Sie, ich hatte recht! Er war immer etwas Besonderes: außergewöhnlich fromm, außergewöhnlich gewissenhaft, außergewöhnlich gut. Alle meine schlechten Eigenschaften muss er vergessen haben, sonst hätte er mich doch nicht zum Kardinal gemacht.«[92] Pascalina versprach dem Kardinal, in seine Titelkirche San Bernardo alle Terme in Rom zu kommen. Kardinal Galen versicherte Pascalina, er wolle von nun an seine Reden gut einstudieren, damit er nicht wie damals in Berlin in St. Matthias stecken bliebe.

Nach einer langen Audienz beim Papst kam der Kardinal erneut zu Schwester Pascalina. Mit leuchtenden Augen erzählte er ihr, wie der Heilige Vater ihm verschiedene Stellen aus seinen während der Hitlerzeit gehaltenen Predigten frei aufsagte. Der Papst habe Clemens von Galen immer wieder für alles gedankt, was er getan und gelitten hatte und erzählt, wie er selbst alles miterlebt und mitempfunden habe. Bei diesem Gespräch seien viele Erinnerungen zurückgekommen. Pascalina berichtete, Clemens von Galen habe geantwortet: »Ja, Heiliger Vater, aber vielen meiner besten Priester habe ich dadurch, dass sie meine Predigten verbreiteten, Konzentrationslager, ja den Tod bereitet!«[93] Schwester Pascalina empfand, dass der »Löwe von Münster« ein »herrliches Beispiel der Treue und Standhaftigkeit« gewesen war und seiner Diözese und ganz Deutschland vorangeleuchtet habe durch »wahren Opfermut und echte Nächstenliebe«.[94]

Leider war das Jahr der Kardinalsernennung zugleich auch das Todesjahr von Clemens Graf von Galen.

Abschied von Papst Pius XI.

Am 12. Februar 1939 hatte Papst Pius XI. eine zweistündige Audienz abgehalten, obwohl ihm strenge Bettruhe verordnet worden war. Am Nachmittag gegen 4.20 Uhr läutete das Telefon im Büro des Staatssekretärs. Da dieser nicht anwesend war, beantwortete Pascalina den Anruf. Sobald Pacelli zurückgekommen war, sollte er zum Heiligen Vater kommen, dessen Gesundheitszustand kritisch war.

Um 3.30 Uhr nachts ein erneuter Anruf. Pascalina: »Um Gottes Willen: der Heilige Vater – ich stürze ans Telefon: prego Madre dica a Sua Em. – meine Füße tragen mich nicht. S. E. weiß sofort – die Sorge ließ ihn ja nicht schlafen und er hatte sich kaum hingelegt. In fünf Minuten ist er fertig und man kommt ihn holen.« Um 6 Uhr in der Frühe hörten die drei Schwestern den Fahrstuhl. Als sich die Tür öffnete stand der totenbleiche Kardinal vor ihnen mit einem großen Bund Schlüssel in der Hand und sprach: »Der Heilige Vater ist seit einer halben Stunde tot.«[95]

Pascalina und die Schwestern gingen weinend in die Kapelle, die weiß geschmückt war, doch Pacelli wollte, dass ganz schnell schwarz dekoriert werde. Schwester Pascalina stellte die Glocken ab, ebenso das Telefon. Nach der heiligen Messe sprach der Kar dinalstaatssekretär: »Heute am 10. Februar genau vor 9 Jahren bin ich gekommen. Genau auf den Tag neun Jahre war ich Kardinal Staatssekretär. Und nun lieber Gott, gib uns einen guten Papst und dann lass mich ein wenig ausruhen – ich bin so müde, diese neun Jahre waren nicht leicht.«[96]

»Arme Eminenz«, dachte sich Pascalina. »Er, der so an Ordnung gewöhnt ist kann nun keine mehr einhalten, weil die Verhältnisse jeden Tag alles auf den Kopf stellen. Aber trotz allem ist er in seiner Ruhe und Vornehmheit Herr der Situation. Ob er hinter der Bahre des geliebten Toten schreitet, ob er vor derselben kniet, ob er all die hohen und höchsten Persönlichkeiten an die Bahre begleitet, immer ist er derselbe Vornehme, Ruhige, auf den aller Augen sich richten. Und wenn er am Abend todmüde in seine Privaträume kommt, denn wiederholt er immer wieder: nur noch ein paar Wochen, dann ist alles vorbei, dann gehen wir nach Menzingen.«[97]

Die sehr eindrucksvolle Schilderung der Beerdigung endet mit der Bitte an die Generaloberin Maria Theresia Naegeli in Menzingen: »Beten Sie auch für Seine Eminenz, der Übermenschliches zu leisten hat. Mir legt er jeden Tag ans Herz zu packen anzufangen, aber es ist mir so gar nicht darum. Gestern ließ er sich die Schlüssel von seinem Hause – Palazzo del Arciprete – kommen. In Liebe und Dankbarkeit immer Ihr sehr gehorsames Kind Sr. M. Pascalina«[98]

»Weinend knieten wir drei Schwestern nieder«

Nun war Eugenio Pacelli nicht mehr Staatssekretär, sondern Camerlengo, Schatzmeister des Kardinalskollegiums, dem die Sorge für die verwaiste Kirche und die Vorbereitung für die Wahl des neuen Papstes oblag. Der erste Auftrag an die Schwestern war, sofort die ganze Wohnung zu räumen. Alles, was sein war, musste in Koffern und Kisten verstaut und versandbereit gemacht werden, denn Pacelli würde sofort nach dem Konklave abreisen. Außerdem sollten die Schwestern ihre Pässe für die Reise in die Schweiz vorbereiten. Pacelli hatte seinen Pass schon mit einem Visum versehen lassen. Pascalina befolgte alle Anweisungen, doch sie hatte dabei »Hintergedanken«, eine Vorahnung, dass es zu keiner Abreise kommen würde.

Ungewöhnlich war die Situation, in die sich Schwester Pascalina gestellt sah. Damals hatte man keine Vorkehrungen getroffen, um die Kardinäle unterzubringen. Sie waren sich jedoch dessen bewusst, dass Kardinal Pacelli an eine bestimmte Lebensweise gewöhnt war und darunter leiden würde, wäre er ihrer beraubt, und dies umso mehr, da er gerade die Aufgaben als Kardinalstaatssekretär abgegeben hatte, um die schwere Pflicht des Camerlengo auf sich zu nehmen. Man wurde sich einig, dass dem Kardinal wegen seiner zarten Konstitution ausnahmsweise die Benutzung seiner Wohnung für die Zeit des Konklaves gestattet werden sollte. Darüber hinaus wurde es Schwester Pascalina durch eine Sondergenehmigung der Kardinalskongregation erlaubt, ebenfalls dortzubleiben, damit Pacelli seine gewohnte Diät einhalten könne und die für seine Gesundheit notwendigen Medikamente bekäme.[99]

Am 1. März war zur Einleitung der Papstwahl in der Cappella Paulina des Vatikans die Messe zur Anrufung des Heiligen Geistes. Am Nachmittag des gleichen Tages erfolgte der feierliche Einzug in das Konklave. Bereits am folgenden Tag, dem 2. März 1939, ging das Konklave zu Ende – mit der Wahl des Kardinals Camerlengo Eugenio Pacelli, der nach dem Ceremoniale auf die Anfrage mit bebender Stimme die Wahl annahm und sich zum Namen Pius XII. bekannte. Der Tag der Wahl war gerade der 63. Geburtstag Seiner Heiligkeit.

Pascalina konnte ein Leben lang den Moment der Rückkehr des Kardinals als des erwählten Heiligen Vaters in seine Privatwohnung nicht vergessen. »Weinend knieten wir drei Schwestern nieder und küssten die Hand des Heiligen Vater, zum ersten Mal.«[100]

Teil III
1939–1958
Im Vatikan mit Papst Pius XII.

Schwester Pascalina und ihre Mitschwestern im päpstlichen Haushalt:
Schwester Ewaldis und Schwester M. Konrada im Jahr 1953

Judenverfolgung, Hunger und Not

»Die Tiara – eine Dornenkrone
für Papst Pius XII.«

»Man muss auch die Kraft haben, vor der Geschichte zu schweigen.«[1]

Als Eugenio Pacelli in den Märztagen des Jahres 1939 den Stuhl Petri als Papst Pius XII. bestieg, lebte die Welt noch in Frieden. Es war ein Frieden, »den man aus inniger Liebe unbedingt, sogar gegen alle Hoffnung, der Umklammerung des Todes entreißen will«, wie dies Papst Pius XII. formulierte.[2] Der Zweite Weltkrieg warf allerdings schon seine Schatten voraus. Mit der Bekanntgabe des deutsch-sowjetischen Nichtangriffspaktes trieb allerdings die Krise auf ihren Höhepunkt zu. Der Papst wusste, dass der Moment gekommen war zu einem letzten und feierlichen Appell für den Frieden. Am 24. August 1939 um 19 Uhr wandte er sich über Radio Vatikan an die verantwortlichen Politiker: »Nichts ist verloren mit dem Frieden; alles kann verloren sein mit dem Krieg.« – So lautet der »berühmte und umstritten gebliebene Kernsatz«[3] des päpstlichen Friedensappells.

Ein weiterer Aufruf des Papstes vom 31. August 1939 blieb Schwester Pascalina im Gedächtnis. Pius XII. sandte damals Telegramme an die Regierungschefs von Deutschland, Großbritannien, Frankreich und Italien. Darin forderte er sie auf, »alles zu tun, um irgendeinen Zwischenfall zu vermeiden und von jeder Maßnahme Abstand zu nehmen, die geeignet wäre, die gegen-

94

wärtige Spannung zu verschärfen«.[4] Es war ein vergeblicher Appell; denn am 1. September 1939 fielen die deutschen Truppen in Polen ein. Der Zweite Weltkrieg begann.

Pascalina kommentierte: »Die Machthaber dieser Welt hatten taube Ohren für die Stimme der Vernunft und sahen nur ihre egoistischen Ziele.«[5] Und sie fuhr fort: »Es waren keine leeren Worte, die Pius XII. an die Welt richtete. Ehe er etwas sagte und schrieb, hatte seine feinfühlige Seele bereits alles durchkostet. Jetzt, auf höchster Warte, verantwortlich für das Wohl und Wehe seiner Kinder, litt er doppelt und dreifach.«[6]

Schwester Pascalina hätte über die Geschehnisse im Vatikan aus der Zeit des Zweiten Weltkrieges viel zu berichten gewusst. »Man könnte so vieles erzählen, wenn man nicht wüsste, damit gegen den Willen des großen Papstes zu verstoßen.«, schrieb sie. Als ihr ganz am Ende ihres Lebens Universitätsprofessor Dr. Herbert Schambeck[7], österreichischer Bundesratspräsident, der an der Universität Linz einen Lehrstuhl für öffentliches Recht, politische Wissenschaften und Rechtsphilosophie hatte, die Frage stellte, warum sie ihren Aufzeichnungen aus dem Jahr 1959 nicht noch eine weitere Publikation hatte folgen lassen, antwortete sie ihm: »… man muss auch die Kraft haben, vor der Geschichte zu schweigen«.[8] Und geschwiegen hat sie ganz offensichtlich über die politischen Ereignisse im Vatikan, und dies, obwohl sie eine überaus fleißige Briefschreiberin war. Ihre Aufzeichnungen »Ich durfte ihm dienen« seien nach ihren eigenen Angaben kurz nach dem Tode von Papst Pius XII. geschrieben worden. Das mag durchaus sein, allerdings erwähnte Pascalina darin schon das erst 1963 aufgeführte Hochhuth-Drama »Der Stellvertreter«. Bis zum Erscheinen dieses Werkes hatte der Name von Papsts Pius XII. einen guten Klang, doch dann kam der Umschlag. Es ist durchaus vorstellbar, dass Schwester Pascalina das Kapitel über die Zeit von 1939–1945 im Nachhinein verändert hat.

Dem Besuch des deutschen Außenministers Joachim von Ribbentrop am 11. März 1940 im Vatikan widmete sie ganze vier Zeilen. »Wie waren wir Deutsche über diesen arroganten Menschen empört!«[9] Sie zitierte dann einen päpstlichen Kammerherrn: »Er (Ribbentrop) ist doch viel kleiner aus der Audienz herausgekommen, als er hineinging.«[10] Es besteht kein Zweifel, dass der Papst mit Schwester Pascalina über dieses Ereignis gesprochen hat. Es war ein sorgfältig vorbereitetes Unterfangen. Nach den Aufzeichnungen von Hitlers Chefdolmetscher Paul Schmidt[11] wurde die Delegation der Deutschen in Begleitung des Außenministers in drei päpstlichen Automobilen in die Vatikanstadt gefahren. Innerhalb des Papstpalastes bildete die Schweizergarde ein Spalier. Der ganze Empfang fand mit besonders feierlichem Zeremoniell statt. Pius XII. führte mit Ribbentrop eine längere Unterhaltung in deutscher Sprache. Auf den Chefdolmetscher machte der Papst einen tiefen Eindruck, wie bisher keiner der Staatsmänner, die er schon kennengelernt hatte.[12]

»Was hat Papst Pius XII. für die verfolgten Juden getan, deren Ausrottung, wie man weiß, von Anfang an Hitlers Ziel gewesen war!«[13] Hier formulierte Schwester Pascalina keine Frage, sondern sie beschreibt bewundernd die Hilfeleistungen des Papstes für die Juden in Rom.[14] Sie hatte im August 1942 beobachtete, wie der Papst einen Blick auf die vor ihm liegenden Tageszeitungen warf, die Überschriften las und kreidebleich wurde. Die Schlagzeilen meldeten »Judendeportationen in Holland«. Mitte Juli waren dort die ersten Transporte mit holländischen Juden in Richtung Osten abgegangen. Im August folgte eine erneute Verhaftungswelle. »Mit Grauen erinnert man sich an jenen Morgen im August 1942, als die Zeitungen in großen Schlagzeilen die Schreckensnachricht brachten, dass der öffentliche Protest der holländischen Bischöfe gegen die unmenschliche Verfolgung der Juden Hitler dazu veranlasst habe, in der Nacht 40 000 (richtig 4000 d. V.)

Juden verhaften und durch Gas töten zu lassen.«[15], schrieb Pascalina.

Als der Papst von seinen Audienzen zurückkehrte, ging er nicht sofort in das Speisezimmer, sondern kam mit zwei großen eng beschriebenen Papierbögen in der Hand in die Küche, um im Küchenherd etwas zu verbrennen. Er erklärte Schwester Pascalina:

Ich möchte diese Bögen verbrennen, es ist mein Protest gegen die grauenhafte Judenverfolgung. Heute Abend sollte er im L'Osservatore Romano erscheinen. Aber wenn der Brief der holländischen Bischöfe 40 000 Menschenleben kostete, so würde mein Protest vielleicht 200 000 kosten. Das darf und kann ich nicht verantworten. So ist es besser, in der Öffentlichkeit zu schweigen und für diese armen Menschen wie bisher in der Stille alles zu tun, was menschenmöglich ist.[16]

Schwester Pascalina bat den Papst, doch zu überlegen, ob es nicht besser sei, dieses Manuskript aufzubewahren. Doch er antwortete: »Auch ich dachte daran, aber wenn man, wie es immer heißt, auch hier eindringt und diese Blätter findet – und mein Protest hat einen viel schärferen Ton als der holländische –, was wird dann aus den Katholiken und Juden im deutschen Machtbereich? Nein, es ist besser, sie zu vernichten.«[17]

Pascalina wollte vom Papst wissen, ob denn Hitler nicht doch auch sein Gutes habe und, wie Mussolini einst Italien, so nun er dem deutschen Volke aufhelfen könnte. Da schüttelte der Papst den Kopf und sagte, dass er sich sehr, sehr täuschen müsste, wenn dies hier ein gutes Ende nehmen sollte. »Dieser Mensch ist völlig von sich selbst besessen, alles, was nicht ihm dient, verwirft er, was er sagt und schreibt, trägt den Stempel seiner Selbstsucht, dieser Mensch geht über Leichen und tritt nieder, was ihm im Weg ist – ich kann nur nicht begreifen, dass selbst so viele von den Besten in Deutschland dies nicht sehen, oder wenigstens aus dem, was er schreibt und sagt, eine Lehre ziehen. – Wer von all diesen hat überhaupt das haarsträubende Buch ›Mein Kampf‹ gelesen?«[18]

Edith Stein

In Pascalinas Aufzeichnungen zu den holländischen Judendeportationen erwähnte sie: »Unter diesen befand sich auch die bekannte Philosophin und Karmeliterin Edith Stein, deren Lebensweg Pius XII. mit starker Anteilnahme verfolgt hatte.«[19] Edith Stein war nicht nur Pius XII., sondern bereits Pius XI. bekannt. Die Philosophin Edith Stein (1891–1942), aus einer jüdischen Familie stammend, wurde 1922 katholisch. Sie hatte schon am 12. April 1933 an Papst Pius XI. einen Brief gesandt, der an kluger, politischer Voraussicht nichts vermissen ließ:

Seit Wochen sehen wir in Deutschland Taten geschehen, die jeder Gerechtigkeit und Menschlichkeit – von Nächstenliebe gar nicht zu reden – Hohn sprechen. Jahre hindurch haben die nationalsozialistischen Führer den Judenhass gepredigt. Nachdem sie jetzt die Regierungsgewalt in ihre Hände gebracht ... hatten, ist diese Saat des Hasses aufgegangen ... Seit Wochen warten und hoffen nicht nur die Juden, sondern Tausende treuer Katholiken in Deutschland – und ich denke, in der ganzen Welt – darauf, dass die Kirche Christi ihre Stimme erheben möge ...[20]

Edith Stein fürchtete auch eine Verfolgung der Katholiken:

Es wird nicht mehr lange dauern, dann wird in Deutschland kein Katholik mehr ein Amt haben, wenn er sich nicht dem neuen Kurs bedingungslos verschreibt.[21]

Edith Steins Appell wurde Papst Pius XI. am 12. April 1933 vorgelegt, seine Antwort lief über seinen Staatssekretär Eugenio Pacelli. Dieser stellte es dem Abt von Beuron, der Steins Brief nach Rom übermittelt hatte, lediglich anheim, die Absenderin darüber zu informieren, dass ihre Zuschrift pflichtgemäß seiner Heiligkeit vorgelegt worden war.

Als Jüdin hatte Edith Stein 1933 Berufsverbot bekommen, trat dann im Oktober 1933 in Köln in ein Karmelitenkloster ein und wählte den Ordensnamen Schwester Teresia Benedicta a Cruce. Sie war dann 1938 nach der »Reichskristallnacht« zur Sicherheit in ein holländisches Kloster gebracht worden. Anfang August 1942 – also nach dem holländischen Hirtenwort zur Judenverfolgung – wurde sie gemeinsam mit ihrer Schwester Rosa von der Gestapo abgeholt, zusammen mit weiteren 986 Männern, Frauen und Kindern. Edith Stein wurde am 7. August 1942 nach Auschwitz deportiert. Dort starb sie zwei Tage nach ihrer Ankunft in der Gaskammer.[22]

Von Pascalina hört man zu diesem entsetzlichen Schicksal kein Wort des Bedauerns. Es drängt sich die Frage auf, warum Pius XI. den Brief der Edith Stein nie beantwortet hat, und warum Pius XII., der sich – so Pascalina – für sie interessierte, ihr keinerlei Hilfe hat zukommen lassen. Ihr warnender Aufschrei stammte aus dem Jahr 1933, ihre Deportation erfolgte 1942!

Zwei Jahre später schrieb Papst Pius XII. an den Kölner Erzbischof Josef Frings (1887–1978) über die

> fast übermenschlichen Anstrengungen, deren es bedarf, um den Heiligen Stuhl über dem Streit der Parteien zu halten, und die schier unentwirbare Verschmelzung von politischen und weltanschaulichen Strömungen, von Gewalt und Recht ... so dass es oft schmerzvoll schwer ist, zu entscheiden, ob Zurückhaltung und vorsichtiges Schweigen oder offenes Reden und starkes Handeln geboten sind.[23]

Der Papst hatte sich für das Schweigen entschieden. Ob er damit richtig gehandelt hat, ist bis heute in der Geschichtsschreibung umstritten. Hätte die Vernichtung von sechs Millionen Juden durch einen starken Protest von Pius XII. gegen den Holocaust tatsächlich verhindert werden können? Er vertrat seit Kriegsbeginn immer wieder offen die Überzeugung, ein lauter Protest von seiner Seite könne die Situation nur verschlimmern.

Dies war auch die Meinung von Schwester Pascalina. Ihre Erinnerungen sind durch ihre tiefe Ergebenheit gegenüber Pius XII. geprägt.[24] Doch ihre Überzeugung, dass ein Protest des Papstes damals mehr geschadet hätte als genutzt, wird ja auch von anderen geteilt. Es wird sich zeigen, welche Aussagen Schwester Pascalina als Zeugin No. 5 im Tribunal des Seligsprechungsprozesses über das Schweigen des Papstes gemacht hat.[25]

Bomben auf Rom

Zwei Mal wurde die Stadt Rom Ziel alliierter Luftangriffe: Am 19. Juli und am 13. August 1943. Der 19. Juli war ein strahlender Sonnentag, doch plötzlich brachten Bombenflugzeuge Tod und Verderben über Rom und seine Bewohner. Pascalina und der Heilige Vater beobachteten die Bombardierung vom Fenster des vatikanischen Palastes aus. Es schien, als sei die Gegend um Santa Maria Maggiore der brennende Stadtteil. Der Papst eilte ans Telefon, bekam aber keine umfassende Auskunft. Er ließ sofort seinen Chauffeur rufen, nahm alles Geld mit, das im Haus war, und verließ den Palast. Es gelang Pascalina gerade noch, Monsignore Giovanni Battista Montini zu erreichen, damit der Heilige Vater nicht ganz allein ausfuhr.

Bald ging es wie ein Lauffeuer durch den Vatikan, dass der Heilige Vater zwischen den qualmenden Ruinen der eingestürzten

Häuser in der Nähe der zerstörten Basilika von San Lorenzo fuori le mura unterwegs sei. Sein Auto versagte auf einmal den Dienst; er kam nicht weiter. Da stieg er aus und mischte sich unter das Volk. Das Blut der Verwundeten rötete sein weißes Gewand. Er betete und weinte mit den Verzweifelten. Dann verteilte er alles, was er mitgebracht hatte. Es war bereits später Abend, als der Papst in einem kleinen Auto zum Vatikan zurückkehrte. An diesem Abend segnete er von einem Fenster seiner Wohnung aus die geliebte Stadt. Pascalina sah, dass ihm helle Tränen über die Wangen liefen.

Auch nach dem zweiten alliierten Luftangriff auf Rom begab sich der Papst, nur begleitet von seinem Substituten Montini, sofort in die bombardierten Stadtteile, um der Bevölkerung seine Anteilnahme zu bekunden.

Eines Tages kam Monsignore Montini aus dem Staatssekretariat in die Privatwohnung des Papstes. Er teilte Pascalina mit, man habe sichere Nachricht, dass in der kommenden Nacht der Vatikan Ziel der Bombardierung sein würde. Man möge dem Heiligen Vater sagen, er solle sich sofort beim ersten Alarm in den für ihn extra eingerichteten bombensicheren Schutzkeller begeben. Pascalina hielt es für das Beste, ihm nichts zu sagen, allerdings alles so vorzubereiten, dass im gegebenen Augenblick alle in den Keller hinuntergehen könnten. Um keinen Verdacht aufkommen zu lassen, ging sie mit den anderen Schwestern zu Bett, stand dann leise wieder auf, um im Luftschutzkeller alles für die heilige Messe vorzubereiten. Wenn nachts Alarm gegeben wurde und ein Luftangriff begann, ging der Heilige Vater grundsätzlich in die Kapelle, um dort die Messe zu lesen. »Mit einer Andacht, in Gott vertieft, als sei er ganz abseits von allem weltlichen Geschehen, vollzog er das hochheilige Opfer.«[26]

Wie täglich fand sich der Heilige Vater um 11 Uhr in seiner Privatkapelle ein. Als sie die hohe Gestalt im Betstuhl knien sah, fiel alle Angst von ihr ab. Der Papst kehrte an seinen Schreibtisch zurück, und Pascalina konnte nun in die Kapelle gehen, ohne Sorge haben zu müssen, dort vom Papst überrascht zu werden. Gegen 2 Uhr in der Frühe ging der Papst zu Bett. Sie selbst blieb auf bis 4.30 Uhr auf, um dann doch noch eine halbe Stunde zu schlafen. Niemand hatte etwas von ihrem nächtlichen Erlebnis gemerkt. Sie war froh, dass sie nichts gesagt hatte, und somit allen eine schlaflose Nacht hatte ersparen können.

Im Sommer 1943 bemühte sich der Papst erneut darum, dass Rom zur »offenen Stadt«[27] erklärt würde. Er trat in Verbindung mit der neuen italienischen Regierung von Pietro Badoglio (1871–1956). Am 25. Juli 1943 hatte der faschistische Großrat Mussolini gestürzt. Am 8. September 1943 erfolgte die bedingungslose Kapitulation der italienischen Armee.

»Ein Nest von Spionen«

Im September 1943 erfolgte die Besetzung der Stadt Rom durch deutsche Truppen. Große Bestürzung herrschte im Vatikan, als das Gerücht verbreitet wurde, Hitler wolle Pius XII. deportieren lassen. Außerdem hörte Pascalina, der Heilige Vater werde auf Bitten von Pater Pankratius Pfeiffer[28] einen hohen deutschen Offizier empfangen. Die Enthüllungen, die dieser Deutsche machte, waren allerdings dazu angetan, Pius XII. zu überzeugen, dass jene recht hatten, die sich um sein Leben und seine Sicherheit große Sorgen machten. Klar und deutlich erfuhr er nun aus dem Munde dieses Offiziers, was gegen ihn geplant war. »Aber«, fragte sich Pascalina, »welchen Wert konnte man Versicherungen aus solchem Munde beimessen?«[29] Sie behauptet, dass der Papst diesen Offizier um das Leben von zwei jungen Menschen gebeten hatte, die zum Tode verurteilt worden waren und schon am nächsten Morgen erschossen werden sollten. Kurz darauf erhielt Pius XII. die Nachricht, dass beide auf freien Fuß gesetzt worden waren. Pascalina erfuhr erst viele Jahre später, dass dieser hohe deutsche Offizier General Karl Wolff gewesen war.[30]

Tatsächlich hatte Hitler am 12. September 1943 dem General der Waffen-SS und höchsten Polizeichef in Norditalien, Karl Wolff (1900–1984) den Geheimauftrag gegeben, baldmöglichst den Vatikan, »ein Nest von Spionen und ein Zentrum anti-national-sozialistischer Propaganda«,[31] zu besetzen, die dortigen Archive und Kunstschätze sicherzustellen und den Papst nach Norden zu bringen. Wolff hatte zwar die Durchführung des Befehls zugesichert, »tatsächlich aber über die deutsche Botschaft mit kirchlichen Kreisen Kontakt aufgenommen und den Vatikan gewarnt«.[32]

Unermüdliche Hilfsaktionen

Im Zuge der Besetzung Roms begannen auch die Repressionen gegen die in Rom ansässigen Juden. Auch hier half der Papst, wo immer es im Stillen möglich war.

Schwester Pascalina berichtete von einer ganz spektakulären Aktion. Es gab in Rom einen von der SS am 26. September 1943 erlassenen Befehl an die jüdische Gemeinde, bis zum 28. September 1943, 11.00 Uhr, also innerhalb von 36 Stunden, 50 Kilogramm Gold zu beschaffen. Dadurch sollte die Deportation von 200 Juden verhindert werden. Israel Zolli (1881–1956), der Großrabbiner von Rom, wandte sich hilfesuchend an den Vatikan. Man gab ihm die Zusage, dass die benötigten 50 Kilo Gold durch die katholischen Gemeinden zur Verfügung gestellt würden. Doch dann gelang es der jüdischen Gemeinde, die Goldmenge selbst zu beschaffen und im Gestapo-Quartier in der Via Tasso abzuliefern.[33]

Aber letztendlich konnten sich die Juden mit den 50 Kilo Gold doch nicht freikaufen. Trotz verschiedener Interventionen wurden die Juden aus Rom in das in Oberösterreich gelegene Vernichtungslager Mauthausen deportiert.

Israel Zolli, einer der prominenten Juden in Rom, musste von der Hilfe Gebrauch machen, die durch kirchliche Stellen geboten wurde. Gemeinsam mit Frau und Tochter fand er Unterschlupf in der Wohnung einer katholischen Familie, bis er schließlich in den Vatikan zog, zum Entsetzen jüdischer Gemeindeführer, die den Rabbiner Zolli beschuldigten, in der Stunde der Not sein Volk verlassen zu haben.

Damals wurde Pascalina von einer, wie sie geheimnisvoll sagte »hochgestellten« Persönlichkeit um Leintücher gebeten, für Professor Zolli. Man habe ihm alles, aber auch alles gestohlen, und nun lebte er von der Unterstützung, die ihm der Heilige Vater gab. »Die Juden machen es ihm nun alles andere als schön, nachdem sie erst eine zehntägige Trauer über seinen Tod anordneten ...«[34]

Israel Zolli, der Exrabbiner von Rom, der später »von der Gnade getroffen und vom guten Beispiel der Christen erbaut« zum Katholizismus übertrat, sagte über Papst Pius XII.: »Kein Held der Geschichte hat ein vortrefflicheres und mehr bekämpftes und heroischeres Heer angeführt, als Pius XII. im Namen der christlichen Caritas es getan hat.«[35]

Am Samstag, dem 16. Oktober 1943, um 5.40 Uhr führte die SS in ganz Rom eine Razzia durch. Etwa 1250 Juden wurden in das Collegio Militare am Fuße des Gianicolo transportiert, ein Vorgang, der sich sozusagen »unter den Fenstern des Papstes« abgespielt hat. Papst Pius XII. war allerdings nicht selbst Augenzeuge dieser Aktion: Er erfuhr davon erst am frühen Morgen durch die römische Adelige Enza Pignatelli Aragona Cortés, die ihn aufsuchte. Er schaltete den österreichischen Bischof Alois Hudal ein und intervenierte bei Generalmajor Rainer Stahel, der den Brief von Hudal an den Reichsführer-SS Heinrich Himmler weiterleitete. Dieser gab die Anweisung, die Verhaftungen sofort einzustellen »mit Rücksicht auf den besonderen Charakter Roms ...«[36]

Von Hilfsaktionen zugunsten verfolgter Juden berichtete auch Schwester Augustine, die Superiorin der Ordensschwestern von Nostra Signora di Sion, Via Garibaldi, Rom. In ihrem Kloster waren insgesamt 187 Juden versteckt worden. Eine der Schwestern, Dora Rutar, erzählt, dass ab dem 16. Oktober 1943 ständig Juden am Tor ihres Klosters um Asyl baten. Jeden Tag seien neue hinzugekommen; und als die Zahl von 187 erreicht war, konnte niemand mehr aufgenommen werden. Die Menschen schliefen auf dem blanken Boden und auf den Treppen, und es gab kein ungenütztes Fleckchen mehr im Kloster. Die Priorin nahm alle gerne auf, denn das bedeutete, ihnen das Leben zu retten. Zu Beginn glaubte man, dass die Verfolgung nur von kurzer Dauer sein würde, doch bald waren die Leute für etwa neun Monate zu versorgen. Und es begannen noch größere Schwierigkeiten, als für die versteckten Juden nicht genügend Nahrung beschafft werden konnte.

So wandten sich die Schwestern an den Vatikan um Hilfe. Monsignore Baldini, Monsignore Montini und Madre Pascalina organisierten sofort die Versorgung mit Nahrungsmitteln. Schwester Pascalina war unermüdlich tätig. Einmal fuhr sie selbst auf einem Transporter zum Kloster, um die dringend benötigten Lebensmittel zu bringen. Das Kloster hatte vom Staatssekretariat des Vatikans ein Zertifikat bekommen, auf dem »Eigentum des Vatikans« stand, um jede Einmischung von außen zu verhindern.[37] Das alles geschah mit ausdrücklicher Zustimmung und Förderung des Papstes.

Papst Pius XII. schrieb über die Hilfsaktion an Bischof Preysing nach Berlin am 30. April 1943:

»Für die katholischen Nichtarier wie auch für die Glaubens-juden hat der Heilige Stuhl karitativ getan, was nur in seinen Kräften stand, in seinen wirtschaftlichen und moralischen. Es hat von Seiten der ausführenden Organe Unseres Hilfswerks eines Höchstmaßes von Geduld und Selbstentäußerung bedurft, zu entsprechen, wie auch der auftauchenden diplomatischen Schwierigkeiten Herr zu werden!«[38]

Eine weitere Schlüsselepisode in den Diskussionen um die Haltung des Papstes gegenüber der nationalsozialistischen Judenverfolgung[39] hat Schwester Pascalina auch beschrieben. Bei einem Attentat kommunistischer Widerstandskämpfer am 23. März 1944 waren 33 deutsche Soldaten in Rom getötet worden.

Daraufhin ließ der Obersturmbannführer der SS, Herbert Kappler, als Vergeltungsmaßnahme in den Tuffsteinhöhlen am südlichen Stadtrand von Rom, den »Fosse Ardeatine«, am Tag darauf insgesamt 335 italienische Geiseln erschießen. Unter den Opfern befanden sich 75 Juden, Frauen und zwei 14-jährige Jungen.

Pascalina fühlte sich verpflichtet darzulegen, dass Pius XII. zunächst absolut nichts wusste von der Festnahme von Geiseln und deren grausamer Ermordung in den Fosse Ardeatine. »Er würde sonst ohne Zweifel unternommen haben, was menschenmöglich gewesen wäre, diese Schreckenstat zu verhüten.«[40] Das hoffte sie, realistisch war es nicht.

»Ein Stück Brot, Madre«

Der Krieg drang in alle Bevölkerungsschichten ein. So sandte Schwester Pascalina am 1. Februar 1944 einen bedrückenden Bericht nach Menzingen in die neutrale Schweiz, wo man sich diesen Kriegsterror kaum vorstellen konnte:

Es kracht Tag und Nacht, ob Bomben oder Kanonen – oder Sprengungen. Castel Gandolfo ist von 5000 Flüchtlingen besetzt und hier in Rom sind etwa 4 Millionen und – hungern – und es wird jeden Tag schlimmer. Was der Heilige Vater tun kann, tut Er, jeden Tag gehen Autokolonnen aus, um Lebensmittel in Rom zu finden unter steter Gefahr von Bomben ect. aber das genügt halt nicht. Es gibt keine Medizin mehr – nichts – Und was noch da ist, wird von unseren Landsleuten weggeschafft –. Wie lange noch o Herr, wie lange –! Wo die Not am größten – wir meinen schon so lange, sie sei auf dem höchsten Gipfel. Einmal wird Er wieder Erbarmen über uns walten lassen, der allmächtige Gott. Behüt Gott, liebe Frau Mutter. In Liebe und Gebet

Ihr dankbares Kind Sr. Pascalina[41]

Nur zwei Wochen später erfuhren die Schwestern in Menzingen:

Die Lage in Rom ist furchtbar. Italien wird buchstäblich Städtchen für Städtchen und Dorf für Dorf dem Erdboden gleichgemacht. Tausende von Toten und die die übrig bleiben ein Häuflein Elend, ohne irgendeine Habe, ohne Dach über dem Kopfe, dem furchtbarsten Hunger und der Kälte und dem Elend preisgegeben. Man kann sich wirklich keinen Begriff machen. Eben ist wieder Alarm.[42]

Manchmal wusste Pascalina nicht mehr, ob es die Anfangs- oder Schlusssirene war. Oft war es noch nicht einmal 10 Uhr morgens und schon der vierte Alarm. Während Pascalina nachts kein Auge zumachen konnte, schliefen ihre Mitschwestern tief und fest. Als sie allerdings einmal um vier Uhr nachts Angst hatte, das ganze Haus fiele zusammen, weckte sie die beiden. Ein erneuter Alarm: Flugzeuge flogen über die Stadt hin, sodass das ganze Haus erzitterte, alle Fenster klirrten. Pascalina rannte von Fenster zu Fenster um sie zu öffnen, damit es nicht noch mehr Scherben gab; in ganz Italien bekam man kein Fensterglas mehr.

»Krieg im Land, Krieg in nächster Nähe – und ein solcher Krieg!

Nichts, gar nichts ist mehr im Lande, alles wurde weggeschafft, sogar alle Maschinen aus den Fabriken, alle Geräte für die Landwirtschaft alles, alles! Die ganzen Ölbäume sind umgesägt, Bäume, die hundert Jahre brauchen, bis sie wieder tragen.«[43] Immer wieder ließ der Papst Lebensmittel in Genua ankaufen. Da keine Züge mehr gingen, die Lastwagen gestohlen oder bombardiert worden waren, wurde nun ein Schiff für 30 Millionen Lire angekauft, um die Lebensmittel bis Civitavecchia zu transportieren.

Schrecklich war es, dass immer wieder mit Mehl beladene Lastwagen beschossen wurden, obwohl diese weiß/gelb gestrichen waren und auf allen Seiten in ganz großen Buchstaben die Aufschrift »Vatican City« trugen. Außerdem wurden die englischen und amerikanischen Botschaften per Telegramm stets verständigt, wann die Kolonnen ausfuhren.

Am 30. April 1944 in der Früh um drei Uhr erreichte eine Autokolonne mit insgesamt 50 mit Mehl beladenen Wagen die Stadt Rom. Am folgenden Tag, am helllichten Mittag um 12 Uhr, wurden die Wagen von den Flugzeugen mit Maschinengewehren beschossen, eine ganze Viertelstunde lang. Sechs Wagen mit vielen hundert Zentnern Mehl gingen in Flammen auf. Die Maschinen waren so niedrig geflogen, dass man von einigen die Nummern aufschreiben konnte. Die Ausrede, die Piloten hätten die deutlich gekennzeichnete vatikanische Kolonne nicht erkennen können, war eine glatte Lüge.

Die Hungernden stürmten inzwischen schon die Bäckereien, doch ohne Mehl gab es kein Brot. Es gab sowieso nur noch täglich hundert Gramm Brot pro Person auf Zuteilung. Pascalina mochte schon gar nicht mehr aus dem Haus gehen, weil ihr die Hungernden so leidtaten. Von allen Seiten riefen ihr Kinder, aber auch Erwachsene nach: »Madre un pezzo di pane …«[44] Auf offener Straße fielen die Leute um vor Hunger.

Am 4. Juni 1944 wurde Rom befreit. Dem Papst war es gelungen, wenigstens in den letzten Wochen vor dem Abzug der Deutschen, für Rom den Status einer »offenen Stadt« auszuhandeln. Somit feierte die Bevölkerung Roms am 6. Juni 1944 auf dem Petersplatz den Papst als »defensor civitatis«; auch wenn schließlich sogar Hitler die Anweisung gegeben hatte, über den Vatikan mit den Alliierten »Vereinbarungen zu treffen, … Rom davor zu schützen, dass es in die Kampfhandlungen einbezogen wird«.[45]

Immer wieder ist der Vorwurf zu vernehmen, dass sich Pius XII. zwar mit großem Einsatz um die Rettung der Stadt Rom bemühte, hingegen nicht annähernd so viel gegen die Vernichtung der Juden unternommen habe. Dies trifft insoweit zu, als der Papst in öffentlichen Erklärungen für den Verzicht auf eine Bombardierung Roms eintrat, während er sich für die Rettung von Juden fast ausschließlich der Diplomatie bediente. Nachweisbar ist, dass Tausenden von Juden zur Ausreise nach Übersee geholfen werden konnte. Schwester Pascalinas Meinung dazu: »Der Heilige Vater, der um des Ansehens und der Ehre der Kirche willen vieles öffentlich tun musste, was sonst sicher in der Stille geschehen wäre, war immer glücklich, wenn er im Verborgenen und ohne es an die große Glocke hängen zu müssen, Gutes tun konnte.«[46]

Pascalina nannte den 4. Juni 1944 »die Erlösung«. Der Papst, der im Begriff war, sich in seine Privatkapelle zu begeben, schaute auf die Straße und sah das völlig veränderte Bild. Pascalina konnte ein aus tiefster Seele kommendes »Gott sei Dank« hören, dem ein frohes »Magnifikat« in der Kapelle folgte. Dann machte er sich auf den Weg vom Vatikan nach Sant'Ignazio. Schwester Pascalina ist gewiss auch dorthin gegangen. Zu Füßen der »Madonna di Divin'Amore« wurde nun gebetet, gesungen und gedankt. Nach der Predigt und dem eucharistischen Segen brauste das Dank-Tedeum durch die völlig überfüllte Kirche. Pascalinas Fazit über diese Zeit: »Armer Heiliger Vater, ein furchtbareres Pontifikat hätte Er wirklich nicht haben können!«[47]

Das päpstliche Hilfswerk –
Michael Kardinal von Faulhaber

»Ich selber muss Ihnen, ehrwürdige Madre,
ein herzliches heimatliches Vergelts Gott sagen
für Ihre große, große Mühe in dieser
grandiosen Caritas.«

Das Privatmagazin des Papstes

Schwester Pascalina war vom Papst bestimmt worden, sein Privatmagazin, das Montini unterstand, zu betreuen, das sich aus winzigen Anfängen unter ihren Händen zu einem gigantischen Hilfswerk entwickelte. In langen Autokolonnen fuhren die Lastwagen in die verschiedenen Gegenden Italiens, nach Frankreich, Österreich, Ungarn und nach dem Ende des Zweiten Weltkriegs auch nach Deutschland. Alle noch wohlhabenden Länder wurden zur Mithilfe aufgerufen, wobei die Vereinigten Staaten von Amerika den größten Anteil an der Finanzierung dieses Hilfswerkes hatten. Hilfe kam aber auch aus der Schweiz. Es wurde dort sogar 1944 ein Aufruf gestartet für die »Caritas des Heiligen Vaters«. Der Bischof von St. Gallen war der Erste, der sofort eine große Spende nach Rom sandte. Vom Mutterhaus in Menzingen erhielt Pascalina einen Scheck über 10 000 Franken. Auch von Stella Maris in Rorschach kam ein großes Paket. Die darin enthaltenen Stärkungsmittel verteilte Pascalina sofort an Klöster. Man sprach nämlich davon, dass 95 Prozent der weiblichen Ordensleute in Rom lungenkrank und unterernährt seien. Für den Heiligen Vater wurde zur Stärkung ein Päckchen Nestrovit geschickt und zusätzlich die von ihm so geschätzten Kola-Pastillen. Aus Menzingen kamen außerdem Pakete mit Medikamenten. Pascalina war richtig glücklich darüber. Man konnte zwar Arzneimittel in Italien kaufen, aber zu Preisen, die ins Astronomische gingen. Pascalina gelang es, das Magazin immer wieder so aufzufüllen, dass viele Wünsche erfüllt werden konnten. Besonders hektisch war es in der Vorweihnachtszeit. Tausende von Paketen mussten gepackt werden, denn die Italiener waren eben doch die »Verwöhntesten« erklärte die Schwester. Die Verwandten des Papstes waren auch noch zu bedenken, die, wie Pascalina anmerkte, sowieso immer als Stiefkinder behandelt wurden.

Da wollte sie sich für Weihnachten 1944 doch etwas Besonderes einfallen lassen. Aber kaum setzte sie sich nieder, um etwas zu planen, wurde sie immer und immer wieder ans Telefon gerufen:

> Madre sie müssen mir helfen, am 23. Dezember werden 800 Deutsche in Viehwagen gefesselt an die Grenze geschickt von unseren drei Lagern Alberello, Frascette und Lipari. Da die armen Menschen gerade über Weihnachten im Zug sein müssen, müssen wir ihnen ein Paket vom Heiligen Vater mitgeben können; sagen Sie nicht nein, es geht nicht anders.[48]

Pascalina konnte entgegnen, dass schon viertausend Pakete für diese Lager bereitlägen und man davon welche wegnehmen könne. Das erwies sich als unmöglich, denn es war Zuzug aus anderen Lagern angesagt, sobald die Deutschen abgezogen waren. Also gab Pascalina die einfache Anweisung, die gewünschten Pakete herzustellen.

Die für sie bestimmte Post wollte sie allmählich gar nicht mehr öffnen, denn es waren fast ausschließlich Bettelbriefe. So kam damals noch ein Schreiben von Pater Rotondi, dem Seelsorger der Tramschaffner: »Madre non mi danno niente dall'Assistenza, obwohl man mir es versprochen hat, ich muss 500 Pakete für die

Schaffnerkinder haben und in jedem Paket sollte ein Kleidungsstück liegen.«[49] Dann kam Monsignore Baldelli und erklärte ihr, dass er noch 3000 Kilogramm Zucker und 3000 Schachteln Fleisch benötige – selbstverständlich sofort. Als Nächstes erschien der Gefangenenseelsorger mit der Bitte, die Madre solle 700 Pakete bereitstellen, die warme Kleidung und etwas zum Rauchen beinhalten müssten. Wenn nach solchen Tagen der Abend kam, dann fielen ihr ganz einfach die Augen zu. Dennoch meinte sie fröhlich: »Man könnte schon meinen, ich allein hätte zu tun auf dieser Welt.«[50]

Dann kam Weihnachten 1944. In St. Peter standen um Mitternacht Soldaten aus allen Teilen der Welt in der Gemeinschaft der Kirche brüderlich nebeneinander und erlebten das Messopfer des Heiligen Vaters. Italienische, polnische, französische, englische, auch deutsche Weihnachtslieder erklangen. Am Weihnachtsmorgen ließ Pius XII. arme Kinder der Stadt bescheren. 12 000 Pakete mit Liebesgaben wurden verteilt. Der Heilige Vater beschenkte einen Teil der Kinder persönlich. Er schrieb dazu: »Denn wir sehen … die abgemagerten Händchen um Brot bitten, und niemand ist, der es ihnen bricht.«[51] Schwester Pascalina berichtete, dass in Rom überall mit großen Lettern angeschrieben war: Abbiamo fame! Am schlimmsten nannte sie die Zustände in den Konzentrationslagern, da dort alle Kinder stürben. Es wurde zwar versucht, diese Kinder irgendwie unterzubringen, aber die Schwesternhäuser waren schon derart überfüllt, dass man nicht mehr weiter wusste. Selbst wenn sie unterkommen konnten, fehlten die Nahrungsmittel.

Ein besonders Anliegen waren Schwester Pascalina die »armen Vorstadtpriester«. Oft klagten sie über die langen Wege, wenn sie auf das Vikariat oder sonst auf ein Amt gehen mussten. Wie froh wären sie über ein Motorrad oder ein kleines Auto gewesen. Aber solche Anschaffungen waren unerschwinglich. Doch im Laufe der

Zeit erhielt Schwester Pascalina vierzig kleine Fiat, ein Geschenk des großzügigen Direktors der Fiat-Werke in Turin. Pascalina vermittelte sie alle an die Vorstadtpfarrer.

Sehr dankbar waren diese für Messstipendien, die Pascalina immer wieder für sie erbat, und dies bis weit in die Nachkriegszeit hinein. Schwester Pascalina war in Kontakt gekommen mit Aloysius Muench[52], dem Apostolischen Visitator, Leiter der Päpstlichen Mission für die Flüchtlinge in Deutschland, in Kronberg. In dem ausführlichen Briefwechsel erscheinen die fortlaufend gewährten hohen Messstipendien. »Und was soll ich sagen für 1000 Messen! Oh Exzellenz, wie sind Sie großzügig! Wenn Sie wenigstens die strahlenden Gesichter sehen könnten, wenn ich den armen Pfarrern die Stipendien geben kann. Vergelts Gott viel, viel tausend Mal.«[53], das waren Pascalinas Dankeswort an Aloysius Muench. Sie hatte zusätzlich die Vollmacht, den entsprechenden Geldbetrag vom römischen Konto des Apostolischen Nuntius in Rom abzuheben. Im Gegenzug konnte Pascalina an Muench die gewünschten Medaillen vom heiligen Pius X. oder von anderen vom Heiligen Vater gesegneten Medaillen senden.

Michael Kardinal von Faulhaber

Die karitative Tätigkeit des päpstlichen Hilfswerks erstreckte sich seit dem Kriegsende auch auf Deutschland. Schwester Pascalina fand in Kardinal von Faulhaber einen tätigen Mitstreiter. Mit diesem verband sie seit ihrer Zeit in München eine jahrelange Freundschaft.

Im Zuge seines Münchner Aufenthalts (1917–1925) wurde Eugenio Pacelli immer mehr zu einem Weggefährten und Freund von Michael von Faulhaber. Aus einem zunächst eher formalen Verhältnis entstand eine lebenslange Freundschaft.[54] In diese Beziehung gehörte Schwester Pascalina hinein. Von der Münchener Zeit bis zum Ableben des Kardinals war sie mit ihm eng verbunden: in frohen Tagen genau so wie in den schwierigen Kriegs- und Nachkriegszeiten in Rom und München.

Für Schwester Pascalina war eine der unvergesslichen Erinnerungen an München der Katholikentag am 27. August 1922. Damals hielt der Erzbischof Michael von Faulhaber eine Ansprache. Das Pontifikalamt zelebrierte erstmals Nuntius Pacelli. Der Erzbischof kam nach der Feier zu ihr in die Nuntiatur, um ihr zu sagen, dass er der ergreifendsten Messe seines Lebens beigewohnt habe. Voll Überschwang formulierte er: »So kann nur ein Heiliger zelebrieren!«[55] Sie kannte das Zelebrieren des Nuntius, denn, waren die Schwestern ursprünglich zur Frühmesse nach St. Bonifaz gegangen, so wohnten sie jetzt lieber täglich der heiligen Messe des Nuntius bei.

Alle Besuche des Kardinals in Rom werden in Schwester Pascalinas umfangreicher Korrespondenz erwähnt. Im März 1933 schrieb sie: »Seine Eminenz, der Hochwürdige Herr Kardinal war so unendlich gut, als er hier war und ich war so glücklich seine väterliche Huld und Güte im besonderen zu spüren.«[56] Kardinal Faulhaber speiste an diesem Tag mit dem Kardinalstaatssekretär, der ihm anschließend seine mit deutschen Möbeln ausgestatteten Wohnräume zeigte. Pascalina durfte ihn in die Privatkapelle führen. Am Tag seiner Abreise kam er extra zu Pascalina, um sich zu verabschieden, aber sie war gerade »ausgefahren«. Daraufhin telefonierte Pascalina mit dem Sekretär und dieser ermöglichte ihr, dem Kardinal doch noch Auf Wiedersehen sagen zu können.

Am 16. Februar 1939 reiste der Kardinal wiederum nach Rom, um am Konklave teilzunehmen, aus dem Eugenio Pacelli als Papst Pius XII. hervorging. Faulhaber ging damals zu Schwester Pascalina, die er zusammen mit ihren Mitschwestern vor Rührung in Tränen aufgelöst fand. Auch er schämte sich seiner Tränen nicht und sagte leise: »Madre, ich komme wieder, wenn wir beide reden können.«[57]

Nun nahte der Krönungstag: der 12. März 1939, der Tag, an dem Papst Pius XII. die dreifache Krone – die Tiara – empfangen sollte. Die drei Schwestern durften der Feier in dem wundervoll geschmückten Dom St. Peter beiwohnen. Sie waren auf der Loggia San Longino von einem Fotografen entdeckt worden und das Foto wurde rasch bekannt. Unter Beifallsstürmen zogen Papst Pius XII. und alle geladenen Gäste ein. Es begann die Krönungsmesse, nach deren Ende alle auf den Petersplatz eilten, um Zeuge der Krönung zu werden.

Danach kam Kardinal Faulhaber zu Schwester Pascalina. Er wollte von ihr wissen, ob sie sich noch an die erste Eucharistie des Nuntius Pacelli seinerzeit in München erinnere. Er habe bei der Krönungsfeier dies unvergessliche Bild von Neuem gesehen: »Ein Heiliger las die heilige Messe. Er wird sicher einer unserer größten Päpste werden, aber ich weiß auch, dass wir einen heiligen Papst haben!«[58]

Jahre später kam Pascalina in einem Brief an die Generaloberin in Menzingen noch einmal auf diesen Krönungstag zurück: »Eminenz Faulhaber sagte mir nach der Krönung: sie haben seinen ganzen Aufstieg mitgemacht – aber nun – höher geht's nimmer! Ja, den Aufstieg und auch all das Leid, die Sorge, die Arbeit, die Mühe! Gott allein weiß es.«[59] Schwester Pascalina hat nie diese anerkennenden Worte des Kardinals vergessen.

Nach dem für Deutschland verlorenen Zweiten Weltkrieg bedauerte Pascalina den Kardinal sehr. Sie konnte nur ahnen, was er durch das Kriegsgeschehen mitgemacht hatte und wie schwer es war, nun seinen, ihm anvertrauten Not leidenden Gläubigen zu helfen.

Rom – München

In ihren vielen Briefen nach München fällt auf, dass Pascalina sehr dankbar war für die persönliche Zuwendung Kardinal Faulhabers. Er war einer der wenigen Gesprächspartner, im Grunde nur vergleichbar mit Kardinal Francis Spellman, dem sie vertraute. Gerade in ihren Briefen an Kardinal Faulhaber kommt zum Ausdruck, dass diese so mächtige Frau im Vatikan durchaus auch einsam gewesen ist. Kardinal Faulhaber gegenüber öffnete sie ein wenig ihre Seele.

So nahm sich der Kardinal bei seinem Besuch im Vatikan im Juni 1946 viel Zeit für Schwester Pascalina, beantwortete alle ihre vielen Fragen in gewohnter Güte. »Ja«, schrieb Pascalina an Schwester Berthilia nach München, »es war schön nach so langer Zeit wieder einmal so recht von Herzen plaudern zu können und Seine Eminenz war so gütig und ist es auch jetzt und nimmt sich aller ihm empfohlenen Anliegen an.«[60]

Im August weilte Pascalina am Sommersitz des Papstes in Castel Gandolfo. Als sie an einem Samstagabend spät und müde von Rom zurückkam, fand sie zu ihrer großen Enttäuschung die ganze Tagespost auf ihrem Schreibtisch. Der Pater, der sie sonst besorgte, war in Ferien. Wohl oder übel musste sie an die Arbeit gehen, wenn ihr nicht der ganze folgende Festtag verdorben sein sollte. Dem ersten Bund Briefe entfielen zwei an ihre Adresse gerichteten Schreiben. Bei einem Brief sah sie sofort, woher er kam und sie betete unwillkürlich: »Muttergottes, Du hast mich doch noch lieb. Ich wollte ihr die Freude machen und ihn nicht öffnen vor dem Fest.«[61] Doch nachdem Pascalina eine Weile widerstanden hatte, ging es nicht mehr. Sie wollte die Gewissheit haben, dass die Eminenz in München ihr nicht böse war und nur aus Arbeitsüberlastung so lange nicht geschrieben hatte. Pascalinas Brief geht weiter:

Oh Eminenz, wenn ich Ihnen sagen könnte, wie dankbar ich Ihnen bin! Das Muttergottesfest, das ich so liebe, ist doppelt schön gewesen und so vieles, das mir schwer und unerträglich schien, ist wieder leicht und tragbar. Nein, Eminenz, traurig bin ich gar nicht mehr, nur froh und glücklich, dass Eminenz so gut zu mir sind. Aber mit der Buße, die Sie sich auferlegten, bin ich gar nicht einverstanden. Ich wollte doch, dass Eminenz immer gefüllte Hände haben und geben und Freude machen können, wohin Sie kommen und ich warte ganz gewiss nicht auf einen Dank, es freut mich so unendlich, wenn ich Eminenz Freude machen darf. Nur drei Monate dürfen Sie mich nicht mehr ohne eine Zeile lassen, Eminenz, das halte ich nicht aus.

Dem lieben Heiligen Vater habe ich erzählt, wie Sie sich über seine Sachen freuten und dass Eminenz selber danken wollen, aber Er sagt mir, Ihnen zu schreiben, Er habe mehr Freude, wenn Sie sich ein Stündchen ausruhen, als wenn sie Ihm einen Dankbrief schreiben. Der Heilige Vater ist sehr besorgt um Sie, Eminenz, und fürchtet und ich glaube mit Recht, dass Sie sich zu viel zumuten.[62]

Im Gegenzug war Kardinal Faulhaber in München der Meinung, dass Pascalina sich zu wenig Ruhe gönne. Damit hatte er sicher recht. Pascalina gab ihm eine diplomatische Antwort: »Eminenz schreiben: ich solle selber auch ruhen in Castel Gandolfo: Aber Eminenz, ich habe doch noch nichts getan in meinem Leben und bin schon so alt und möchte einmal nicht ganz mit leeren Händen dort *oben ankommen*.«[63]

Ein fast innig zu nennender Brief folgte auf einen weiteren Besuch des Kardinals in Rom im April 1948:

Vatikan 2. Mai 1948

Hochwürdige Eminenz,
darf ich Euerer Eminenz einen Gruß senden aus den Vatikanischen Gärten, wo wir drei Schwestern vor vierzehn Tagen die Freude hatten, mit Ihnen zu sein. Ein herrlicher Maientag, voll Sonne und Licht ist heute – und doch war der vor 14 Ta-

gen soviel schöner. Erst volle vier Tage ist es, dass Eure Eminenz fort sind und mir scheint es schon so lange.

Heute ist Geisterneuerungs-Sonntag und ich bin eine Stunde früher aufgestanden, um eine stille Stunde der Betrachtung mehr zu haben, als gewöhnlich. Ich bin deshalb auch schon fertig und habe meine Maschine mit in den Garten genommen, um eine portugiesische Rede abzuschreiben. Nun ist dies zu Ende und so erlaube ich mir noch Eurer Eminenz ein paar Zeilen zu schreiben. – Es ist großes Stillschweigen den ganzen Tag, Gott sei Dank, denn den ganzen Tag ist mir das Weinen nahe und wenn man nicht reden braucht, kann man es leichter überwinden. Nun will ich, den Rosenkranz betend noch mal die Wege gehen, die ich mit Euerer Eminenz gehen durfte und dann ist's Zeit zur Maiandacht. Morgen ist wieder Werktag mit viel, viel Arbeit, da vergisst man leichter.

Darf ich, wie in diesen schönen Wochen vor Euer Eminenz knien, die gütigen Hände küssen, den Segen empfangen und immer wieder aus tiefster Seele danken – danken!

In tiefster Ehrfurcht und dankbarer Liebe
Eurer Eminenz ganz ergebene Sr. M. Pascalina[64]

Auf diesen Besuch des Kardinals kam Schwester Pascalina in ihrem Brief vom 11. September 1948 aus Castel Gandolfo noch einmal zurück:

Eminenz können sich erinnern an die Terrasse auf der wir standen und hinunterblickten in den Garten mit den herrlichen Steineichen und ich Eurer Eminenz sagte, dass dies unser Reich sei? Ich hatte unter mir den See, in dem sich eben die untergehende Sonne spiegelte und wenn ich geradeaus blicke ist Grotta mit seiner Kirche, die ich soo liebe –.[65]

Über die herrlichen Tage mit Kardinal Faulhaber erfuhr auch die Generaloberin in Menzingen. Der »Heilige Vater, der innig mit Kardinal Faulhaber befreundet ist«, bat Pascalina, möglichst viele Wünsche des Kardinals zu erfüllen. Das wollte sie auf jeden Fall, denn er war ja »ihr Bischof«, der sie seit dreißig Jahren kannte.

Außerdem sollte sie der Generaloberin Maria Carmela Motta in Menzingen sehr ans Herz legen, den Kardinal einmal in München zu besuchen. Sollte sie in München übernachten wollen, dann lade er sie ein, im Bischofshof bei ihm abzusteigen. Außerdem könne er sie mit seinem Auto nach Altötting bringen. Er würde ihr sogar seinen Wagen ausleihen, selbst wenn er dann zu Fuß gehen müsste. Pascalina versicherte der Generaloberin, Faulhaber sei die Güte selbst und wer ihn vor dreißig Jahren kannte und ihn heute wieder sehe, müsse die Gnade Gottes preisen, die den Menschen so groß machen kann. Pascalina teilte der Generaloberin mit, dass sie den Segen des lieben Heiligen Vaters für die teure Mutter und deren Reise ins liebe Bayernland erbitten werde. Sie selbst werde ihr Heimatland Bayern wohl nie mehr wiedersehen, meinte sie resigniert. Aber vielleicht sei es auch besser, denn sie erinnere sich an eine schöne stolze Heimat, die nun in Trümmern liege.[66]

Im Laufe der Jahre kannte Pascalina den Papst so gut, dass sie jeden noch so kleinen auch nicht geäußerten Wunsch erraten konnte. Sie handelte effizient. Auch in dem Fall als Pius XII. aus sicherer Quelle die Information bekommen hatte, dass die katholischen Fakultäten München und Würzburg keinem Studenten, der in Rom studiert hatte, die Habilitation anerkennen würden. Pius XII. plante, den Kardinal zu bitten, seinen großen Einfluss geltend zu machen, um zu erreichen, dass dieses »schreiende Unrecht aufhört«. Ohne das Wissen des Papstes teilte Pascalina Kardinal Faulhaber dies mit. Sie hoffte, dass dieser schon vor seinem Kommen nach Rom, diesbezüglich etwas unternehmen würde, um dem Papst eine Freude zu bereiten.[67]

Das karitative Wirken

Schwester Pascalina und Kardinal Faulhaber verband auf das Engste die gemeinsame karitative Arbeit. Nachdem Deutschland in Schutt und Asche versunken war, bekam Pascalina ein weiteres Tätigkeitsfeld, das sie jahrelang nicht mehr zur Ruhe kommen ließ. Ihre Leistung hierbei ist nicht hoch genug einzuschätzen. Sie besaß ein bewundernswertes Organisationstalent. Schwester Pascalina arbeitete mit vierzig Hilfskräften im sogenannten päpstlichen Privatmagazin, um Sendungen für die Not leidende deutsche Bevölkerung und für die deutschen Kriegsgefangenen zusammenzustellen und auf den Weg zu bringen. Dem ging oft ein Bitten um Spenden für das immer wieder leer geräumte Magazin voraus. Man kann etwa dreihundert Waggons an Vatikanspenden errechnen, die zum großen Teil erst nach München dirigiert und von dort aus nach einem bestimmten Schlüssel an die verschiedenen deutschen Diözesen aufgeteilt wurden.[68]

Den Sendungen mussten genaue Aufstellungen über den Inhalt beigefügt werden. Die in italienischer Sprache erstellten Listen hatte Pascalina ins Deutsche zu übersetzen. Die Autos oder Eisenbahnwaggons mussten die Aufschrift tragen: »Vat. Relief to Caritasverband + care of Cardinalerzbischof of Munich – Germania«.[69] Eine sehr anschauliche Schilderung des »Magazins« stammt von Prinz Konstantin von Bayern, der sich längere Zeit in Rom aufhielt, um Informationen für seine Biografie über Papst Pius XII. zu sammeln:[70] Das Magazin erreichte man durch einen Seiteneingang über den Damasus-Hof. Es bestand aus einer Folge von kellerartigen Gewölben im Erdgeschoss des päpstlichen Palastes. Dieser Eindruck wurde hervorgerufen durch die niedrigen Türen in unverhältnismäßig hohen Räumen, durch die quaderdicken grauen Wände, durch Fenster, die mannshoch über dem Boden eingelassen waren, durch nackte Lampen, die an langen Drähten dürftig von der Decke hingen, durch eine Atmosphäre, die einem kühl auf die Haut schlug, durch einen feinen Schleier Staub, der in den wenigen, schräg einfallenden Sonnenstrahlen flirrte.

Im Magazin empfing ihn Madre Pascalina. Sie lächelte ihn an, deutete mit einer sicheren Handbewegung auf die Pakete, die vor ihr auf einem sehr großen, grob gezimmerten Holztisch lagen, auf eine altertümliche Waage in der Ecke, auf Säcke, die entlang der Mauer aufgestapelt waren. Sie sagte fröhlich: »Das ist mein Salon.«

Nun stand Prinz Konstantin von Bayern vor der Frau, die man ihm in Erzählungen respektlos als eine Art Haushälterin des Papstes geschildert hatte. Er wusste allerdings, dass Pascalina die Stelle einer Leiterin des päpstlichen Hilfswerkes, auch für Deutschland, innehatte. Aber die Frau, der er jetzt gegenüberstand, war noch etwas anderes: »Sie war eine Persönlichkeit.«[71] Er nannte sie, wie schon erwähnt: »Madre Pascalina, die unbestechliche Helferin der Armen.«[72]

Der bayerische Prinz bekam trotz der schon bestehenden langen Liste durch ein Machtwort der Schwester eine Audienz beim Papst. Monsignore Bruno Wüstenberg[73] (1912–1984), Mitarbeiter im päpstlichen Staatssekretariat, übernahm Prinz Konstantin umgehend für eine »Udienza Speziale«, eine Sonderaudienz.

Aus Bayern war damals noch ein weiterer Besuch aus München nach Rom gekommen: Baronin Elisabeth von Guttenberg. Sie war nach dem Zweiten Weltkrieg im Auftrag der katholischen Kirche karitativ tätig, vor allem in der Flüchtlingshilfe. In dieser Eigenschaft hatte die Baronin ein Gespräch mit Papst Pius XII. gesucht. Elisabeth von Guttenberg schreibt: »Durch Madre Pasqualina und Pater Leiber erhielt ich gleich eine Privataudienz allein mit dem Hl. Vater in seinem bescheidenen Arbeitszimmer. Ich kannte Pius XII. bereits aus seiner Münchner Zeit als Nuntius, hatte aber nie Gelegenheit gehabt, so menschlich nahe und ruhig mit ihm sprechen zu können.«[74]

Ab Juni 1946 konnten die ersten Sendungen der »Vatikanhilfe« direkt nach München geschickt werden. Pascalina hatte die Erlaubnis bekommen, Kisten für Deutschland zu packen, was sie sehr gerne tat. Alle Hilfssendungen sollte sie mit dem Papst absprechen.

Schon am 22. Juni 1946 standen wieder Autos bereit, die nach Deutschland gingen, um ein wenig die Not zu lindern. Pascalina schrieb an Faulhaber:

> Der liebe Heilige Vater hat alles gegeben, was für den Moment entbehrt werden kann. So Gott will, kann man diese Sendung oft wiederholen. Eure Eminenz finden hier die Listen. Hoffentlich kommt alles gut und heil an. Es ist ein Tropfen auf den heißen Stein, aber mit viel, viel Liebe gegeben. – Gerne hoffe ich, es sei das andere gut angekommen und sind Eure Eminenz im Besitz der Schuhkiste. Es ist halt viel, viel zu wenig und Eure Eminenz werden nicht wissen, wo anfangen zu verteilen.[75]

Pascalina hatte damals Kardinal Faulhaber gebeten, sich mit dem Transportproblem zu beschäftigen. Auf diese Anregung hin, wandte er sich am 29. Oktober 1946 mit einen Gesuch an den General der amerikanischen Militärregierung mit der Bitte um Erlaubnis, die Liebesgaben des Papstes in Zukunft per Eisenbahn nach Deutschland transportieren zu dürfen, da im Winter die vatikanischen Autokolonnen die Alpen nicht überqueren könnten. Die Genehmigung musste von General Lucius D. Clay kommen, was dann auch nach einiger Zeit geschah. Damit hatte Pascalina auch das Problem der Benzinbeschaffung nicht mehr zu bewältigen. Für eine Sendung nach Deutschland waren allein 26 000 Liter Benzin nötig und es musste entsprechendes Begleitpersonal mitgeschickt werden.

Die nächste große Sendung aus Rom sollte in erster Linie unter den Flüchtlingen und Priestern in München aufgeteilt werden. Pascalina hatte auch alles, was an fertigen Priesterkleidern vorhanden war, beipacken lassen. Die folgenden Lastautos enthielten vor allem Fett, Fleisch und Mehl. Insgesamt wurden zwanzig große Kisten samt Inhaltsverzeichnis nach München gesandt. Verpackt worden waren: Corned Beef, Chicken Bouillon Cubes, Kraft Soup mix, Gries, Trockenei, Öl in runden Blechdosen, Zucker, Rohkaffee, Kekse, Margarine, Schinken sowie Kindernährmittel und schließlich Rosenkränze. Andere Kisten waren gefüllt mit Linsen, Verbandswatte, Mischschrot, Knabenanzüge und Seife. Weitere Sendungen enthielten 1000 Wolldecken, 100 Messkelche und 100 Fahrräder, die sie aus Spanien organisiert hatte. Fleisch ließ der Papst aus Argentinien ankaufen. Direkt aus Livorno erhielt Pascalina eine Lieferung, die hauptsächlich aus Zwieback, Handschuhen, Strümpfen, Schals und Garnen bestand.

Für Weihnachten hatte Pascalina wieder Kisten mit Kinderschuhen, mit wollenen Kinderkleidern, Wäsche sowie Mäntelchen organisiert. So konnte der Kardinal Kinder zum Nikolaustag und Weihnachtsfest beschenken. Auch Kakao, Zucker, Milch und Vitamine, eigens auf Kinder abgestimmt, wurden beigepackt. Bei den Sendungen mit den Vitaminen fügte Pascalina erklärend an, dass die angegebene Menge Wasser dazugegeben werden muss, um aus dem Trockenpulver ein sehr nahrhaftes Getränk, besonders für kinderreiche Familien, zubereiten zu können.

Sehr traurig war Schwester Pascalina darüber, dass eine große Sendung vor Weihnachten 1946 einfach nicht auf den Weg gebracht werden konnte. Es fehlten die Transportmittel. So verließ diese Lieferung, die neben Lebensmitteln noch einmal 100 Paar Schuhe für die Seminaristen des Kardinals enthielt, Rom erst am 2. Januar 1947. Am 9. Januar folgten ca. 80 Tonnen Fett, die von Genua direkt nach München kamen. Futterstoff für die Priestertalare (259 m) mit Faden und Knöpfen sowie auch schwarzer Stoff (10 Ballen mit 476,40 m) adressierte sie eigens an Kardinal Faulhaber. Alle Pakete und Kisten, die für den Kardinal persönlich bestimmt waren, wurden mit einem F markiert.

Eines Tages kam Monsignore Giovanni Battista Montini zu Schwester Pascalina in das Magazin. Ihm war zu Ohren gekommen, dass dringend Öl für die heiligen Öle in Deutschland gebraucht werde. Da hieß es erneut tätig werden und Transportmöglichkeiten für das Öl, den Balsam und den Weihrauch zu organisieren. Praktischerweise ließ Schwester Pascalina die Sendung mit Lebertran für die schlecht ernährten Kinder in Deutschland auffüllen. Da sie damals gerade Schokolade, Butter, Zucker und Kakao bekommen hatte, konnte sie auch davon reichlich geben und vielen Kindern eine Freude machen.

Von Schwester Pascalina erfuhr Kardinal Faulhaber, dass die Ungarn in Rom immer wieder bei ihr angefragt hatten, ob der Heilige Vater nicht etwas für die Ungarn in Deutschland senden könnte. Pascalina war in der Lage, diesen Wunsch sogleich zu erfüllen: »So laden wir einen eigenen Waggon und zusätzlich einen Waggon für die Jesuiten.«[76]

»Ich schreibe schon wieder im Magazin«

Es gab Wochen, da war Pascalina täglich von früh bis spät im Magazin. Normalerweise gehörte der Sonntag immer ganz ihrer Seele und dem Schreiben von Briefen. Aber jetzt musste sie sonntags immer ihre Buchhaltung für das Magazin in Ordnung bringen, weil ihr die Woche über auch bei bester Einteilung die Zeit fehlte. Dennoch freute sie sich ungemein, helfen zu dürfen.

Über die Ein- und Ausgänge im Privatmagazin wurde genau Buch geführt. Doch was bedeuten nackte Zahlen? Pascalina und ihre

124

Helfer mussten wahrlich viel Arbeit und Mühe auf sich nehmen, um das päpstliche Werk durchführen zu können. Und wie oft stand sie vor einem leeren Magazin? »Ich habe meine Magazine ordentlich geleert, aber deshalb habe ich keine Sorge, es ist immer so gewesen, je mehr wir geben, umso mehr kam wieder und ich freue mich schon auf einen neuen Auftrag des lieben Heiligen Vaters: geben sie was und soviel sie haben.«[77] Und das machte sie auch gerne mit dem Hinweis: »… wenn ich ins Fegfeuer komme, weil ich zuviel gegeben, liegt mir nichts daran, aber fürs Gegenteil, will ich nicht hinein. Die lieben Schwestern sagen mir immer, ich hab kein Maß und keinen Boden im Geben – aber sie wundern sich doch oft, wie ganz wunderbar ichs wiederhereinbekomme.«[78]

So einfach, wie es Pascalina hier formulierte, war die Beschaffung der Güter jedoch nicht. Im Erzbischöflichen Archiv in München findet sich ein undatiertes Schreiben, das viel über die Geschäftstüchtigkeit dieser Schwester aussagt und über ihre Möglichkeiten, bestimmte Güter zu beschaffen, selbst Autos und Motorräder. Pascalina hatte dem Bischof von Passau für Kardinal Faulhaber nach München eine Liste mitgegeben. Es handelte sich dabei um eine Aufstellung der Heeresbestände, die die Amerikaner nun in Deutschland verkauften, wie es seinerzeit auch in Italien der Fall gewesen war. Der Vatikan hatte sehr viel dort gekauft, besonders Autos, Autoreifen, Zelte und Wolldecken. Pascalina kaufte immer durch den Vertreter der National Catholic Welfare Conference (NCWC), da diese Organisation bis vierzig Prozent Rabatt bekam. Pascalina bezahlte, die Organisation gab ihren Namen, um die Ermäßigung zu bekommen.

Schwester Pascalina ließ Kardinal Faulhaber wissen, dass man bei solchen Einkäufen nur mit Dollars bezahlen könne. Aus diesem Grund schlug sie ihm vor, seine Einkäufe durch sie vom Vatikan aus zu bezahlen, so fern er dies wünsche. Sie könne ihm etwa im

Moment 1500 US-Dollar für die Einkäufe anbieten. Falls er mehr Geld benötigte, würde sie »halt schön bitten gehen«. Geld zu beschaffen, das beherrschte sie zum Segen vieler längst bestens.

Schwester Pascalina gab dem Kardinal noch den Rat, zu solchen Einkäufen nur ganz tüchtige Fachleute zu schicken. Man müsse sehr vorsichtig sein, damit man nicht übers Ohr gehauen werde. Bei Autokäufen hatte sie selbst jeweils einen ganz erstklassigen Ingenieur beauftragt. Nur so lohnte es sich.[79]

Als das Magazin wieder einmal recht leer war, bekam Schwester Pascalina das Angebot aus Menzingen, getragene Wäsche nach Rom zu senden. Zur gleichen Zeit kam ein ganzer Lastwagen voll getragener Wäsche und Kleidung bei ihr an. Der amerikanische Botschafter ließ diese Sachen persönlich an Pascalina senden für die Armen. Er hatte sie einmal in ihrem Magazin besucht und gesehen, wie alle ankommenden Sachen gewaschen, gebügelt und hergerichtet wurden, ehe sie verteilt wurden. Das hatte ihn so beeindruckt, dass er sich zu dieser Lieferung entschloss und gleichzeitig noch eine Lieferung von Schuhen versprach.

Papier für den Katechismus

Eines Tages erfuhr Schwester Pascalina, dass die Beschaffung von Papier eine große Sorge des Kardinals in München war. Dieses sollte vor allem für den Druck von Katechismen verwendet werden. Das ließ die Schwester nicht ruhen. Sie setzte sich mit einem gut katholischen Fachmann in Verbindung und bald darauf konnte sie nach München mitteilen, dass die Aussichten, an Papier zu kommen, gut seien. Vor allem durch die »himmelhohe Güte des Heiligen Vaters«, kam sie ein großes Stück weiter in ihren Bemühungen. Der Papst hatte eine große Summe für seine private Caritas gespendet bekommen. Schwester Pascalina bat ganz herzlich, er solle das

Geld Kardinal Faulhaber für die Beschaffung von Papier zukommen lassen. Und siehe da: Schwester Pascalina bekam die ganze Summe in Höhe von 100 000 US-Dollar. »Wie gut ist doch der liebe Gott und – der heilige Vater!«[80], kommentierte die Schwester ihre Bemühungen. Wenn das Werk mit dem Katechismus gelänge, müssten alle Beteiligten ein ganz lautes »Te Deum« singen. Schließlich gelang Pascalina ein großer Einkauf von Papier für München.

Nun bat aber auch der Bischof von Rottenburg in Rom um ein großes Quantum Papier. Da wandte sich Schwester Pascalina an Aloysius Muench in Kronberg. Er musste ihr mitteilen, dass offensichtlich überall großer Mangel an Papier herrsche, selbst in seinem Heimatland USA klagten Bischöfe, dass ihnen Papier für ihre Diözesanblätter fehle. Von Bad Godesberg wiederum bekam Pascalina die Anfrage, ob sie nicht für ein Geschenk für Muench, das ihm zwei Klöster überreichen wollten, Kalbspergament, Schweinsleder, Moiréseide und echtes Gold besorgen könne. Auch diese recht ungewöhnliche Bitte konnte Schwester Pascalina erfüllen.

Da die ersten großen Papierlieferungen ausschließlich an Kardinal Faulhaber nach München gegangen waren, gelang es Schwester Pascalina, eine Lieferung über 720 Pakete Papier (14 760 kg) und eine zweite über 1300 Pakete (15 600 kg) nach Kronberg auf den Weg zu bringen zur Verteilung an verschiedene Diözesen.[81]

»›Spezialist‹ in Baracken«

Schwester Pascalinas karitatives Wirken war allumfassend. Sie schaffte es, sich auch um Baracken und Notkirchen für München zu kümmern. Viele Kirchen waren zerstört, die Hälfte der Katholiken des Erzbistums lebte in München. Als Schwester Pascalina von Kardinal Faulhaber von der Problematik der fehlenden Kirchen hörte, reagierte sie sofort darauf. Leicht vorwurfsvoll wollte sie von ihm wissen, warum er nie mit ihr über dieses Problem gesprochen hatte, wenn er in Rom gewesen war. Sie hätte nicht geruht, bis sie wenigstens drei oder vier Notkirchen organisiert hätte.

Ich bin ja »Spezialist« in Baracken und habe im Vorjahr für viele unserer Vorstädte aus der Schweiz und aus den amerikanischen Heeresbeständen viele, viele besorgt; nicht Kirchen, aber Pfarr- und Schulsäle, und alle sind sehr zufrieden damit. Nun will ich aber sorgen, dass Eure Eminenz die Baracken bekommen. Ich habe gestern Seiner Heiligkeit gleich eine Andeutung gemacht – es gab nicht viel Zeit – und er sagte sofort: natürlich kommt Eminenz zuerst, wenn das Geld kommt. Und es kommt, denn heute fragte mich Eminenz Spellman, wohin es geschickt werden solle. Ich antwortete sofort zurück: an den Heiligen Vater. Ich muss nun ein wenig langsam tun, weil ja eigentlich bei der Bitte in erster Linie für die Diaspora in Mecklenburg etc. Erwähnung getan wurde und weil – Eminenz das sage ich Ihnen einmal persönlich es würde zu weit führen, Ihnen hier ein klares Bild zu geben. Aber die drei oder vier Baracken bekommen Sie – so oder so – dessen dürfen Sie sicher sein. Gestern Morgen sagte mir Galeazzi er kenne eine sehr gute Firma auch in Norditalien, die Kirchenbaracken baut und aufstellt und eben habe ich die Pläne bekommen. Sie sind sehr schön, allerdings kommt die Barracke etwas teurer, als die Schweden angeboten, aber sie ist größer und Galeazzi versprach mir selbst nach dort zu reisen und sich die Sache anzuschauen. Wir schließen schon nicht ab, ohne ganz genau gesehen zu haben, wie die Baracken sind. Ich will mir auch Mühe geben, so schnell zu machen, als nur möglich.[82]

Schwester Pascalina konnte dem Kardinal zudem zusichern, dass im Magazin in Rom Hunderte von Kelchen, Ziborien und Messgewänder lagerten, dazu noch Altarwäsche, Alben, Versehgarnituren, eben alles, was nötig war, einen Altar zu bereiten und eine Notkirche zu zieren. Sie konnte ihm sogar Watte zum Reinigen der liturgischen Geräte anbieten.
Der Kardinal brauchte sich wieder einmal nicht direkt an den

Volksschule Ebersberg, Schulbild von 1901. Auf diesem Foto sind mehrere Kinder der milie Lehnert abgebildet, darunter auch Josefine.

Die junge Schwester Pascalina von der ongregation der Lehrschwestern vom eiligen Kreuz, Menzingen, Schweiz

3 Hauptaltar der Herz-Jesu-Anbetungs-kirche in Altötting. Hier legte Schwester Pascalina am 4.10.1917 ihre Erstprofess ab.

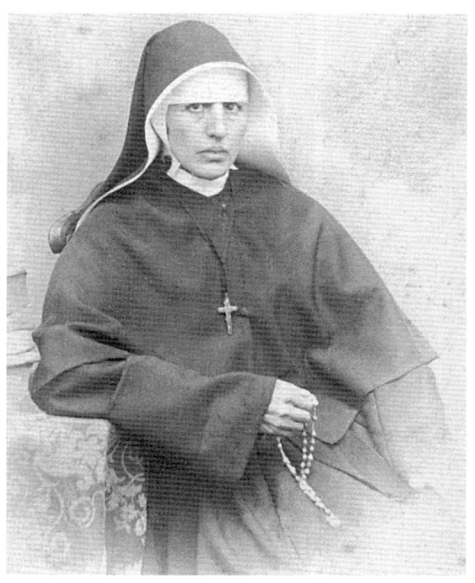

4 Mutter Bernarda Heimgartner (1822–1863), Mitgründerin der Kongregation

5 Mutter Tharsilla Thanner (1862–1937) erste Provinzoberin in Altötting

Sr. Clara Francisca

Sr. Graziana Tavelli

Sr. Irma

6 Audienz bei Papst Pius XII. im Jahr 1950, Schwestern vom Heiligen Kreuz aus Menzingen

7 Die Barmherzigen Schwestern Clementia Schätz, Gradulpha Lehnert, Berthilia Hidringer, Superior Pfaffenbüchler, Domkapitular Martin Grassl. In der Mitte Pascalina Lehnert, die die Pilger in Rom betreute, 1934

8 Kardinalstaatssekretär Eugenio Pacelli und Geneviève Brady in New York 1936

Kardinal Spellman (1889–1967) führt 50 eine Gruppe amerikanischer Pilger ch St. Peter in Rom.

10 Kardinal Clemens August Graf von Galen (1878–1946), der »Löwe von Münster«

11 Audienz bei Papst Pius XII., Pascalin Brüder Ferdinand (im Vordergrund) und Johann mit Ehefrau Elisabeth, 1955

12 Schwester Pascalina und Ing. Enrico Graf Galeazzi in Castel Gandolfo

13 Privataudienz für Kardinal Michael von Faulhaber (1869–1952) bei Papst Pius XII. in Rom, Februar/März 1946

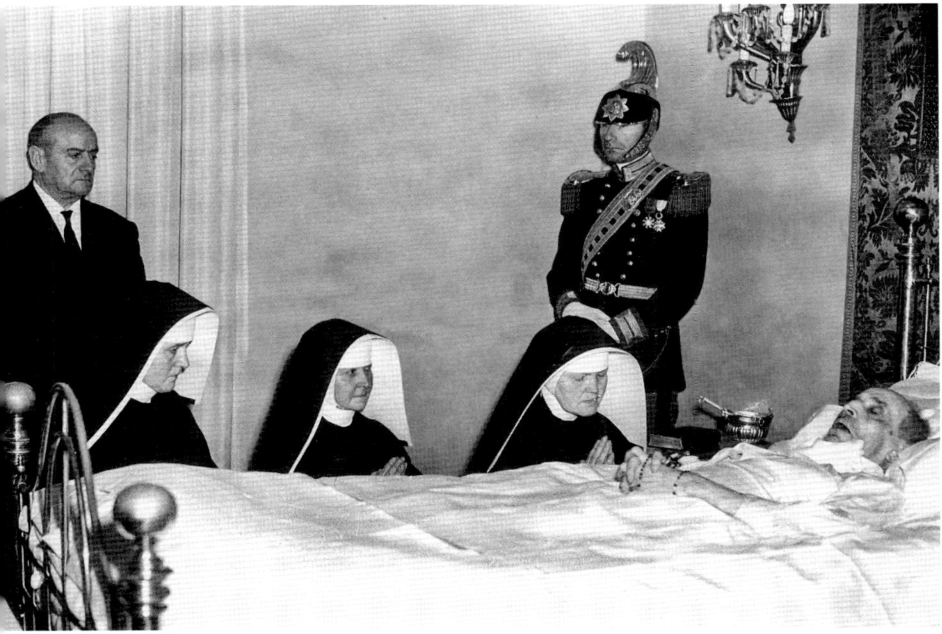

Am Totenbett von Papst Pius XII. beten trauernd die Schwestern Pascalina, Ewaldis
nd Konrada am 9. Oktober 1958. (v.r.n.l.)

Gedenkfeier zum 10. Todestag von Papst Pius XII. 1968, Mitglieder der Familie Pacelli
nd die Schwestern Pascalina, Irma Paula und Salutaris (v.r.n.l.)

16 Papst Paul VI. segnet Madre Pascalina und Elisabetta Rossignani.

17 60. Professjubiläum 1977 in Altötting die 83-jährige Madre Pascalina und Dr. Anton Hofmann, Bischof von Passau

18 Papst Johannes Paul II. im Gespräch mit Schwester Pascalina, im Hintergrund Schwester M. Konrada

Der bayerische
nisterpräsident
anz Josef Strauß
rlieh Madre
scalina Lehnert
n 12. Juni 1980
n Bayerischen
rdienstorden.

Principe Guilio Pacelli, Madre Pascalina Lehnert, Prof. Dr. Herbert Schambeck und
incipe Marcantonio Pacelli auf der Terrasse der Casa Pastor Angelicus auf dem Monte
ario, Rom (v.l.n.r.)

21 Bischof Petrus Canisius van Lierde OSA zelebrierte die Totenmesse für Schwester Pascalina in Rom am 13. November 1983. Rechts neben dem Altar Joseph Kardinal Ratzinger, in der ersten Reihe links Hans Lehnert, ein Neffe von Schwester Pascalina

Heiligen Vater zu wenden, denn Pascalina hatte diese Aufgabe längst übernommen: »Wenn ich mit dem Heiligen Vater gesprochen habe, werde ich Eurer Eminenz berichten.«[83] Dieser Satz von Schwester Pascalina passte zu fast allen ihren Briefen, denn sie war längst die Mittlerin zwischen dem Papst und vielen Briefschreibern, nicht nur von Kardinal Michael von Faulhaber geworden.

»Die kleine mater misericordiae«

Da »soviel Liebe« über die Alpen kam, gingen viele Dankschreiben nach Rom zurück. Einer dieser Dankesbriefe von Kardinal Faulhaber soll stellvertretend für viele stehen:

> München, 30. Januar 1947
> Ehrwürdige gütige Mater Pascalina!
> Ich selber muss Ihnen, ehrwürdige Madre, ein herzliches heimatliches Vergelts Gott sagen für Ihre große, große Mühe in dieser grandiosen Caritas, die in unserem Volk den Glauben an den Primat des heiligen Petrus und das Ansehen des wunderbaren, von der Vorsehung gerade für diese furchtbare Not gesandten Vicarius Christi stärken wird. Meine Seele war erschüttert, als ich von dem unschätzbaren Inhalt der 16 Wagen hörte und die 3 prachtvollen Pakete öffnete, die mit einer bekannten Handschrift dem 4maligen »Persönlich« meine Adresse trug. In den ersten Kisten waren 67 Dutzend Rosenkränze, über 5000 Medaillen vom Heiligen Vater geweiht. Wie vielen, vielen kann ich damit eine Freude machen von den Lagern, wo nach Rosenkränzen gefragt wird (auch heute noch!) bis zu den Erstkommunikanten. In der zweiten großen Schachtel waren dauerhafte Lebensmittel in solcher Qualität und Quantität! In der dritten ganz großen Schachtel nagelneue feinste Kleider, Schuhe, Seife (an alles haben Sie fürsorglich gedacht) und andere Bedarfsartikel.
> Mit herzlichen Dank dem unermüdlichen Paketpostmeister
> gez. M. Card. Faulhaber[84]

Faulhaber bedankte sich zudem beim Heiligen Vater sowohl für dessen gnädiges Handschreiben, als auch für die fürstliche Weihnachtsspende von der guten Madre Pascalina verpackt. Die schwarze Hausmozetta, Pluviale, Chorrock und Albe mit den prächtigen Kaseln in allen liturgischen Farben, die herrlichen Rosenkränze, die feine Mappe, die Wäsche und so viele praktische und für uns heute unschätzbar wertvolle Sachen für Schreibtisch und Reise bereiteten dem Kardinal unsagbare Freude. Faulhaber schrieb weiter: »Wir bewundern aus der Ferne dieses Charisma in der Technik der Caritas und dieses heilige Feuer unter den Augen der Heiligkeit. Was Madre Pascalina schreibt und ordnet, erfinderisch und unermüdlich, ist nicht mehr rein natürliche Anlage.«[85]
Selbstverständlich freute sich Schwester Pascalina über Lob aus München. Doch dann erhielt sie auch vom Caritasdirektor von München einen Dankesbrief, der ihr allerdings missfiel. Sie wollte, dass außer dem Kardinal niemand ihren Namen kenne. »Ich bin ja nur Handlanger, der gibt und schenkt ist der liebe Heilige Vater, und mir muss niemand danken. Es ist auch besser, wenn niemand von mir spricht, denn ich bin ja Deutsche … Ich denke Eminenz verstehen mich schon.«[86]
Die schönste Dankesformulierung an Schwester Pascalina stammt von Kardinal Michael von Faulhaber vom 22. September 1948: Er nennt sie »Madre Pascalina, die kleine mater misericordiae«.[87]
Sie war die »kleine mater misericordiae« aber nicht ausschließlich für den Münchner Kardinal, wie aus einem ihrer Schreiben vom 8. April 1948 aus dem Vatikan hervorgeht. Nachdem Eminenz Faulhaber sie im Magazin besucht hatte, kam am nächsten Tag der Bischof von Hildesheim, gefolgt vom Erzbischof von Paderborn und schließlich war der Kardinal von Köln angesagt. Pascalina wünschte sich »nur ein bisschen mehr Zeit für alle diese hohen Gäste.«[88] Doch die hohen Gäste hörten nicht auf, in ihrem »Salon« zu erscheinen. Im »Heiligen Jahr« 1950 waren es drei

kanadische Bischöfe, die sich angemeldet hatten. Sie meinte zwar, sie könnte sie eigentlich nicht empfangen. Doch dann wurde sie wieder realistisch, denn eine Ablehnung könnte ihren Magazinbeständen schaden. Sie hatte recht: Die vier Bischöfe sagten ihr Sendungen mit 1000 Paar Männerschuhen, 1000 Anzügen und 1000 Paar Strümpfen zu.

Nach dem Heimgang von Pius XII. machte Madre Pascalina mit ihren beiden Mitschwestern am 18. November 1958 in aller Eile ein summarisches Verzeichnis von alldem, was das Privatmagazin enthielt. Die hohen Zahlen zeigten, dass davon noch lange Zeit hindurch hätte ausgeteilt werden können. Es klingt recht resigniert, wenn Pascalina dazu schrieb: »Nun muss ich jeden Tag ins Magazin um die ›Neuen‹ einzuführen. Der Heilige Vater bat selber darum, sonst täte ichs nicht. Das ist ein Kapitel für sich – in Gottes Namen …«[89]

Ehrungen für Madre Pascalina

Papst Johannes XXIII. verlieh Madre Pascalina am 4. Dezember 1958 als päpstliche Auszeichnung das Verdienstkreuz »Pro Ecclesia et Pontifice« – Für Kirche und Papst –, gestiftet von Papst Leo XIII. Das entsprechende Glückwunschschreiben stammt von Monsignore Tardini vom 5. Dezember 1958:

> Hochwürdige Mutter.
> Ich habe die verehrte Aufgabe, Ihnen den herzlichen Dank des Heiligen Vaters zu übermitteln für die unermüdliche Arbeit, die Sie geleistet haben, mit lobenswerter Entsagung und Großzügigkeit, im Dienste der großen Nächstenliebe des heiligen Andenkens an Pius XII. Mit großer Besonnenheit haben Sie jahrelang die Vorräte des Privatmagazins geleitet und verwaltet, die der verstorbene Papst unermüdlich gesammelt und den Bedürftigen zur Verfügung gestellt hatte; und für diese so

IOANNES XXIII PONTIFEX MAXIMVS

AVGVSTÆ CRVCIS INSIGNE

PRO ECCLESIA ET PONTIFICE

EXIMIAM PONENTIBVS OPERAM PRÆCIPVE CONSTITVTVM

Rev.mae D.nae *Paschalinae Lehnert*, e sororibus a S.Cruce de Menzingen

DECERNERE AC DILARGIRI DIGNATVS EST, EIDEM PARITER FACVLTATEM
FACIENS SESE HOC ORNAMENTO DECORANDI

EX ÆDIBVS VATICANIS, DIE 4 Decembris 1958

Dominicus Tardini

wertvolle Arbeit dankt Ihnen Seine Heiligkeit ganz lebhaft
und erbittet reichliche und große Gaben des Himmels für Sie.
Während deshalb der Papst Ihnen einen besonderen apostolischen Segen erteilt, ist er zugleich froh, Ihnen sein väterliches
Wohlwollen zu bezeugen und verleiht Ihnen mit souveräner
Geste das Kreuz »pro Ecclesia et Pontifice«.
Sehr gerne teil ich Ihnen ebenfalls mein lebhaftes Wohlgefal-
len für Ihre Tätigkeit mit, die Sie seit Beginn des Pontifikats
von Pius XII. ausgeübt haben, um den Wünschen des Stell-
vertreters Christi zu entsprechen in einer Arbeit so willkom-
mener Barmherzigkeit, und ich erneuere Ihnen die Zusicherung, dass wie in der Vergangenheit das erwähnte Magazin
seine wohltätige Funktion weiterhin fortführen wird.

Ihr Domenico Tardini[90]

Eine weitere Ehrung wurde Madre Pascalina im Jahr 1969 zuteil.
Im Mutterhaus der Schwestern vom Heiligen Kreuz in Menzingen
liegt wohlverwahrt das Bundesverdienstkreuz der Bundesrepublik Deutschland, gewidmet »Der wohlehrwürdigen Schwester
Pasqualina (Josepha Lehnert) Rom«. Es war Schwester Pascalina

am 27. Juni 1969 durch Bundespräsident Dr. Heinrich Lübke verliehen worden.

Im Juni 1980 erfolgte eine Auszeichnung in Bayern. Der bayerische Ministerpräsident Franz Josef Strauß verlieh Madre Pascalina am 12. Juni 1980 den Bayerischen Verdienstorden. Damit erhielt sie den höchsten Verdienstorden des Freistaates Bayern. Er wird vom bayerischen Ministerpräsidenten als »Zeichen ehrender und dankbarer Anerkennung für hervorragende Verdienste um den Freistaat Bayern und das bayerische Volk« verliehen. Vorschlagsberechtigt sind der Ministerpräsident und die Staatsminister. Laut Gesetz ist die Zahl der lebenden Ordensträger auf 2000 Personen begrenzt.

Die Anregung für diese Verleihung gab Herbert Schambeck, Wien. Er sprach darüber mit Ministerialdirektor Dr. Rainer Keßler, Leiter der bayerischen Staatskanzlei.

Dr. Heinz Rosenbauer, Staatssekretär im Bayerischen Staatsministerium für Arbeit und Sozialordnung, formulierte die Begründung: »Während des Krieges und danach hat sie in ihrer Funktion als Helferin und Vertraute Papst Pius' XII. sehr viel für Deutschland und speziell für Bayern getan, sodass die Auszeichnung mit dem Bayerischen Verdienstkreuz durchaus angebracht und angemessen erscheint.«[91]

Staatsminister Dr. Fritz Pirkl, Staatsminister für Arbeit und Sozialordnung, befürwortete die Anregung.

Schwester Pascalina zählte somit zu den 160 im Jahr 1980 ausgezeichneten Persönlichkeiten. Weitere Ordensträger wurden damals der Flick-Bevollmächtigte Eberhard von Brauchitsch, der Schriftsteller Hermann Lenz, der Ehrenprälat Morgenschweis aus Regensburg, Prof. Joseph Rovan aus Paris, Äbtissin Caritas Schmidberger und der Cartoonist Loriot aus Ammerland.

In seiner Ansprache hatte der damalige bayerische Ministerpräsident Franz Josef Strauß Grundsätzliches zu Orden geäußert:

Orden könne man einmal erdienern, man könne Orden erdinieren, man könne aber auch Orden erdienen. Ich glaube von den Ordensträgern, die der Freistaat Bayern ausgezeichnet hat, sagen zu dürfen, sie gehören zur dritten Kategorie. Keiner hat sich den Orden erdienert oder erdiniert. Jeder hat ihn in seiner Weise, und hier müssen die Maßstäbe großzügig und neutral sein, verdient.[92]

Ein wichtiges Dokument in der Fürsorge für die Seligsprechung von Papst Pius XII. ist Pascalinas Dankesbrief an den bayerischen Ministerpräsidenten Franz Josef Strauß:

Durch die Verleihung des Bayerischen Verdienstordens haben Sie mir eine große Ehre erwiesen, die ich nie erwartet und noch viel weniger verdient habe!
Dass es für mich eine besondere Freude bedeutete, auf Wunsch von Pius XII. als Leiterin der weltweiten päpstlichen Caritas in erster Linie auch mein Vaterland bedenken zu können, ist selbstverständlich. Der Dank dafür gebührt nächst Gott dem Hl. Vater, der für Deutschland und für Bayern außerordentlich viel Gutes gewirkt hat. Darum vertraue ich darauf, dass ungeachtet ungerechter Anfeindungen, die Menschen hier nicht vergessen werden, was Pius XII. dreizehn Jahre als Nuntius, später als Kardinalstaatssekretär und besonders als Stellvertreter Christi für sie getan hat. Dies gibt mir den Mut, Sie, Herr Ministerpräsident, zu bitten, dass Sie vielleicht, ebenso wie viele angesehene und führende Persönlichkeiten aus aller Welt – auch Adenauer – es bereits getan haben, gelegentlich eines persönlichen Gesprächs oder in einem kurzen Schreiben bei Johannes Paul II. der Erwartung auch vieler deutscher Katholiken auf eine baldige Seligsprechung Pius' XII. Ausdruck verleihen möchten.
Mit herzlichen Dank und der Versicherung des Gebetes für Sie und Ihr verantwortungsvolles Amt bin ich Euerer Exzellenz sehr ergebene Schwester Pascalina.[92a]

Eine weitere Ehrung wurde Madre Pascalina aus Österreich zuteil. Der österreichische Bundespräsident Dr. Rudolf Kirchschläger verlieh ihr am 6. Februar 1981 das Goldene Ehrenzeichen für Verdienste um die Republik Österreich. Das geschah wiederum auf Anregung von Herbert Schambeck über Antrag des Bundesministeriums für Auswärtige Angelegenheiten Österreichs vom 27. November 1980. Die Überreichung fand am 12. März 1981 durch den damaligen Botschafter beim Heiligen Stuhl, Dr. Johannes Procksch, an der österreichischen Vatikanbotschaft in Rom statt, in Anwesenheit des ehemaligen italienischen Ministerpräsidenten Giulio Andreotti, sowie Prof. Herbert Schambeck als Laudator.[93] Geehrt wurde Madre Pascalina wegen ihrer großartigen Tätigkeit als Leiterin des päpstlichen Hilfswerkes im Vatikan und als damalige Generalprokuratorin der Kongregation der Lehrschwestern vom Heiligen Kreuz in Rom.

Pascalinas Bruder Ferdinand

Mit dem Ende des Zweiten Weltkriegs kam ein großer Kummer auf Schwester Pascalina zu. Ihr Bruder Ferdinand war wegen seiner Tätigkeit als Hauptschriftleiter des Ebersberger Anzeigers in einem Lager in Natternberg interniert worden. Davon hatte Pascalina erfahren und alle Hebel in Bewegung gesetzt, ihn freizubekommen. Der Heilige Vater war ebenso besorgt um Ferdinand Lehnert wie Kardinal Faulhaber und Kardinal Spellman, der sich sofort einschaltete, zweimal aus New York anrief und Ferdinand, dem »Prisoner of War«, am 27. Mai 1946, einen Brief sandte:

Lieber Ferdinand,
am dem Tag, an dem mir Ihre Schwester von Ihrer schwierigen Lage erzählt hat, interessierte ich mich für Ihren Fall und ich mache das immer noch. Allerdings ist mir nicht bekannt was die Anklagepunkte gegen Sie sind oder andere Details, die ich wissen möchte. Ich hoffe, dass Rev. Vincent J. Hines, ein

Armeekaplan, die Möglichkeit hatte, Sie zu besuchen und Ihnen das Leben etwas zu erleichtern.[94]

Kardinal Faulhaber fuhr ins Lager zu Ferdinand, doch dieser war nach Aschaffenburg überführt worden. Der Kardinal musste erfahren, dass der Fall Lehnert ziemlich schwierig sei, weil die Stelle eines Hauptschriftleiters bei der Zeitung in Ebersberg nur einem Mann übertragen worden sein konnte, der sich das besondere Vertrauen der Partei errungen hatte. Immerhin, nun hatte der Kardinal feste Angaben, um ein bestimmtes Gesuch an den amerikanischen General Muller zu richten. Faulhaber war fest überzeugt, dass Ferdinand nach Rückkehr in seine Familie unter der Jugend in Ebersberg eine schöne Mission erfüllen würde, nämlich in der Umschulung der Jugend von den nationalsozialistischen zu den christlichen Ideen mitzuarbeiten.[95] Schließlich wurde auch der päpstliche Visitator Muench um Hilfe für Ferdinand Lehnert gebeten.[96]

Es gelang Ferdinand, aus dem Lager herauszukommen. Er fand Aufnahme bei der wohlhabenden und sehr wohltätigen Schweizerin Sina Saurer-Hegner (1879–1960), seit 1936 Witwe des Großindustriellen Hippolyt Saurer in Arbon.[97] Dort arbeitete Ferdinand für einige Zeit im Archiv und kehrte dann nach Deutschland zurück.

»Ich kann nur durch dankbares Beten all die Liebe zu vergelten suchen«,[98] schrieb Schwester Pascalina an Kardinal von Faulhaber. Wieder in Ebersberg bekleidete Ferdinand Lehnert von 1957 bis 1972 das Amt des Bürgermeisters. Madre Pascalina kam selbst im hohen Alter immer wieder gerne auf Besuch zu ihrer Familie nach Ebersberg. Sie war nicht nur die Schwester des beliebten Bürgermeisters, sondern die geschätzte Ordensschwester, die vierzig Jahre Papst Pius XII. dienen durfte. Der aus Ebersberg stammende Pfarrer Augustinus Bauer von der Christkönig-Kirche in Nym-

phenburg erinnert sich, dass man in Ebersberg sehr ehrfurchts-
voll über Madre Pascalina, die Vertraute des Papstes, gesprochen
hat.

Besuch in der Heimat nach 22 Jahren

Während der jahrelangen engen karitativen Zusammenarbeit
hatte Michael Kardinal von Faulhaber Schwester Pascalina immer
wieder gefragt, ob sie nicht einmal nach München kommen
möchte. Er lud sie ein, als Gast bei ihm im Bischofshof in der Pro-
menadestraße 7 zu wohnen.[99]
Schwester Pascalina war seit 1929 nicht mehr in Bayern gewesen.
Als sie 1951 erfuhr, dass der Kardinal nicht nach Rom kommen
könne, weil er sich die Reise aus Altergründen[100] nicht mehr
zutraute, entschloss sie sich, nach München zu fliegen. Kardinal
von Faulhaber wollte nämlich den Heiligen Vater vieles wissen
lassen, was durch Pascalina übermittelt werden sollte. Da sie ein
seit zwei Jahren ausgestelltes Flugticket nach München besaß, bat
sie den Heiligen Vater um Erlaubnis, für einige Tage verreisen zu
dürfen. Natürlich hatte er nichts dagegen, zumal Pascalina das
Gefühl hatte, dem alten Kardinal in München etwas abnehmen
und somit dem Heiligen Vater ebenfalls dienen zu können.
Schwester Pascalina setzte das Einverständnis ihrer Generaloberin Maria Carmela Motta in Menzingen voraus, wie aus ihrem
Schreiben dorthin vom 31. Juli 1951, am Namenstag des heiligen
Ignatius, hervorgeht. Den genauen Anlass wollte sie nicht verra-
ten, darüber jedoch der Generaloberin später mündlich ausführlich berichten. Als Grund für ihre Reise schütze sie in Rom vor:
»Ich tue natürlich, als ob ich nur der Meinen (Pascalinas Familie,
d. V.) wegen ginge, aber auf das würde ich gerne weiter verzichten,
wie ichs diese 22 Jahre getan habe.«[101] Diese Aussage steht aller-

dings in Widerspruch zur Wiedersehensfreude mit ihren Geschwistern in Altötting und München.

Den Verlauf ihrer Reise schilderte Pascalina der Generaloberin nach Menzingen erst in ihrem Brief vom 27. August 1951 aus Castel Gandolfo mit dem Hinweis, dass sie schon lange wieder zu Hause sei.

Pascalina berichtet von einem zweistündigen Flug von Rom nach München. Kardinal Faulhaber holte sie persönlich am Flughafen ab. Bei der Fahrt zum Palais in der Innenstadt wurde es ihr schlagartig klar, dass das nicht mehr das München war, in dem sie einst als junge Schwester Nuntius Pacelli gedient hatte. Unter den 1943 einsetzenden Bombenangriffen hatte sich Kardinal Faulhabers Bischofsstadt, die einstige nationalsozialistische »Hauptstadt der Bewegung«, in ein Trümmermeer verwandelt.

Am Abend zeigte ihr der Kardinal die Pfandhausstraße (heute Pacellistraße); sie gingen zu Fuß und besuchten die dortigen Kirchen: die Karmeliterkirche (heute profaniert) und die Dreifaltigkeitskirche. Nach dem gemeinsamen Abendessen saßen sie gemütlich beisammen und der Gesprächsstoff ging ihnen nicht aus.

Am nächsten Morgen fuhren beide zum Dom. Pascalina konnte es nicht fassen, dass er sich noch in einem derart zerstörten Zustand befand. Tatsächlich erwies sich der Wiederaufbau der Frauenkirche, seit 1821 Dom des Erzbistums München und Freising, als besonders schwierig.[102]

Nach Abschluss der Messe gingen sie zum Grab von Pater Rupert Mayer SJ. Möglicherweise hatte Pascalina den Pater in ihrer Münchener Zeit kennengelernt, sicherlich aber einmal eine seiner Predigten gehört. Pater Rupert Mayer wirkte seit 1912 als Priester und Volksprediger in München. Bereits Ende November 1921 war er von Kardinal Faulhaber zum Präses der »Marianischen Bürgerkongregation« ernannt worden. Durch seine unermüdlichen sozialen Aktivitäten wurde er schnell zum »15. Nothelfer der Münchner«[103]. Von den NS-Machthabern als unbequemer Mahner eingestuft, bekam er 1937 Redeverbot. Nach der dritten Verhaftung am 23. Dezember 1939 wurde der Pater in das KZ Sachsenhausen überstellt. Da man befürchtete, der Prediger würde das KZ nicht überleben, wurde er in das Benediktinerkloster Ettal gebracht. Nach Kriegsende hielt er seine erste Predigt am 27. Mai 1945 in St. Ludwig in München. Er wirkte nun wieder segensreich für seine Münchner, für die Flüchtlinge, die Ausgebombten und Kriegerwitwen. Pater Rupert Mayer starb am 1. November 1945 an einem Hirnschlag. Seine Beisetzung fand am 4. November auf dem Ordensfriedhof der Jesuiten in Pullach statt. Doch wegen der großen Verehrung, die man für ihn empfand, sollte er nach München zurückgeholt werden. Da die Jesuitenkirche St. Michael immer noch eine Ruine war, fand Pater Rupert Mayer am 23. Mai 1948 seine endgültige Ruhestätte in der Unterkirche des Bürgersaals, in der der Ansturm der Hilfesuchenden am Grab des »Münchner Männerapostels« bis heute nicht abreißt.

Als Pascalina am Grab von Pater Rupert Mayer stand, erfuhr sie, dass Kardinal Faulhaber erst wenige Wochen vorher, nämlich am 26. Juni 1951, den Seligsprechungsprozess für Pater Rupert Mayer eröffnet hatte.[104]

Der Kardinal besuchte sodann mit Schwester Pascalina die Kirche St. Michael. Von dort führte sie der Weg in das Mutterhaus der Barmherzigen Schwestern, wo einmal zwei leibliche Schwestern von Pascalina Nonnen gewesen waren. Schwester Berthilia konnte es kaum fassen, dass sie Pascalina nach so vielen Jahren nun wieder in München willkommen heißen durfte.

Am Nachmittag jenes Tages fuhr Schwester Pascalina im Auto von Kardinal Faulhaber nach Ebersberg zu ihrer Familie. Dort wusste bislang niemand, dass sie sich in Deutschland aufhielt. In München hatte Pascalina erfahren, dass ihr Bruder Ferdinand in Ebersberg war. Die Freude war groß, als sich die beiden wiedersahen. Wie hatte sie doch gerade für ihn um seine Entlassung aus dem Internierungslager gekämpft. Ihre älteste Schwester führte ihm den Haushalt, und die jüngste Schwester Betty kam auch gleich herzu, da sie ganz in der Nähe wohnte. Die gemeinsam verbrachten Stunden weckten viele, viele Erinnerungen und alle waren glücklich über dieses Wiedersehen nach so vielen Jahren. Gemeinsam besuchten die Geschwister das Grab ihrer Eltern.

Am nächsten Morgen durfte Schwester Pascalina ihre in München verheiratete Schwester Barbara samt Ehemann und Tochter Martha in das bischöfliche Palais einladen.

Am folgenden Dienstagnachmittag fuhr Kardinal Faulhaber mit Schwester Pascalina nach Adelholzen zu seiner Villa[105], ganz in der Nähe von Traunstein. Er hatte es übernommen, am Tag darauf in dem Wallfahrtsort Maria Eck ein Pontifikalamt zu halten. Anschließend fuhren sie wieder zurück nach Adelholzen. Der Kardinal notierte in sein Besuchstagebuch: »12. August 51 Maria Eck, Hochamt, 60 Jahre Minoriten, mit M. Pascalina und Sekretär W(axenberger).«[106] Prälat Waxenberger erinnert sich gerne an Schwester Pascalina. Er nennt sie eine liebenswerte, ganz »ausgeprägte Persönlichkeit«.[107]

Zur großen Freude von Schwester Pascalina unternahm Faulhaber mit ihr nach dem gemeinsamen Mittagessen einen Ausflug nach Berchtesgaden. Sie kamen somit ganz in die Nähe von Hitlers Berghof auf dem Obersalzberg.[108]

Auf dem Weg nach Berchtesgaden zeigte der Kardinal Schwester Pascalina die Stelle, wo er einmal abgeholt worden war, als er auf dem Weg zu einem Gespräch mit Hitler unterwegs gewesen war. Er war in ein bereitgestelltes SS-Fahrzeug gestiegen, das ihn zum Obersalzberg gebracht hatte. Sein Wagen hatte damals lange warten müssen.[109]

Der Fahrer mischte sich nun in das Gespräch ein und erzählte immer noch mit Grauen, wie Faulhaber beim Aussteigen aus seinem Wagen gesagt hatte, er werde wohl in einer Stunde wieder zurück sein. Er habe damals »fast Blut geschwitzt«, weil die Eminenz nach viereinhalb Stunden immer noch nicht zurückgekommen war.[110]

In ihrer Autobiografie weist Schwester Pascalina auf diesen Tag ebenfalls hin. Sie erwähnt, dass Hitler in den Berg einen Fahrstuhl hatte einbauen lassen, um damit zum sogenannten »Kehlsteinhaus« zu gelangen. Dort beim Fahrstuhl hatte er Michael Kardinal von Faulhaber empfangen. Nachdem dieser aus dem Auto ausgestiegen war, hatte er sich die Augen verbinden lassen müssen, um den Eingang zum Aufzug nicht sehen zu können.[111] »Der Kardinal erzählte mir von der sehr peinlichen, unangenehmen Unterredung mit Hitler.«[112]

Das Gespräch zwischen dem Kardinal und der Schwester bezog sich auf das am 4. November 1936 auf dem Obersalzberg stattgefundene Treffen zwischen Kardinal Michael von Faulhaber und Reichskanzler Adolf Hitler sowie dessen Stellvertreter Rudolf Heß. Die Aussprache dauerte drei Stunden. Eine Stunde redete Hitler, die zweite Faulhaber, in der letzten Stunde erfolgte ein Dialog mit anschließendem Mittagessen in der Nische des Speisesaals.[113]

Pascalina konnte sich sicher an dieses Treffen zwischen Hitler und Faulhaber erinnern. Zu jener Zeit war sie in Berlin in der Apostolischen Nuntiatur. Nuntius Pacelli hatte damals eine nur verhaltene Reaktion auf das Geschehen gezeigt. Seine Bemerkung im Schreiben an Faulhaber vom 16. November 1936, dass die persönliche Haltung Hitlers trotzdem nicht alles als hoffnungslos erscheinen lasse, hebt sich von der positiven Einschätzung Hitlers als »das Oberhaupt des Deutschen Reiches für uns gottgesetzte Autorität«[114] durch Faulhaber stark ab.

Die Reise von Kardinal Faulhaber und Schwester Pascalina führte weiter nach Reichenhall und an den Königssee, eine Gegend, die Schwester Pascalina noch nie gesehen hatte. Die beiden Kirchen, die sie besuchten, hatten Patrozinium und strahlten im herrlichen Schmuck des Himmelfahrtsfestes.

Von Adelholzen ist es nicht weit nach Altötting. So schlug Faulhaber vor, auch dorthin zu fahren. Die Abfahrt sollte um acht Uhr morgens sein und er meinte, zwei Stunden Aufenthalt würden genügen. Der Kardinal plante die Gnadenkapelle zu besuchen und zum Grab von Bruder Konrad zu gehen.[115]

Kardinal Faulhaber hatte vor, zusammen mit Pascalina zum Mittagessen wieder in Adelholzen zu sein. So ganz passte dies nicht in Pascalinas Planung, doch da »ich ja auch mit ihm zu arbeiten hatte, konnte ich nicht viel Einwendungen machen«. Als sie wegfahren wollten, kam ihnen der Hausmeister mit der Mitteilung entgegen, dass in Altötting großer Frauentag sei und dort auch mehrere Bischöfe anwesend seien. Daraufhin bedauerte Eminenz, dass er die Madre nun doch nicht dorthin begleiten könne. Pascalina war ganz froh darüber und so fuhr sie mit einem sehr netten Franziskanerbruder als Chauffeur allein ins geliebte Altötting.

Dort angekommen war der Gottesdienst mit Professfeier schon fast vorüber. Da sie dem Bischof von Passau, Simon Konrad Landersdorfer OSB (1936–1968) nicht »in die Hände laufen wollte« – aus welchen Gründen auch immer –, ging sie mit einigen Schwestern zuerst zur Gnadenmutter, und es heimelte sie alles an. Man gab ihr sogar das Gnadenbild zum Küssen. Dann stand sie mit Tränen in den Augen wieder vor dem Altar, an dem sie 1917 ihre Profess abgelegt hatte.

Nach einer herzlichen Begrüßung im Kloster gab es Kaffee mit den lieben Schwestern, dann war Vesper und da noch ewige Profess war, bat Pascalina die Provinzoberin Hertha Färber, diese früher anzusetzen, damit sie daran noch teilnehmen könne. Ihre einstige Mutter Tharsilla Thanner, der sie in der Berliner Zeit »Kummer« bereitet hatte, war schon am 3. Dezember 1937 verstorben. Pascalina fühlte sich in Altötting von Herzen glücklich und so ganz daheim. Diesen Tag empfand sie als einen ausgesprochen schönen, reichen Tag. Er erschien ihr als der schönste von den insgesamt sieben Tagen, die sie in der bayerischen Heimat erleben durfte.

Erst am Abend kehrte sie wieder nach Adelholzen zurück. Kardinal Faulhaber drang darauf, dass sie ihm alles, was sie in Altötting erlebt hatte, genau schilderte, und schließlich sagte er zu ihr: »Ja man sieht, dass Madre mit Leib und Seele Klosterfrau ist.«[116]

Ganz unverhofft erhielt Pascalina von Papst Pius XII. ein Telegramm, sie solle erst am Montag zurückfliegen. Diese Flugplanänderung beruhte allerdings auf einem Missverständnis. Der Heilige Vater glaubte, sie müsste beim Rückflug eine andere Route nehmen und würde dann anstatt zwei Stunden fünf Stunden fliegen, und das wollte er ihr nicht zumuten. Der Schwester kam diese Zeitplanänderung sehr gelegen, denn das, was sie nach Rom bringen sollte, war noch nicht fertig.

Am Freitagabend fuhren der Kardinal und Schwester Pascalina von Adelholzen nach München zurück. Den ganzen Samstag arbeiteten beide fleißig, um alles Vorgesehene fertigzustellen. Worum es sich dabei handelte, erwähnt Pascalina in ihrem Brief nach Menzingen allerdings nicht. Sie schreibt lediglich, dass sie mit dem Kardinal über das deutsche Brevier gesprochen und er daran sehr viel auszusetzen gehabt habe, mit dem Hinweis, er sei ja nicht in Fulda dabei gewesen, als dieser Beschluss gefasst worden war.

Zum Abschluss der Reise durften alle ihre Verwandten zum Kardinal in das Bischofspalais zum Mittagessen kommen. Auf diese Weise hatte Pascalina die große Freude, ihre ganze Familie noch einmal zu sehen.

Abreisetag war dann der Montag, 20. August 1951. Kardinal Faulhaber gefiel es überhaupt nicht, dass Pascalina ohne Begleitung nach Rom zurückfliegen sollte. Doch am Flugplatz angekommen, hörten sie auf einmal »Madre, Madre« rufen. Hinter ihnen stand Monsignore Andrew Landi (1906–1999), der ihr diese Reise nach

München bezahlt hatte. Kardinal Faulhaber war sichtlich erleichtert, dass Pascalina nun einen Reisegefährten hatte. Der Amerikaner Monsignore Landi, 1934 zum Priester geweiht, war ein Mitglied der »Catholic Relief Services« für Europa und damit zuständig für die vielen Hilfssendungen, die aus den USA nach dem Zweiten Weltkrieg nach Europa kamen. Aus dieser Zeit kannte er sowohl den Papst als auch Schwester Pascalina sehr gut. Monsignore Andrew P. Landi hatte schon als kleiner Junge seine Mutter verloren und war zusammen mit seinem Bruder in ein Waisenhaus gekommen, das von Schwestern des St.-Josephus-Ordens in Brooklyn betreut wurde. Seit jener Zeit hatte er eine große Zuneigung zu Nonnen entwickelt. Und diese Wertschätzung hatte er ganz offensichtlich auf Schwester Pascalina übertragen.

Michael Kardinal von Faulhaber notierte unter dem 20. August 1951 in sein Besuchstagebuch: »Madre Pascalina reist am Abend ab. Galeazzi bestätigt telefonisch die verspätete Ankunft in Rom.«[117]

Nach Rom zurückgekehrt, empfing der »liebe Heilige Vater« Pascalina mit großer Herzlichkeit. Sie musste sich gleich zu ihm setzen und alles Erlebte erzählen. Er, der nie eine Minute Zeit vergeudete, hörte zu und freute sich. Schließlich hatte dieser ungewöhnliche gemeinsame Lebensweg von Pacelli und Pascalina in München begonnen, der Stadt, die beide liebten. Es war schon sehr spät am Abend, als Pascalina in der Privatkapelle des Papstes Gott für alles danken konnte.

Das war für Schwester Pascalina das letzte Zusammentreffen mit dem Kardinal, denn am Fronleichnamstag, dem 12. Juni 1952, starb Michael Kardinal von Faulhaber an einer Hirnblutung in München. Als Nachfolger ernannte Papst Pius XII. bereits am 9. August 1952 den Speyerer Bischof Dr. Joseph Wendel zum neuen Erzbischof von München und Freising. Zwei Monate nach der Inthronisation, am 12. Januar 1953, wurde der neue Erzbischof zusammen mit weiteren dreiundzwanzig Prälaten aus aller Welt zum Kardinal erhoben, »für München und ganz Bayern damals ein außerordentliches Ereignis«.[118]

Aus diesem Anlass war eine Delegation nach Rom gereist. Im Vorfeld gab es eine diplomatische Komplikation, die nur Schwester Pascalina lösen konnte. Aufgrund der ursprünglich nicht vorhergesehenen Anwesenheit eines Abgesandten der deutschen Bundesregierung wollte man der Delegation der bayerischen Staatsregierung keinen diplomatischen Rang einräumen. Höchst verstimmt plante die bayerische Delegation schon die Rückreise. Da gelang es einer Person aus der Delegation auf recht abenteuerliche Weise, Schwester Pascalina – »eine patriotische Bayerin«[119] –, im Magazin des päpstlichen Hilfswerks aufzustöbern und ihr das Geschehen zu schildern. Sie ging sofort zum Papst und erzählte ihm von dem diplomatischen Dilemma. Von einem Augenblick auf den anderen erhielt die bayerische Abordnung den gewünschten diplomatischen Status und die damit verbundene, herausgehobene Platzierung beim Öffentlichen Konsistorium. Der Name der Madre wirkte wie ein Zauberwort und konnte tatsächlich Türen im Vatikan öffnen. Konstantin von Bayern meinte allerdings dazu: »Madre Pascalina, ein Name, der in Rom von den Alleswissern und Besserwissern, für die der Vatikan ein unerschöpfliches Gesprächsthema bedeutet, mit viel geheimnisvollen Getue ausgesprochen wird.«[120] Der zum Kardinal erhobene Erzbischof Joseph Wendel besuchte vor seiner Abreise aus Rom Schwester Pascalina: »Cardinal Wendel ging nicht, bis ich ihm versprach, nächstes Jahr, wenn ich in die Schweiz gehe, nein im Herbst, erst mit dem Flugzeug nach München zu kommen. Er selber würde mich dann mit seinem Wagen ins Mutterhaus bringen. ›Träume‹ nicht wahr, liebe Frau Mutter.«[121] Doch diese Träume wurden wahr. Schwester Pascalina kam noch viele Male nach München und »in's liebe« Altötting.

Mächtige Hüterin

»Der Heilige Vater sagte immer über mich:
›Madre Pascalina geht nicht, sie schwebt.‹«

Zwei mächtige Frauen

Noch unter Papst Pius XI. war Kardinalstaatssekretär Pacelli zum Kardinalprotektor der Menzinger Lehrschwesternkongregation ernannt worden. Bei der Feier seiner Papstkrönung hatte Pius XII. erklärt, er wolle auch weiterhin Protektor der Kongregation bleiben. Dank dieser Zusicherung verfügte die Generalleitung in Menzingen über einen direkten Draht zum Heiligen Vater.[122] Doch es zeigte sich schnell, dass dieser Draht der Oberin Maria Carmela Motta in Menzingen fast ausschließlich über Schwester Pascalina lief.

Maria Carmela Motta (1904–1972), Tochter des späteren Schweizer Bundesrats Giuseppe Motta, Nichte von Maria Carmela Motta (I.), trat 1923 in den Orden ein, wurde Primar- und Sekundarlehrerin und legte 1925 ihre Profess ab. Sie war dann Lehrerin am Pensionat in Menzingen und in Sant'Anna in Lugano. Wie ihre Tante Maria Carmela Motta (I.) wurde sie dreimal zur Generaloberin (1947, 1953, 1959) gewählt. Nach der dritten Wahl weigerte sich der Bischof von Basel in Solothurn je wieder nach Menzingen zu kommen, weil diese Wahl kanonisch illegal war. In ihrer Amtszeit wurden die Provinzen England, Indien, Argentinien, Sri Lanka, Lesotho, Kap und Sambia errichtet. Von 1965 bis 1967 war Maria Carmela Motta Provinzoberin der neu geschaffenen Provinz Schweiz mit Sitz im Mutterhaus.

Mutter Maria Carmela Motta hielt sich vom 5. bis zum 12. März 1939 (Tag der Papstkrönung) in Rom auf. Ihre Begleitung war die sehr feine »Frau Assistentin«, Irene Sganzini (1901–1976), eine promovierte Romanistin. Aus Rom überbrachten die Schwestern ihren Mitschwestern in Menzingen den Segen des Heiligen Vaters. Des Weiteren ließ Maria Carmela Motta wissen, dass Pater Athanasius Staub[123], der jahrzehntelang in unverdrossener Treue als Prokurator in Rom die Anfragen und Gesuche ihrer Kongregation hingebend besorgt hatte, nun definitiv in die Schweiz zurückgegangen sei. Als eine große Verehrerin von Papst Pius XII. war sie seiner engsten Mitarbeiterin, Schwester Pascalina, eng verbunden. Maria Carmela Motta war es auch, die diese zur Generalprokuratorin ernannte. Das erfuhren die Schwestern der Kongregation in einem Rundschreiben am St. Josefstag (20. März) 1949.[124]

»Mit Gutheißung des Heiligen Vaters« wurde Schwester Pascalina zur Generalprokuratorin der Kongregation ernannt, um dadurch auch offiziell auszusprechen, was sie Jahre hindurch faktisch schon gewesen war. »Namens der ganzen Kongregation beglückwünsche ich unsere liebe Generalprokuratorin, erflehe ihr reichen Gottessegen in der Verwaltung des ihr nun öffentlich übertragenen Amtes und spreche ihr den herzlichsten Dank aus für alle uns bereits geleisteten Dienste.«[125], so Maria Carmela Motta.

Den Titel oder das Amt einer Generalprokuratorin gab es bisher nicht. Am 19. Januar 1974 entzog die Generalleitung unter Mutter Antonia Steiner (1971–1983) Schwester Pascalina Lehnert mit Wirkung auf den 1. Februar 1974 ihr Amt. Offiziell begründet wurde die Amtsenthebung mit dem bevorstehenden 80. Geburtstag von Schwester Pascalina. »Hintergrund der Amtsenthebung war Schwester Pascalinas massive Kritik an den nachkonziliaren Reformen und ihre Parteinahme für Altötting.«[126]

»Roma locuta, causa finita«

Es gibt zahlreiche Belege in der Korrespondenz zwischen Maria Carmela Motta und Pascalina Lehnert, dass nach Rom gerichtete Gesuche an den Papst Pius XII. widerspruchslos durchgingen. Pascalina zeigte zwar die entsprechenden Briefe dem Heiligen Vater oder las sie ihm vor, um sie dann mit seinem Einverständnis selbst zu beantworten. Viele Originalbriefe gingen nach Menzingen zurück, versehen mit der Unterschrift des Papstes, sein Einverständnis signalisierend. So erhielt die Anfrage von Frau Gertrudis, Provinzoberin in Südafrika, nach einem zu genehmigenden Erweiterungsbau, etwa den Vermerk: »Pro gratia iuxta preces Pius pp. XII« am 8. Februar 1951, oder ein Schreiben, bei dem es um den Ankauf eines Objektes in Cadegliano, Prov. Varese, für 12 Millionen Lire ging: »pro gratia iuxta, servatis servandis. 22. März 1951«.

Die Generaloberin Maria Carmela Motta bat die Madre Pascalina immer wieder, beim lieben Heiligen Vater ein gutes Wort einzulegen. Sie wollte allerdings erwähnen, dass sie sich ohne Weiteres jeder seiner Verfügungen vollkommen unterwerfen werde. »Roma locuta, causa finita!«

Mutter Bernarda

Es war verständlicherweise ein großer Wunsch von Schwester Pascalina, Mutter Bernarda, die Mitbegründerin ihrer Kongregation, in der Reihe der Seligen zu sehen. Doch trotz größter Bemühungen, ging dieser Wunsch bis heute nicht in Erfüllung. Die Anregung für eine Seligsprechung von Mutter Bernarda stammte von Papst Pius XII. Bei einem seiner Besuche in Menzingen als Nuntius hatte er im dortigen Archiv die Dokumente aus dem Leben von Mutter Bernarda eingesehen und war zum Schluss gekommen, sie sei einer Seligsprechung würdig.

Unter Mutter Bernarda übernahmen die Menzinger Schwestern in 46 Gemeinden der katholischen Schweiz Primarschulen, meist neu gegründete Mädchenschulen. Dazu kamen bald Bubenschulen. Es handelte sich um öffentliche Schulen. Die Gemeinden stellten die Schwestern an und bezahlten sie. Die Klassengröße war mit maximal 60 Kindern festgelegt.

Außerdem mussten die Schwestern in drei Armenhäusern, sechs Waisenhäusern und drei Krankenhäusern arbeiten. In Rorschach, St. Gallen und Wurzach lehrten die Schwestern an Mädchenpensionaten. In drei geschlossenen Klöstern hatten die Lehrschwestern eine interne Mädchenschule aufzubauen, dazu kamen Sekundarschulen und Arbeitsschulen (Handarbeitsschulen) für Mädchen.

Dem Menzinger Lehrerinnenseminar schenkte Pius XII. kurz vor seinem Tod einen besonderen Beweis seiner Fürsorge. Er unterstützte den Neubau des Seminars (1955/58) mit einem großen finanziellen Beitrag und sprach den Wunsch aus, diese Bildungsstätte solle den Namen Bernarda erhalten.

Mutter Bernarda hatte mit Ablauf ihrer dritten Amtszeit 1863 ihr Amt niedergelegt. Sie starb am 13. Dezember des gleichen Jahres und wurde in der St.-Anna-Kapelle bei der Menzinger Pfarrkirche beigesetzt. Im Jahr 1905 erfolgte die Überführung auf den damals neu angelegten eigenen Friedhof der Kongregation. Nach 1950, im Rahmen des bischöflichen Prozesses zur Vorbereitung der Seligsprechung, wurden ihre Gebeine in die Kreuzkapelle des Mutterhauses überführt.

Im »Heiligen Jahr«, am 13. Dezember 1950, richtete die Generaloberin Maria Carmela Motta ein Gesuch nach Rom: »Vertrauensvoll zu den Füssen Ew. Heiligkeit niedergeworfen, wage ich heute, am Todestag der Gründerin unserer Kongregation, die demütige Bitte vorzubringen, uns huldvoll gestatten zu wollen, unserer ersten Frau Mutter Maria Bernarda Heimgartner, deren Seligsprechungsprozess eingeleitet ist, eine würdige Grabkapelle errichten zu dürfen, zumal die frommen Besucher, die an ihrem Grabe zu beten wünschen, immer zahlreicher werden.«[127]

Bald konnten die ersten Fotos von der neuen Grabkapelle nach Rom geschickt werden. Schwester Pascalina ließ nach Menzingen wissen, dass »uns« – somit dem Heiligen Vater und ihr – die Kapelle gefalle. Sie habe alle zugeschickten Unterlagen dem Heiligen Vater gezeigt. Ihn interessiere, ob der Boden aus Marmor sei, weil er auf dem Foto so glänze. Ein Altarstein sollte von Rom nach Menzingen geschickt werden. Da Schwester Pascalina die Kapelle einmal selbst in Augenschein nehmen wollte, kündigte sie am 30. Juli 1953 per Telegramm ihre Ankunft auf dem Flughafen Zürich an. Nach Rom zurückgekehrt, ließ sie nach Menzingen eine Monstranz, ganz aus Silber, feuervergoldet und mit echten Steinen versehen, einen vom Papst selbst getragenen Chorrock sowie zwei Messkleider senden. Falls die Messkleider für Menzingen nicht schön genug wären, so könnten sie in die Mission gegeben werden. Die Seide für die Tabernakelvorhänge konnte sie nur in weiß und violett beifügen, da die Farben rot und grün nicht in der gleichen Qualität vorhanden gewesen seien.

Im Jahr 1951 erfolgte die Aufnahme des Seligsprechungsprozesses für Mutter Bernarda. Pascalina hoffte, dass der Prozess schnell vorangehe. Das Erste, was zu tun war: Sie musste einen »Ponente« für die Causa suchen. Pascalina begann sogleich damit. Der Papst hatte ihr empfohlen, nicht Kardinal Clemente Micara zu nehmen, obwohl sich dieser schon vor längerer Zeit angetragen hatte. Es sollte der Kardinalpräfekt der Ritenkongregation selbst sein. Pascalina suchte ihn auf, und sie bekam ein freudiges »Ja«. Außerdem hatte sie bereits von drei Kardinälen Empfehlungsschreiben: von Valerio Valeri[128], Clemente Micara[129] und Giuseppe Pizzardo.

Damals hatte Schwester Pascalina große Sorgen um den Papst, der krank daniederlag. So schrieb sie nach Menzingen: »Bitte liebe Frau Mutter, machen Sie doch alle eine Novene zur lieben Mutter Bernarda. Der liebe Heilige Vater tut ja dann auch für sie, was er nur kann, dass sie bald zur Ehre der Altäre komme.«[130] Als der Papst schlecht schlafen konnte, ging wieder eine Bitte nach Menzingen: »Sagen Sie nur bitte der lieben Mutter Bernarda, dass es nicht genug ist nur einige Tage zu helfen. Sie hat im Himmel doch nun Zeit, sich unseres heiligen Vaters anzunehmen ... Und nun hole ich einen großen Segen vom lieben Heiligen Vater!« Und dann stellte Pascalina gleich auch noch eine Forderung: »Und die liebe Mutter Bernarda sollte nun auch zeigen, dass sie etwas vermag über das Herz Gottes.«[131] Die Reihe der Anrufungen ließe sich fortsetzen.

Die Jahre vergingen, ohne dass sich viel tat in der Seligsprechung. Dann starb Pius XII., und Pascalina wusste sehr wohl, dass, »wenn kein Papst mehr dahinter steht«, weitere Verzögerungen zu erwarten seien.

Am 24. März 1959 hatte Schwester Pascalina eine weitere Audienz in dieser Angelegenheit, und zwar eine ganze Stunde bei Kardinal Giovanni Cicognani, dem Präfekten der Ritenkongregation. Er sprach mit großem Interesse von Mutter Bernarda und versicherte, dass er im Andenken an Papst Pius XII., dem, wie er sagte, die Causa sehr am Herzen lag, alles tun werde, was er zur Förderung nur tun könne.

Schwester Pascalinas Einsatz für Mutter Bernarda war sicher gut gemeint, doch mit der Zeit wurde es notwendig, taktischer vorzugehen, um unter den zuständigen Herren keine Verärgerung auszulösen, wie sie dies selbst bemerkte: »Ich muss nun schon vorsichtig sein Monsignore Ferraro nicht zu verärgern, denn ich sehe sehr gut, dass er Angst hat, dass ich etwas sage, das ihm doch sehr schaden könnte. Und es ist immer besser einen Schuldner zu haben, als einen Feind, meinen Sie nicht auch, liebe Frau Mutter.«[132]

Nach der im Jahr 1951 erfolgten Aufnahme des Seligsprechungsverfahrens für Mutter Bernarda Heimgartner erfolgte im Februar 1994 die Promulgation der Heroizität der Tugenden durch Papst Johannes Paul II. Es fehlt jedoch bis heute der für die Seligsprechung erforderliche Beweis eines auf Fürsprache der Dienerin Gottes geschehenen Wunders. Im Jahr 2001 wurde ein angebliches Wunder, das der Fürbitte von Bernarda Heimgartner zugeschrieben wird, dem Heiligen Stuhl zur Prüfung unterbreitet.

Die heiligen Frauen

»Wir verkünden, erklären und definieren es als ein von Gott geoffenbartes Dogma, dass die unbefleckte, allzeit jungfräuliche Gottesmutter Maria nach Ablauf ihres irdischen Lebens mit Leib und Seele in die himmlische Herrlichkeit aufgenommen wurde.« Dies verkündete am 1. November 1950 Papst Pius XII. als Glaubenssatz.

Die Verkündigung des Dogmas war die Krönung und der Höhepunkt des heiligen Jahres 1950. Auch Schwester Pascalina empfand diesen Tag als etwas ganz besonderes. Sie sah, dass der Heilige Vater sich zu Ehren der »Königin des Himmels und der Erde« seine schönsten Gewänder angetan hatte. Vom Portone di Bronzo aus begann die weiße Prozession der Bischöfe in Chormänteln und Mitren, ihr folgte, von ungeheurem Jubel umbrandet, die Sedia Gestatoria mit dem Heiligen Vater. An der Basilika angelangt, warf sich der Heilige Vater zu Füßen des Thrones zum Gebet nieder, und der ganze Platz mit den Kardinälen, Bischöfen, Priestern und der unübersehbaren Menschenmenge betete mit ihm, dem obersten Bischof, um den Beistand des Heiligen Geistes. Alle fühlten sich einig mit dem Heiligen Vater, als er das Dogma von der leiblichen Aufnahme Mariens in den Himmel feierlich erklärte.

Schwester Pascalina und ihre beiden Mitschwestern eilten so schnell es ging zu ihren Plätzen auf der Loggia San Longino im Petersdom. Dem wunderschönen Tag »Mariä Himmelfahrt« folgte ein Abend, der Rom zu einer Lichterstadt machte. Der Petersplatz blieb voller Menschen. Keiner verließ ihn, bis sich am großen Palazzo oben rechts ein Fenster geöffnet hatte und eine weiße Gestalt sichtbar wurde, die immer wieder die Arme ausbreitete zum Segen: Papst Pius XII.[133]

In seinen 19 Regierungsjahren hat Papst Pius XII. 33 neue Heiligsprechungen verkündet. Unter den Heiliggesprochenen finden sich erfreulicherweise 16 Frauen.[134] Schwester Pascalina war sicherlich bei allen Heiligsprechungen zugegen, in ihrer Aufzeichnung widmete sie sich Gemma Galgani, Maria Euphrasia Pelletier und Maria Goretti.[135]

Die erste Heiligsprechung überhaupt durch Papst Pius XII. am 2. Mai 1940 galt der Italienerin Gemma Galgani (1878–1903), ein unscheinbares und fast unbekanntes Mädchen. Auf ihrem Grabstein steht: »Sie wurde mehr durch die Glut der Gottesliebe als durch ihre Krankheit dahingerafft.« Mit einundzwanzig Jahren empfing die Kranke die Letzte Ölung. Doch es geschah ein Wunder: Sie wurde geheilt.

Die zweite Heiligsprechung – ebenfalls am 2. Mai 1940 – galt der großen französischen Ordensstifterin Maria Euphrasia Pelletier (1796–1868). Der Orden hieß ursprünglich »Schwestern von der hl. Magdalena«, 1835 wurde er in »Schwestern vom Guten Hirten« umbenannt. Noch heute gibt es in vielen Ländern Häuser dieses Ordens. Papst Pius XII. bestimmte den Platz in St. Peter, wo die Statue der hl. Maria Euphrasia aufgestellt werden sollte.

In ihrer Korrespondenz schrieb Schwester Pascalina ausführlich über die Italienerin Maria Goretti (1890–1902). Diese war am

27. Juli 1947 seliggesprochen worden. Es zeigte sich, dass deren Kanonisation Pius XII. besonders am Herzen lag, denn die »kleine Heldin für Jungfräulichkeit, Maria Goretti«[136] wurde schon drei Jahre später, im heiligen Jahr, heiliggesprochen.

Maria Goretti, im Alter von elf Jahren vergewaltigt, erlag den schweren Verletzungen, die ihr ein junger Bursche zugefügt hatte. Die Kindmärtyrerin, deren Leib noch unverwest ist, ruht in einem Schrein in der Kirche S. Maria delle Grazie e S. Maria in Nettuno südlich von Rom. Die feierliche Kanonisation am 24. Juni 1950 rief an einem Tag so viele Pilger herbei, wie es nie zuvor an einem Tag in einem heiligen Jahr geschehen war. Nahezu 500 000 Menschen kamen zu Ehren der kleinen seligen Maria Goretti. Da reichte auch die größte Kirche der Welt nicht mehr. Pius XII. vollzog die Heiligsprechung auf dem Petersplatz. Noch etwas Einzigartiges zeichnete diese Feier aus: Die Mutter erlebte die Heiligsprechung ihrer eigenen Tochter. Mutter Assunta Goretti war 85 Jahre alt, zwar gelähmt, aber geistig frisch und überglücklich. Dem Mörder des Mädchens, Alexandro Serenelli, der eine lebenslange Strafe zu verbüßen hatte, erschien in einer Vision Maria Goretti, die ihm Blumen reichte. Er bekehrte sich, und trat nach seiner vorzeitigen Entlassung als Laienbruder in den Orden der Kapuziner ein. Er hatte als Gärtner in einem Kloster Arbeit gefunden und lauschte der Heiligsprechung von Maria Goretti am Radio, während ihm die Tränen über das Gesicht liefen.

Der Jubel der Pilger, natürlich vor allem der Italiener, war unbeschreiblich, als das Bild Maria Gorettis in der Lichterprozession der Geistlichen, die dem Heiligen Vater voranging, erschien. Begeistert berichtete Schwester Pascalina ins Mutterhaus nach Menzingen:

Ja, die kleine Maria Goretti! Denken Sie, gestern brachte der Postulator dem Heiligen Vater ein Hemd von ihr, aber ich will nun sehen, dass ich noch einige andere Reliquien bekomme, denn es reut mich doch das Hemd zu zerschneiden. Und ein Jubel war da! Die Königin von Frankreich war gerade nichts dagegen. Wenn nur auch die heutige Jugend sie sich zum Vorbild nehmen würde, es täte so not. Was man alles hört, ist ja himmelschreiend. – Gestern ist das Triduum zu Ehren der hl. Maria Goretti in San Giovanni e Paolo zu Ende gegangen, heute beginnt ein zweites in Santa Maria degli Angeli, auch etwas extra, denn sonst ist nur ein Triduum.[137]

Die kleine Änderung des Zeremoniells schien Schwester Pascalina zu missfallen. Dennoch war sie über die Heiligsprechung erfreut, denn nun hatte man neben der Gottesmutter Maria eine zeitgenössische Heilige, die den Mädchen als Vorbild in der Erziehung zur Reinheit und wo irgend möglich zur Jungfräulichkeit gelten konnte.

Mächtige Hüterin der Gesundheit von Papst Pius XII.

In Kreisen der Kurie gab es eine alte Redensart, die besagt, dass der Einfluss, den Personen beim Vatikan ausüben, daran abgelesen werden kann, mit welcher Leichtigkeit es ihnen gelingt, eine Unterredung mit dem Papst zu erlangen, oder auf welche Schwierigkeiten sie dabei stoßen. Das Privileg, die Türen zu Audienzen zu öffnen, besaß Schwester Pascalina. Für sie stand das Wohlergehen des Papstes an erster Stelle. In ihrer Sorge für ihn, wurde sie häufig unerbittlich und zu einer mächtigen Frau im Vatikan. Sie bestand darauf, dass Audienzen, die in der täglichen Routine des Vatikans eine so wesentliche Rolle spielen, je nach dem Gesundheitszustand des Papstes festgesetzt oder verschoben wurden. Schwester Pascalina konnte hin und wieder das Wort »ricevere, ricevere« nicht mehr hören.[138] Sie sah den häufig erschöpften Papst. Auf der anderen Seite kannte sie die Wünsche der Audienzsuchenden. Es beeindruckte Pascalina sehr, als der Papst auf ihre Erzählung, wie glücklich zwei Leute aus der Audienz bei ihm gekommen waren, die Antwort gab: »Ja, ja, alle denken an sich, aber keiner denkt an mich, was es den Heiligen Vater kostet, immer und immer und mit allen den ganzen Tag liebenswürdig zu sein und zu tun, als ob er nur diese Audienz allein hätte.« Sie fügte hinzu: »Armer Heiliger Vater!«[139]

Schwester Pascalina hielt sich streng an ihre Pflichten. Dies konnte angeblich auch der amerikanische Außenminister John Foster Dulles bei einer Audienz beim Papst feststellen. Er erzählte, dass während des Gespräches mit dem Papst eine »Nonne im Gewand der Franziskanerinnen« leise in das Audienzzimmer gekommen sei, sie habe kurz mit dem Kopf genickt, und auf Deutsch gesagt: »Heiliger Vater, Sie müssen essen!« Papst Pius XII. habe geantwortet: »Ganz recht, Schwester Pascalina, ich lasse die Suppe nicht kalt werden.« Das Zeitlimit der Audienz war längst überschritten. Da erhob sich der Papst, lächelte und erklärte John Foster Dulles: »Keine Macht der Erde könnte unsere gute Schwester Pascalina dazu bewegen, auch nur einen Schritt zu tun, wenn die Suppe auf dem Tisch steht.«[140] Sie sei dann so lange im Speisezimmer stehen geblieben, bis der Papst mit dem Essen begann. Diese Erzählung wird immer und immer wieder tradiert.

John Cornwell, der die bis heute unzugänglichen Unterlagen zur Seligsprechung von Papst Pius XII. unerlaubterweise schon gelesen hat, weiß indes zu berichten, dass Schwester Pascalina diese Geschichte bei ihrer Zeugenaussage energisch dementierte.[141] Sie sei auf keinen Fall so taktlos gewesen, in eine Audienz hineinzuplatzen.

Um den Heiligen Vater möglichst vor jedem Ärger zu schützen, legte sich Pascalina immer wieder mit der Presse an. Hin und wieder nahm sie regelrecht den Kampf auf, wie dies aus ihrem energischen Brief vom 24. Juni 1948 an Kardinal Faulhaber in München hervorgeht. Sie berichtete ihm davon, dass durch eine der größten Illustrierten in Italien verbreitet werde, der Heilige Vater sei schwer erkrankt. Pascalina wollte es gar nicht wiedergeben, was in diesem Artikel alles geschrieben worden sei. Doch dann verkündete sie:

> Es ist uns gelungen, am Abend selbst durch unser und das italienische Radio ein eingehendes Dementi zu geben, aber es könnte doch sein, dass diese dumme und ganz frei erfundene Nachricht auch ins Ausland kommt und zu Ohren Eurer Eminenz, und deshalb erlaube ich mir, schon wieder zu schreiben. Sie müssen sich nicht sorgen, denn es ist gar nicht wahr, im Gegenteil, der liebe Heilige Vater arbeitet fast Tag und Nacht und hat dieses Jahr gar nichts an Gewicht verloren, trotzdem es nun doch schon ordentlich heiß ist und die Audienzen sich täglich mehren.[142]

Der Brief endet mit einem Triumph der Schwester über die Presse:

> Es ist mir gelungen das Blatt – das noch nicht einmal ein schlechtes ist – dem lieben Heiligen Vater vorzuenthalten, denn es ist in einer Weise geschrieben, dass es einen wirklich beeindrucken kann. Ob es aber nicht irgendwer in die Audienz bringt, weiß ich nicht. Ich habe es jedenfalls schon 5-mal in Händen »um es weiterzugeben«, aber ich habe sie alle unterschlagen.[143]

Da Pascalina immer die Hoffnung hatte, in den Sommermonaten würden in Castel Gandolfo weit weniger Audienzen stattfinden als im Vatikan, griff sie 1951 zu einer List. In weiser Voraussicht hatte sie die Zeitungen wissen lassen, dass nach den Udienza di Tabella, am 15. August, der Heilige Vater niemand mehr empfangen würde. Basta.

Als in den italienischen Zeitungen immer wieder fehlerhafte Berichte über den Tagesablauf von Papst Pius XII. erschienen, griff Pascalina selbst zur Feder und ließ ihren Aufsatz »La giornata del Pontefice PIO XII« am 11. März 1952 im L'Osservatore Romano veröffentlichen, der die Fehler berichtigte. Sie signierte mit P.L.

Ihre Fürsorgeaktionen liefen am 27. Dezember 1953 ganz sicher auf einen Höhepunkt zu. Pascalina ließ nach Menzingen wissen, sie und ihre Mitschwestern hätten ganz wunderschöne Weihnachten erlebt; allein mit dem Heiligen Vater in der ganz mit weißem Flieder geschmückten Kapelle. Sie fügte hinzu: »Man wollte unbedingt, dass Seine Heiligkeit wieder fürs Diplomatische Corps die heilige Messe liest und dann an 200 Personen die Kommunionen austeilt, aber das ließen wir einfach nicht zu und so ist Ihm eine Mühe erspart geblieben.«[144]

Schwester Pascalina schrieb, »wir« ließen das nicht zu. Sie sollte besser geschrieben haben, dass sie das nicht zuließ. Da dürften ihre Mitschwestern sich kein Mitspracherecht herausgenommen haben. War der Heilige Vater damit einverstanden, oder maßte sich Pascalina diese Absage wirklich selbst an? Am Festtagnachmittag kamen dann alle Verwandten, eine Freude für den Papst, allerdings auch ein Zeitverlust, wie er das selbst nannte.

Der deutsche Arzt – ein Protestant

Schwester Pascalina wusste dem Papst eine Atmosphäre der Stille und des Friedens zu schaffen. Da der Heilige Vater jeglichen Lärm verabscheute, bewegte sie sich lautlos wie ein Schatten. Madre Pascalina erzählte: »Der Heilige Vater sagte immer über mich: ›Madre Pascalina geht nicht, sie schwebt.‹«[145] In einem gewissen Grad war Schwester Pascalina der einzige Mensch auf der Welt, der dem Papst Anweisungen geben durfte; tatsächlich hatte Pacelli selber ihr die Vollmacht dazu erteilt. Er musste sich einer sehr strengen täglichen Zeiteinteilung unterwerfen, und Pascalinas

Aufgabe war es, dafür zu sorgen, dass er sie auch einhielt. Sie war es, die ihn daran erinnerte, wann es Zeit zum Essen, Zeit für seinen Spaziergang oder Zeit für seine Medikamente war. Sie erwartete ihn nach öffentlichen Audienzen in seinen Privatgemächern, um mit Alkohol seine rechte Hand und den von Hunderten von Menschen geküssten Fischerring zu desinfizieren.

»Ihre ruhige Energie hat immer meine Bewunderung hervorgerufen«,[146] schrieb der Augenarzt Riccardo Galeazzi-Lisi über Schwester Pascalina. Pacelli war von Galeazzi-Lisi als Arzt so beeindruckt, dass er ihn zu seinem Leibarzt ernannte. Im Vatikan hieß es, dass Schwester Pascalina diesen Arzt stark protegiere,[147] was aber nicht nachzuweisen ist. Riccardo Galeazzi-Lisi war ein sehr umstrittener Arzt, von manchen sogar als Scharlatan bezeichnet.[148]

Von 1930 bis 1947 war Papst Pius XII. nie ernstlich krank.[149] Schwester Pascalina wirkte in diesen Jahren indirekt wie ein Barometer der Gesundheit des Papstes. Erschien sie bei einer der Frühmessen in St. Peter, so bedeutete dies, dass sich Pacelli nicht wohl genug fühlte, seine Messe in seiner Privatkapelle zu zelebrieren.

Wenn sich der Papst einer Röntgenuntersuchung zu unterziehen hatte, wurden die entsprechenden Apparate in seine Wohnräume gebracht. Erstaunt bemerkte der Leiter des Ärztekollegiums, wie Schwester Pascalina einen weißen Schleier über dem Röntgentisch ausbreitete. Er bat sie, das Tuch wieder wegzunehmen, da es die Wirksamkeit der Röntgenstrahlen beeinträchtigen könnte. Doch sie sträubte sich hartnäckig. Sie war der Meinung, man könne vom Heiligen Vater nicht verlangen, sich auf diesen kalten Tisch zu legen. Schließlich einigte man sich auf eine Schaumgummimatratze als wärmende Unterlage. Danach wurde der Papst zur Untersuchung hereingeholt. Schwester Pascalina zog sich diskret zurück. Doch einer der Ärzte schöpfte Verdacht. Er hob die Matratze hoch, und was sah er? Schwester Pascalina hatte den seidenen Schleier unter die Matratze geschoben – eine anrührende Geste.

Im Januar 1953 bekam der Heilige Vater eine doppelseitige Lungenentzündung. Er war von der großen Kardinalsernennung schweißtriefend nach Hause gekommen, konnte sich aber nicht sofort umziehen, weil noch viele Audienzen anstanden. Am Nachmittag musste er Schwester Pascalina gestehen, dass er entsetzliche Kopfschmerzen habe. Der Papst bekam hohes Fieber, er konnte das Bett nicht mehr verlassen. Er musste sich mit Penicillin behandeln lassen, gönnte sich dennoch keinerlei Schonung. Auch bei vierzig Grad Fieber wurden die Herren des Staatssekretariats empfangen. Allerdings setzte Pascalina im Einverständnis mit seinem Arzt durch, dass bis Mitte März keine weiteren öffentlichen Audienzen stattfinden durften.[150]

Das Jahr 1953 war generell ein Jahr voller Krankheiten für den Papst. So durfte er einige Wochen nicht schreiben, weil er vom vorangegangen vielen Schreiben und Handkussgewähren eine Nervenentzündung in der rechten Hand bekommen hatte. Damals begann er, Schwester Pascalina nicht nur offizielle Schreiben zu diktieren, sondern übertrug ihr auch die täglichen Eintragungen in sein privates Tagebuch. Dies ist in vielen Berichten über Schwester Pascalina zu lesen. Doch Papst Pius XII. hat nie ein Tagebuch geführt[151], wie P. Peter Gumpel SJ bestätigt.

Sein Vertrauen zu ihr war unbegrenzt, und das zu Recht, da sie dieses nicht ein einziges Mal, auch nicht unbeabsichtigt, verletzt hat. Der schmerzenden Hand folgte in beiden Knien eine Schleimbeutelentzündung und somit konnte er nur mühsam gehen. Also nahm ihm Schwester Pascalina jeden möglichen Weg ab. Außerdem mussten ihm damals auch noch zwei vereiterte Zähne gezogen werden.

Im Oktober 1953 weilte das Ehepaar Niehans in Rom, um an den

von ihrem Freund und Patienten Wilhelm Furtwängler dirigier-
ten Konzerten teilzunehmen. Der Berner Arzt Dr. Paul Niehans
(1882–1971) hatte Theologie studiert und war evangelischer
Pfarrer, bis er sich der Medizin verschrieb. Bekannt wurde er mit
der von ihm entwickelten »Zellulartherapie«, auch »Frischzellen-
kur« genannt.[152]

Ein päpstlicher Kammerherr suchte das Ehepaar auf und bat es,
zu Papst Pius XII. nach Castel Gandolfo zu kommen. Paul Niehans war betroffen und erfreut zugleich. Er war dem Papst vor
Jahren anlässlich eines Konzerts in Rom durch den damaligen
Dirigenten Münchinger vorgestellt worden.

Als Dr. Niehans im Palast angekommen war, sprach der Heilige
Vater davon, dass er dessen wissenschaftliche Arbeiten gelesen
habe. Niehans hatte darin auch von einer möglichen Heilung von
Schlaflosigkeit geschrieben. Und über dieses Thema wolle der
Papst mit ihm reden. Er habe bisher stets zwar nur vier Stunden
pro Nacht geschlafen, nun aber schlafe er überhaupt nicht mehr.
Der Arzt war durchaus der Meinung, dass er den Papst behandeln
könne, wenn er sich eine Woche für eine Therapie Zeit nehmen
könne. Doch das musste der Papst ablehnen, da das Marianische
Jahr anstehe.[153]

Nach dem ersten Gespräch mit dem Papst dauerte es gerade einmal vier Monate, bis Dr. Niehans einen Eilbrief von Schwester
Pascalina im Auftrag des Papstes erhielt. Er solle sofort nach Rom
kommen. Zu seinem Entsetzen fand er im Februar 1954 einen
Sterbenskranken vor, der an einem nicht zu lösenden Schluckauf
litt. Niehans erkannte sofort, dass es keine Störung des Zentral-
nervensystems war – wie bisher von anderen Ärzten diagnostiziert
–, sondern eine schwerwiegende gefährliche Magenstörung, die
für den Heiligen Vater schnell hätte tödlich werden können. Eine
ausreichende Nahrungsaufnahme schien ihm nicht mehr möglich. Nach einer neuerlichen Untersuchung gelang es Niehans,

den Schluckauf zu beseitigen, indem er dem Papst Eiswasser in kleinen Schlucken zu trinken gab. Dadurch konnten kleine Blutgerinnsel aus dem Magen abfließen und langsam ebbte der Schluckauf ab. Schwester Pascalina wich nicht von der Seite des Kranken. Es bedurfte keiner Worte, denn sie konnte ihm jede Regung an seinem Gesicht ablesen.

Endlich, am 5. März 1954, gelang es ihr, der Generaloberin Maria Carmela Motta von ihren Sorgen zu schreiben:

> Mutter, und denken Sie, unser Heiliger Vater kann seit gestern wieder etwas zu sich nehmen und behalten. Nun muss man jede 2 Stunden sehen, dass Er eine Kleinigkeit nimmt, damit man langsam, langsam die künstliche Ernährung abbauen kann. Gott sei Lob und Dank. Noch fehlen 2 volle Wochen, bis der Arzt Ihn wieder aus der Hand geben will, aber wir sind nach allem, was Seine Heiligkeit überstanden hat, aus tiefster Seele dankbar, dass alles so gut gegangen ist, und alles so, wie es der Arzt vorhergesehen. – Nur zu Ihnen, liebe Frau Mutter – er hat mir heute gesagt, die ersten 4 Tage hatte er keine Hoffnung … was ich gegen Alle und Alle in dieser Woche durchzustehen hatte. Damit man des Arztes Arbeit nicht in letzter Minute unmöglich machte oder zerstörte. Aber, so Gott will, werden doch alle bald sehen, dass es das einzig Richtige war, den Heiligen Vater nicht den Experimenten aller Ärzte preiszugeben, von denen natürlich jeder meinte, seine Methode sei die einzig richtige.[154]

Schwester Pascalina kämpfte in dieser Zeit sehr um die Genesung des Papstes. Sie musste allerdings viel Kritik einstecken, weil sie sich für Dr. Niehans entschieden hatte, was durchaus in Übereinstimmung mit dem Papst geschah. Da sie in dieser Zeit der schweren Krankheit sehr genau überlegte, wen sie zum Papst vordringen lassen wollte, wurde sie zusätzlich angefeindet, nicht nur von den hohen Herren ihrer direkten Umgebung, sondern auch von Elisabetta Pacelli, die Pascalina nicht zur »Audienz« bei dem schwer kranken Bruder vorließ.

Im Juni, Juli und im September 1954 war Dr. Niehans immer wieder in Rom oder Castel Gandolfo. Anfang September 1954 kam es leider zu einem gesundheitlichen Rückschlag. Die folgenden vierzehn Tage glichen einem richtigen Martyrium: Der Schluckauf war zurückgekehrt. Dazu kam große Atemnot.

Doch Ende September sah für Schwester Pascalina die Welt wieder anders aus. Sie bat die Generaloberin in Menzingen, der »lieben Mutter Assistentin« auszurichten, sie glaube, »ihr Gebet hat geholfen, sie soll nur fest weiter bei der kleinen, großen Hostie für den Heiligen Vater anhalten. Seinen Lieblingen gibt der Herr Gehör«.[155] Und dann stellte Pascalina auch noch eine Forderung: »Und die liebe Mutter Bernarda sollte nun auch zeigen, dass sie etwas vermag über das Herz Gottes.«[156]

Am 1. Dezember, als die drei Schwestern um das Bett des Heiligen Vaters knieten, um den Rosenkranz zu beten, sprach er von einer Stimme, die ihm eine Vision ankündigte. Am nächsten Morgen brachte Schwester Pascalina das Frühstück an das Krankenbett. Ihren Morgengruß erwiderte der Papst nicht. Er lag mit weit geöffneten, strahlenden Augen im Bett und sagte zu Schwester Pascalina: »Dort wo Sie stehen, stand Unser Herr – Unser Heiland, Jesus Christus!«[157] Schwester Pascalina wartete auf ein weiteres Wort zu diesem Ereignis. Doch es kam keines mehr. Sie kniete sich nieder, dort, wo, wie Pius XII. gesagt hatte, der Heiland gestanden war – und küsste den Boden in der Hoffnung, sie würde noch mehr vernehmen zu der Vision des Papstes. Doch er blieb stumm. Pascalina wusste nicht, wie sie sich verhalten sollte. Sie bat Kardinal Spellman telefonisch, sofort nach Rom zu kommen. Als Spellman in Rom ankam, war die »Vision« schon längst von der Presse aufgegriffen. »Der Papst allerdings verbot darüber zu sprechen!« wie P. Peter Gumpel SJ weiß.[158]

Bei seinem Besuch im Sommer 1955 in Castel Gandolfo hatte Dr. Niehans bemerkt, dass Schwester Pascalinas Kräfte nachließen. Er schlug ihr eine Kur mit Frischzellen vor und sie war damit einverstanden. Sie bekam fünf Spritzen für Hypothalamus, Nebennieren, Leber, Milz und Darmschleimhaut; alle auf einmal und musste anschließend drei Tage ruhen. Doch zur Teilnahme an der Messe stand sie dennoch immer auf.

Dr. Niehans war sehr zufrieden mit dem Gesundheitszustand des Papstes. Der Arzt erklärte Schwester Pascalina damals auch, dass der Blutdruck des Papstes extrem niedrig sei, woraus seine oft bleierne Müdigkeit resultiere.[159]

Pascalina empfand es als wohltuend, dass Dr. Niehans nicht behauptete, er habe jemanden kuriert, sondern »es kommt alles vom Herrgott. Er ist es, der die Menschen heilt und die Ärzte geben sich Mühe, die Krankheiten zu erforschen, und je mehr man wisse, umso besser erkennt man, wie groß der Herrgott ist.« Schwester Pascalinas Fazit: »… hat der Mann nicht einen großen Glauben – und auch viel, viel Demut?«[160]

Der Arzt Paul Niehans ließ Schwester Pascalina seine Empfindungen für den Papst wissen.

> »Ich bin zu sehr vielen Großen der Welt gerufen worden, ich habe fast die ganze Welt bereist und habe Kontakt mit sehr vielen Menschen gehabt, aber ehe ich zu Pius XII. kam, wusste ich nicht, dass es einen so wunderbaren Menschen überhaupt auf der Welt geben kann. Die Monate, die ich bei ihm verbringen und ihm helfen durfte, waren die schönsten in den langen Jahren meiner Praxis als Arzt, und ich danke dem lieben Gott für diese herrliche Zeit! Sie war für mich eine besondere Gnade.«[161]

Tief beeindruckt war Pascalina, als ihr Dr. Niehans Jahre später sagte, dass er gerne sein Leben geben würde, um das des Heiligen Vaters zu retten. »Und er ist Protestant«[162], setzte sie hinzu.

Pascalina freute sich sehr, dass der »feine Mann« durch den Heiligen Vater in die Päpstliche Akademie der Wissenschaften als Nachfolger von Alexander Fleming, dem Entdecker des Penicillins, aufgenommen worden war – ein Ausdruck für das enge Verhältnis, das sich zwischen dem Papst und dem Arzt entwickelt hatte. Aus französischen Zeitungen musste Pascalina allerdings erfahren, dass man dort gegen Dr. Niehans opponiere. »Es ist gewiss auch sehr viel Neid, nun, da er Akademiker geworden ist, ist der Neid noch größer. Aber er ist wirklich ein edler Mensch, wie schade, dass er nicht katholisch ist.«[163]

Wir beteten den letzten Rosenkranz

In der Nacht vom Samstag auf Sonntag, dem 5. Oktober 1958, fand Papst Pius XII. in Castel Gandolfo kaum Schlaf. Schwester Pascalina war in großer Sorge, ob er am Morgen die heilige Messe würde durchstehen können. Es gelang ihm tatsächlich, um 9 Uhr auf dem Balkon zu erscheinen, allerdings sehr bleich, aber mit seinem gewohnten Lächeln. Er hielt seine Ansprache in voller Länge, sank dann zurück auf den bereitgestellten Stuhl. Danach sagte er: »Adesso non posso piú!« (Jetzt kann ich nicht mehr.) Er ging in sein Zimmer und legte sich auf sein Ruhebett, ohne Ruhe zu finden, da sich der Schluckauf wieder eingestellt hatte. Schwester Pascalina brachte ihm eine kleine Stärkung.

Seinem Wunsch, in den Vatikan gebracht zu werden, konnten die Ärzte wegen der schweren Erkrankung nicht mehr entsprechen. Es folgte eine unruhige Nacht, eine Schwester blieb an des Papstes Seite. Sehr früh am Morgen kam ein Arzt, um ihm den Magen auszupumpen. Man hoffte immer noch, den Schluckauf zum Stillstand zu bringen. Nach der Untersuchung schloss Papst Pius XII. die Augen, das Haupt fiel nach vorne, und er sank bewusstlos zusammen. Mühsam wurde er in sein Bett gelegt. In diesem Moment erlebte Wilhelm Hentrich SJ, Bibliothekar des Papstes, »den größten Schmerz seines Lebens«. Er war gerade aus seinen

Jahresexerzitien zurückgekommen, als er das »schmerzliche Glück« hatte, dem Heiligen Vater am 6. Oktober 1958 die Letzte Ölung spenden zu dürfen.[164]

Kardinal Eugène Tisserant war von Nancy mit einer Maschine der französischen Regierung nach Rom geflogen worden und sofort nach Castel Gandolfo an das Krankenbett geeilt. Doch das nahm der Kranke kaum wahr. Leise sprach Papst Pius XII. zu Pascalina: »Questa é la mia giornata.« (Das ist mein Tag!) Pascalina wunderte sich, dass er mit ihr italienisch und nicht wie immer deutsch sprach. Sie ging in die Kapelle, weinte sehr und versuchte zu begreifen, was ihr der Heilige Vater mit diesem Ausspruch sagen wollte.

Gegen Mittag war Dr. Niehans aus Paris eingetroffen. Der Papst war erfreut über sein Kommen. Und auch an diesem Tag versammelten sich alle abends zum Rosenkranz. »Dann machte er das Kreuzzeichen, groß und schön wie immer, und wir beteten mit ihm den Rosenkranz – den letzten hier auf Erden!«,[165] so Pascalina. Nach dem Rosenkranz beteten die Schwestern noch drei Ave Maria mit dem Zusatz: »Du Heil der Kranken, bitte für ihn!« Der Heilige Vater schaute alle der Reihe nach mit einem unendlich wehmütigen Blick an. Dann erhob er die Hand zum Segen. Es war der letzte »Gute-Nacht-Segen« auf dieser Erde. Einer nach dem andern trat an das Sterbebett des Heiligen Vaters und küsste die fast durchsichtige weiße Hand – zum letzten Mal.

Pascalina verließ für kurze Zeit das Krankenzimmer und ging in die Klausur, die eine Etage tiefer lag. Dort meinte sie ein dreimaliges Klopfen an ihrer Tür zu hören. Aber niemand war vor der Tür. Sie hatte das Gefühl, sie sollte sich an etwas erinnern. Es fiel ihr ein, dass der Heilige Vater ihr einen strikten Befehl gegeben hatte: »Wenn ich einmal nicht mehr Zeit haben sollte, dann verbrennen Sie dieses …«[166] Pascalina eilte mit ihren beiden Mitschwestern in das Arbeitszimmer des Papstes. Sie nahmen drei

Körbe, in denen sich schön geschichtet viele Papiere befanden und brachten sie weg.

Bei diesen Papieren handelte es sich um Aufzeichnungen für Reden und Ansprachen, die der Papst während der zwanzig Jahre seines Pontifikats gehalten hatte, die aber nicht gedruckt worden waren. Eigentlich sollten diese Unterlagen sortiert und archiviert werden, doch dazu war es aus Zeitgründen nie gekommen. Nun waren die drei Schwestern damit beschäftigt, alles zu verbrennen. Als Schwester Pascalina später nach diesen Unterlagen befragt wurde, gab sie unumwunden zu, dass es sich um einen Befehl des Heiligen Vaters gehandelt habe, alles zu verbrennen. Pascalina wurde wegen dieses Vorgangs immer wieder angegriffen.[167]

Schwester Pascalina kehrte zu dem Sterbenden zurück. Es wurde ihr zugeflüstert, der Kardinaldekan habe bereits das Arbeitszimmer des Papstes versiegelt. Das war für sie das Zeichen, dass keine Hoffnung mehr für den Papst bestand. Sie fühlte sich erleichtert, dass sie den Wunsch des Papstes hatte erfüllen können.

Viele Stunden knieten Verwandte und Freunde, Prälaten und Priester um das Krankenbett von Pius XII. und beteten alle seine Lieblingsgebete und besonders das »Anima Christi«.

Gegen Mitternacht gab Monsignore Domenico Tardini bekannt, dass er nun die heilige Messe lesen werde. Er beschwor Gott, wenn es sein heiligster Wille sei, den Heiligen Vater der Welt zu erhalten, oder ihn zu sich zu nehmen, so wie es im göttlichen Ratschluss bestimmt sei. Diese Messe wurde im Radio übertragen, damit alle, die den Papst verehrten, sich dem Gebet anschließen konnten. Nach der Messe kehrten alle zurück an das Bett des Sterbenden. Ein leises Lächeln umspielte dessen Mund, das wachsbleiche Antlitz verklärte sich, ein Neigen des Hauptes – ein letzter Atemzug. Es war der 9. Oktober – 3.52 Uhr.

Schwester Pascalina wusste: »Nun schaut er Gott!«.[168] Da begann Monsignore Tardini mit lauter, fast jubelnder Stimme: »Magnificat anima mea Dominum!« Alle fielen ein und beteten mit ihm. Nun traten alle an das Sterbelager und küssten die noch fieberheißen Hände des Heimgegangenen zum allerletzten Mal. Niemand weinte in diesem Moment. Doch als jemand das »De profundis« anstimmte, ging ein wehes Schluchzen durch den Raum.

Pascalinas letzter Liebesdienst für Papst Pius XII.

Die Schwestern hatten vom Kardinaldekan die Erlaubnis bekommen, den Entschlafenen zu waschen und zu kleiden.[169] Zusammen mit einem Krankenpfleger durften sie ihm diesen letzten Liebesdienst erweisen. Es war sicher Pascalina, die diesen Dienst an dem Mann übernahm, dem sie vierzig Jahre lang treulich gedient hatte, für den sie gesorgt und gebangt hatte, für den sie wirklich Tag und Nacht bereit gewesen war.

Da der Papst sehr hohes Fieber gehabt hatte, blieb sein Körper noch lange leicht und biegsam, sodass es absolut keine Mühe für Pascalina war, die Handlung vorzunehmen. Der Verstorbene wurde mit dem päpstlichen Gewand, einer weißen Soutane und mit einer roten, mit Hermelinstreifen besetzten Mozetta bekleidet. In die erkalteten Hände steckte Pascalina das Sterbekreuz und den Rosenkranz – unaussprechliches Weh überkam sie.

Anschließend musste sich die trauernde Madre Pascalina auf Wunsch von Kardinal Eugène Tisserant nach Rom begeben, da nur sie den Aufbewahrungsort des Testaments des Verstorbenen kannte. Alles schien auf dem Weg dorthin wie sonst zu sein, doch sie konnte nicht glauben, dass die Zeit nicht stillstünde nach dem Ereignis dieser Nacht. Auf dem Petersplatz angekommen, sah sie viele Menschen, die tiefe Trauer zeigten. Die großen Glocken, die sie sonst so gerne hörte, dröhnten nun in ihren Ohren, jeder Glockenschlag tat ihrer Seele weh und das Herz schien ihr zu brechen.

Sie ging zur Privatwohnung von Papst Pius XII. Die Räume wirkten nun kalt und leer. Madre Pascalina hatte sich noch nie so einsam gefühlt und war schließlich froh, als Kardinal Eugène Tisserant zusammen mit Carlo Pacelli erschien. Es gelang ihr vor lauter Aufregung nur schwer, den Schreibtisch zu öffnen und die Schublade aufzuziehen, in der das am 15. Mai 1956 verfasste Vermächtnis lag. Kardinal Tisserant entnahm das Dokument und las es. Papst Pius XII. hatte »den Heiligen Apostolischen Stuhl, von dem ich so viel empfangen habe wie von einer hochliebenden Mutter«[170] zu seinem Universalerben bestimmt. Der Kardinal machte noch einen Rundgang durch die Wohnung, die er später versiegeln lassen wollte. Er teilte Schwester Pascalina mit, dass sie und ihre Mitschwestern noch einmal in das Privatappartement zurückkehren könnten, ihre Sachen ordnen und so lange bleiben, bis sie alles geregelt hätten.

Madre Pascalina fuhr nach Castel Gandolfo zurück. Und es gelang ihr trotz des großen Andrangs, zusammen mit den Schwestern Maria Konrada und Ewaldis, noch einmal ganz nahe bei der sterblichen Hülle des Papstes niederzuknien.

Eigenartigerweise durften in dieser bitteren Stunde Fotos gemacht werden. Es ist eine der wenigen Aufnahmen, die Madre Pascalina zusammen mit Papst Pius XII. zeigt, dessen Vertraute sie vierzig Jahre lang gewesen war.

Abschied von Papst Pius XII.

In feierlichem Zug wurde der Verstorbene von Castel Gandolfo nach St. Peter überführt und der Sarg vor der Cathedra abgestellt. Tagelang hielt der Strom der Gläubigen an, die Abschied nehmen wollten vom verehrten Heiligen Vater. Am 13. Oktober mittags 12 Uhr wurden die Pforten von St. Peter geschlossen, und es folgte die Beisetzung des Papstes im Beisein der Kardinäle, Bischöfe und Priester sowie der Großen dieser Welt.

Bei dem feierlichen Totenamt für Papst Pius XII. am 19. Oktober 1958 entfaltete sich noch einmal die ganze Pracht des päpstlichen Zeremoniells. Es nahmen Sonderdelegationen aus insgesamt 53 Ländern teil. Das zeigt, welch hoher Wertschätzung sich Papst Pius XII. zu seinen Lebzeiten erfreuen durfte. Schwester Pascalina nannte das Pontifikat des verstorbenen Papstes, die Erfüllung seines Wahlspruches: »Friede ist ein Werk für die Gerechtigkeit«.

Auch Kardinal Spellman kam sehr traurig am 9. Oktober 1958 in Rom an. Er war von Bischof O'Connor und Graf Enrico Galeazzi vom Flughafen abgeholt und direkt nach Castel Gandolfo gebracht worden. Nur sechs Tage waren vergangen, seit der Kardinal 600 amerikanische Pilger in den Vatikan gebracht hatte. Nach Lourdes und Fatima galt die Audienz beim Heiligen Vater als der Höhepunkt der Reise. Pascalina berichtet, dass Spellman sich mit seinen Pilgern sofort nach der Ansprache des Papstes hatte entfernen wollen, der Heilige Vater ihn persönlich zurückgehalten und sich mit ihm besprochen habe, trotz des Schluckaufs, als ob nichts gewesen sei.

Kardinal Spellman befand sich auf hoher See, als er die Todesnachricht empfing.[171] Er kehrte sofort nach Rom zurück, um an den Trauerfeierlichkeiten in Rom teilzunehmen.

Am Morgen danach erhielt er den Besuch von Madre Pascalina, die von Trauer fast verzehrt war. Nun brachte sie, Tränen in den Augen, einige Erinnerungsstücke einem alten Freund, der vor vielen Jahren als junger amerikanischer Priester dem Kardinal Pacelli so nahegestanden hatte. Darunter befanden sich die letzte Soutane, die der Papst getragen hatte, und die letzte Kappe, das Solideo, die ihm Madre Pascalina nach dem Tode aufs Haupt gesetzt hatte.[172] Spellman nahm das Geschenk dankbar mit nach New York. Zwei Jahre später lehrte der erst 37-jährige Prof. Dr. Pater

Peter Gumpel an der Fordham University. Als dieser die St. Patrick's Cathedral in New York besuchte, fand er im hinteren Teil der Kirche eine Art Kleiderpuppe, die mit der von Papst Pius XII. einst getragenen Soutane und mit dem Solideo bekleidet war.[173] Spellman ärgerte sich sehr über den neu gewählten Papst Johannes XXIII. Der Erzbischof von New York empfand es als entwürdigend, dass es des neuen Papstes erste Tat war, Schwester Pascalina aus dem Vatikan auszuweisen. Sie musste angeblich innerhalb von ein paar Stunden ihre Habseligkeiten zusammenpacken.

Dagegen steht ihre eigene Schilderung ihres Abschieds aus dem Vatikan. Zudem ist es nicht üblich, dass der neu gewählte Papst das persönliche Personal seines Vorgängers übernimmt – und schon gar nicht eine Frau mit einer solchen Sonderstellung im Vatikan. Als Schwester Pascalina den Vatikan verließ, sei es allerdings zu einer hitzigen Auseinandersetzung mit ihrem Widersacher Eugène Tisserant, Dekan des Kardinalskollegiums, gekommen.[174] Dass Schwester Pascalina sehr impulsiv sein konnte, das ist durchaus zu hören. Sie selbst erzählte viele, viele Jahre später, dass Eugène Tisserant auf dem Sterbebett nach ihr hat rufen lassen. Die Begegnung kam aber dann doch nicht zustande.[175]

Der Abschied vom päpstlichen Palast fiel Madre Pascalina schwer. Der ihr so vertrauten Generaloberin Maria Carmela Motta gestand sie: »Noch bin ich nicht frei vom App. pontificio, aber ich gehe nur mehr, wenn man mich ruft. Wissen Sie, liebe Frau Mutter, es ist nun ganz anders dort – es hätte uns sicher das Herz abgedrückt, wenn wir hätten bleiben müssen, das sehe ich mit jedem Tag mehr.«[176]

Nun begann ein neuer Abschnitt ihres Lebens. Sie spürte zunächst nichts als Leere. Sie fühlte sich überflüssig und konnte sich des Eindrucks nicht erwehren, dass sie im Vatikan unerwünscht war. Für sie war es damals sicher nicht vorstellbar, dass sie immer wieder Angriffen und Beleidigungen auch von der hohen Geistlichkeit ausgesetzt sein würde.[177] Madre Pascalina trauerte bis an ihr Lebensende um Papst Pius XII., dem sie in bedingungsloser Liebe und Verehrung gefolgt war. Beim Abschied vom Vatikan sagte sie schmerzvoll: »Noch kann ich immer nicht glauben, dass Pius XII. nun stumm dem Heiligen Petrus gegenüber in den Grotten ruht.«[178]

Kondolenzschreiben an Madre Pascalina

Zum Tod Papst Pius' XII. erreichten Schwester Pascalina wahre Berge von Kondolenzschreiben. Eine kaum überschaubare Anzahl davon findet sich im Archiv im Institut in Menzingen. Madre Pascalina hatte sich damals entschlossen, einige der »Briefstöße« ins Mutterkloster zu schicken, da sie sonst Gefahr laufe, viele selbst zu vernichten. In vielen Trauerbriefen wurde die Bitte nach einem Andenken an den verstorbenen Pontifex ausgesprochen.

Von einem dieser Briefe konnte sie sich bis an ihr Lebensende allerdings nicht trennen: Es ist ein Kondolenzschreiben des Paters Dominicus OFMCap. vom 13. November 1958 aus San Giovanni Rotonda. In diesem Schreiben kommt der seit 2002 heiliggesprochene Pater Pio (1887–1968) zu Wort.[179] Pater Dominicus bedankte sich bei Schwester Pascalina für die Schilderung des »wunderbaren Heimgangs« des Heiligen Vaters. »Vergelt's Gott! Wahrlich: Pretiosa in conspectu Domini mors Sanctorum ejus!«

Der Pater war damals zu Exerzitien zusammen mit Pater Pio. Er berichtete diesem, dass Pascalina ihm geschrieben habe, sie sei überzeugt, dass Pius XII. im Sterben »Gott geschaut hätte«. Pater Pio hörte mit tiefer Ergriffenheit zu, nahm auch die Grüße der Schwester entgegen und deren Bitte um ein Gebet. Pater Pio nickte verständnisvoll und verstand den Satz der Schwester: »Es ist noch alles so wund und weh!«

Pascalina hatte in ihrem Brief die Frage gestellt: »Was wohl Padre Pio sagt?« Pater Dominicus hatte ihm diese Frage weitergeleitet. Mit einem beinahe verklärten Gesicht habe dieser geantwortet: »È in Paradiso. L'ho visto in Santa Messa.« Pater Dominicus habe seinen Ohren nicht getraut und die Frage wiederholt. Die Antwort war »Si!« und auf seinem Gesicht sei ein geradezu himmlisches Lächeln gewesen.

Pater Pio hatte vom Ableben des Papstes vor Beginn einer Messe erfahren. Da jeder Pater eine heilige Messe las für den verstorbenen Papst, konnte Pater Pio dies ebenfalls sofort tun. »Vielleicht sah er schon da den Heiligen Vater in seiner Herrlichkeit. Während der ganzen Messe weinte Pater Pio und sprach: ›Sehet, wie er ihn liebte!‹«, so Pater Dominicus OFMCap. Er schrieb:

> Liebe Madre Pascalina, wir sind ja alle überzeugt, dass der Hl. Vater ein Heiliger ist. Und doch, sind nicht die Worte des Paters Pio eine freudige, trostreiche Bestätigung? Wie freue ich mich, dass ich Ihnen dieses mitteilen darf! Möge Pios Blick in die Ewigkeit Balsam und Linderung sein für Ihr wundes Herz![180]

Pater Dominicus fügte an, dass Pater Pio Schwester Pascalina seinen Segen sende.

Ein sehr persönliches Beileidsschreiben kam vom Bischof von Mainz, Albert Stohr:

> »Nun hat der liebe Gott das große Opfer von der ganzen Christenheit gefordert, aber ganz besonders auch von Ihnen, die Sie Ihm so viele Jahre dienen durften … Was jetzt für Sie kommen wird, weiß ich nicht; aber ich möchte, wo immer Sie auch sind, Ihnen die Gewissheit geben, dass ich Sie nicht vergesse und auch bereit bin, für Sie zu tun, was Sie von mir erwarten dürfen.«[181]

»In treuer Teilnahme aus der Heimat« unterzeichnete Monsignore Josef Thalhammer, Domkapitular in München, sein Kondolenzschreiben:

> Niemand wird verstehen, was Sie durch diesen Tod verloren haben; niemand wird Sie trösten können außer unser Glaube, das Hinüberschauen in das Ewige, wo Ihr großer Heiliger Vater mit seinem Kardinal weiterleben und der Welt Frieden und Segen schicken werden.[182]

Der Bischof von Essen erinnert in seinem Kondolenzschreiben daran, dass er Schwester Pascalina bei seiner Visitatio ad limina in Rom begegnet war. Er wollte ihr gegenüber zum Ausdruck bringen, wie dankbar man ihr war für alles,

> was sie unserem so geliebten verewigten Heiligen Vater und nicht zuletzt auch den deutschen Katholiken in der Notzeit nach den letzten Krieg getan haben. Wie sehr wird Sie der für uns alle ganz unerwartete Tod des Heiligen Vaters getroffen haben. Sie haben durch vier Jahrzehnte hindurch dem Heiligen Vater so viel dienen und helfen dürfen wie nur wenige. Der hohe Entschlafene wird sicherlich von der Ewigkeit aus Ihnen durch seine Fürbitte bei Gott weiter schützend nahe sein.[183]

Als der Papst starb, verbrachte Aloysius Muench, der Apostolische Nuntius in Deutschland, seinen Urlaub in den Vereinigten Staaten von Amerika. Er brach diese Reise sofort ab, kehrte unverzüglich nach Bad Godesberg zurück, um das Pontifikalrequiem für Seine Heiligkeit im Bonner Münster zu halten. Er schrieb, er fühle mit Pascalina diesen schmerzlichen Verlust, durch den dem deutschen Volke tiefes Leid widerfahren sei. Die ganze Welt habe sich in der Trauer um den hehren Toten vereint, dessen überall mit außergewöhnlicher großer Achtung und Wertschätzung gedacht werde. Der Apostolische Nuntius dankte Pascalina von ganzem Herzen für alle freundlichen Aufmerksamkeiten, die sie ihm oft hat angedeihen lassen. Der Brief endet: »Ich werde Sie nie vergessen und Ihrer auch in Zukunft oft beim heiligen Messopfer gedenken ... Pax tibi! In Christo«[184]

Pater Hentrich SJ, der jahrelang räumlich sehr eng und mit ständiger Überschneidung der gegenseitigen Arbeitsgebiete mit Madre Pascalina zusammengearbeitet hatte, trauerte mit ihr um Papst Pius XII. Der sechs Seiten lange Kondolenzbrief ist anrührend. Er schrieb ihr darin:

> Mutter, welch einen Trost dürfen Sie empfinden in dem Gedanken, dass Sie jetzt im Himmel einen ganz persönlichen Fürsprecher haben! – Wie glücklich in allem Schmerz dürfen Sie dann erst sein, die ein ganzes volles, gerütteltvolles Leben dem Stellvertreter Christi in unermüdlicher Treue gedient haben. [185]

Pater Hentrich SJ tröstete nicht nur Madre Pascalina, sondern er dankte auch Generaloberin Maria Carmela Motta für die echt mütterliche Sorge und Liebe, mit der sie sogleich nach Rom geeilt war, um der Ehrwürdigen Madre Pascalina in der schwersten Prüfungsstunde ihres Lebens, Trost und Stütze zu sein. »Sie hat diesen Trost verdient.«[186] In allem Leid war die Ankunft der vertrauten Generaloberin Maria Carmela Motta aus dem Mutterhaus in Menzingen eine große Freude für die unendlich trauernde Madre Pascalina.

»Werden wir ihn nicht bald verehren dürfen?«

Der letzte Abschnitt ihres langen Lebens galt wiederum Pius XII. Madre Pascalina setzte sich unermüdlich ein, den Seligsprechungsprozess für Papst Pius XII. zu fördern. Ehrungen und Empfänge betrachtete sie ausschließlich als Möglichkeiten, das Andenken an Pius XII. lebendig zu erhalten.

Als Madre Pascalina das erste Mal zur Audienz zu Papst Johannes XXIII. gebeten worden war, ging dieser mit ihr durch die ganze Privatwohnung, lobte die Einfachheit und Vornehmheit mit den typisch deutschen Möbeln und der tadellosen Ordnung. Er interessierte sich auch dafür, von wem die verschiedenen Gemälde stammten. Pascalina konnte ihm alle Fragen beantworten. Papst Johannes XXIII. sprach voll Bewunderung vom Lebenswerk seines Vorgängers. In seiner Begeisterung wollte er dessen Grabkapelle in St. Peter mit Mosaiken und zwei neuen Altären ausstatten lassen. Pascalina erlaubte sich zu sagen: »Heiligkeit, dies ist nicht notwendig; Pius XII. liebte die Einfachheit und hat dies auch in seinem Testament betont. Aber wenn Eure Heiligkeit etwas für die Causa der Seligsprechung tun wollten!« Johannes XXIII. antwortete: »Das tue ich sicher, ganz sicher, aber ich will auch das andere nicht unterlassen.«[187]

Schon bald nach dem Hinscheiden von Papst Pius XII. 1958 wurde Schwester Pascalina von Leuten aufgesucht, die sie gar nicht kannte: Herrschaften aus Kanada, Frankreich und Belgien. Sie alle wollten wissen, was man tun könne, um Pius XII. möglichst bald zur Ehre der Altäre zu bringen, da man ihn nun noch viel mehr verehrte als zu seinen Lebzeiten. Schwester Pascalina suchte daraufhin den Jesuitengeneral auf. Dort hörte sie, dass als Ansprechpartner für einen Antrag zur Seligsprechung eines Papstes nur ein Kardinal in Frage komme, der seinerseits einen Bischof delegieren könne, aber kein geringerer. So bat sie um Audienz bei Kardinal Domenico Tardini, der sie sofort empfing und mit ihr eine Stunde über die Angelegenheit sprach. Der Kardinal war, wie schon zu Lebzeiten Pius' XII., mehr als entgegenkommend. Tardini war besonders wichtig für Pascalina, schließlich war er einer der Kronzeugen, und besonders einer, der bei Papst Johannes XXIII. Einfluss hatte.

Schwester Pascalina begann dann alle diejenigen Personen anzuschreiben, die Pius XII. gut gekannt und geschätzt hatten. Sie bat um Briefe mit dem Wunsch nach der Seligsprechung des Papstes. Je mehr Bitten kämen, umso besser sei es. »Wenn nur Millionen kämen«,[188] das wünschte sich Pascalina inständig.

Francis Spellman, Erzbischof von New York, war auch schon von Schwester Pascalina verständigt worden. Sie bat ihn, recht viele Bischöfe, Ordensobere, natürlich auch kleine Leute dazu zu bewegen, Briefe zu schreiben.

Madre Pascalina entfaltete eine rege Tätigkeit. Sie sprach mit den Kardinälen Léger, Pizzardo und Tedeschini. Alle versprachen, etwas zu tun. Außerdem wartete sie auf Antwort von den deutschen Kardinälen. Sie hatte allen dreien geschrieben, und Augustin Bea hatte jeweils ein weiteres Schreiben beigefügt. Pascalina war der Meinung: »Wann nur erst einmal der Anstoß gemacht ist, dann läuft es von selber. Aber wenn sich niemand rührt, kommt es nicht dazu und dann verlieren die Leute die Begeisterung und auch den Mut.«[189]

Doch es sollte viel schlimmer kommen. Schwester Pascalina musste tatsächlich erleben, wie »ihr Papst« in der breiten Öffentlichkeit, aber auch innerhalb der Kirche, in Misskredit geriet. Aus dem Ausland hatten italienische Journalisten allerdings erfahren, dass Pius XII. im Jahr 1953 den Friedensnobelpreis bekommen sollte, wie sein Arzt Galeazzi-Lisi berichtet.[190] Bis Anfang der 1970er-Jahre genoss Papst Pius XII. weltweit und insbesondere in Deutschland ein hohes Ansehen. Dann, am 20. Februar 1963, wurde in Berlin Rolf Hochhuths Theaterstück »Der Stellvertreter« uraufgeführt. In diesem Schauspiel erscheint der Papst als rücksichtsloser Zyniker. Außerdem löste der Vorwurf, »Pius XII. habe zur nationalsozialistischen Judenverfolgung und -vernichtung schuldhaft geschwiegen«,[191] eine erbitterte, internationale Debatte aus.[192] Pascalina nannte Hochhuths Schauspiel »das traurige Zerrbild Pius XII.«[193]

Von diesem Zeitpunkt an hatte sie nur noch den einen Wunsch, der bei gutem Willen zu erfüllen war: »Gebete und Opfer für die Erhebung von Papst Pius XII. zur Ehre der Altäre.«[194]

Die Hoffnung der Madre auf eine Seligsprechung noch zu ihrer eigenen Lebenszeit erfüllte sich leider nicht. Gerechnet hatte sie fest damit. So hatte sie schon am 9. November 1958, vier Wochen nach dem Heimgang von Papst Pius XII., an Nuntius Aloysius Muench geschrieben: »Tausende von Briefen sagen auch mir: werden wir Ihn nicht ganz bald auf den Altären verehren dürfen!«[195]

Während der letzten Session des Zweiten Vatikanischen Konzils, am 18. November 1965, kündigte Papst Paul VI. (1963–1978) ein solches Verfahren an. Pater Paolo Molinas SJ wurde Postulator, Pater Peter Gumpel SJ Relator des Verfahrens. Sie trugen in Kooperation mit Wissenschaftlern und Theologen aus aller Welt Akten zusammen und fassten sie in der sogenannten Positio zusammen, die sie im Jahr 2005 der päpstlichen Heilig- und Seligsprechungskongregation vorlegten.[196] Damit war ein entscheidender weiterer Schritt zur Seligsprechung von Pius XII. getan.

Teil IV
1959–1983
Oberin am päpstlichen nordamerikanischen
Priesterkolleg in Rom

Madre Pascalina und Elisabetta Rossignani, geb. Pacelli

Leben ohne Papst Pius XII.

»… aber ich habe es einfach und kindlich
Pius XII. übergeben. Er wird es schon
recht machen.«

Am päpstlichen nordamerikanischen
Priesterkolleg in Rom

Am 23. Dezember 1958 schrieb Schwester Pascalina an Bischof
Aloysius Muench voller Trauer, dass sie nun die erste Weihnacht
ohne »unseren Heiligen Vater« im Mutterhaus in Menzingen ver-
bringen werde. »Aber Er kann dies Fest ja in der Herrlichkeit des
Himmels feiern und dies ist uns Trost und Kraft.«[1] Anfang Januar
1959 wollte Pascalina im Mutterhaus noch Exerzitien machen und
dann nach Rom zurückkehren. Dort konnte sie eine Wohnung in
der Villa St. Giovanni im Pontifical North American College bezie-
hen und als Procuratrice Generale ihrer Kongregation fungieren.
Das nordamerikanische Priesterseminar in Rom besteht seit
1859. Das Gebäude in der Via Dell'Umiltà war längst zu klein
geworden. So sah sich der nordamerikanische Episkopat genötigt,
ein neues Haus zu bauen. Das heutige Gebäude des Pontifical
North American College entstand in den Jahren 1946 bis 1953; die
Leitung übernahm als Rektor Bischof Martin J. O'Connor, Titu-
lar Bishop of Thespiae und Auxiliary Bishop of Scranton, und
Kardinal Francis J. Spellman als Mitglied des »Episcopal Board«.
Grundsteinlegung war am 17. Oktober 1948 unter Bischof
O'Connor auf dem Janicolo-Hügel unweit vom Petersdom. Als

Architekt wurde Enrico Graf Galeazzi verpflichtet, der die Baupläne immer mit Schwester Pascalina durchsprach. Es entstand ein sechs Stockwerke hohes Backsteingebäude mit einer Kapelle, einem großen Speisesaal, einer gut ausgestatteten theologischen Bibliothek, einem Auditorium, Verwaltungsbüros, Seminarräumen, einem Studentenwohnheim sowie Sportplätzen.

In diesem Neubau sollten etwa dreihundert Studenten aus allen Diözesen Nordamerikas einziehen. Die Ausbildung eines guten Klerus war stets ein Herzensanliegen von Papst Pius XII. Er hatte immer darauf gedrungen, dass nach und nach aus jungen Priestern im Geiste tiefer Religiosität ein neuer Klerus herangebildet werden sollte. Papst Pius XII. weihte das neue Gebäude im Oktober 1953 ein, in Anwesenheit von Kardinälen, Bischöfen und sehr vielen Priestern, die eigens aus Amerika gekommen waren. Selbstverständlich war auch Schwester Pascalina eingeladen worden.

Es scheint vom Mutterhaus in Menzingen aus der Wunsch bestanden zu haben, dass Schwestern vom Heiligen Kreuz im Kolleg arbeiteten. Ein erster Besuch der Generaloberin Maria Carmela Motta in Rom fand im Januar 1953 statt. Dabei zeigte sich, dass nach den Statuten keine Frau oder Schwester dort tätig sein sollte. Auf der anderen Seite konnte sich der Rektor Bischof Martin J. O'Connor sehr gut vorstellen, dass für die Studenten Schwestern ein gutes Beispiel für ein Gott geweihtes Leben wären.

Die Leitung in Rom wurde Schwester Maria Graziana Tavelli (1902–1987)[2] aus Casacce bei Sondrio, Veltlin, übertragen. Insgesamt waren vierzehn Schwestern ab 1954 für »Küche, Lingerie (Wäsche) und Krankendienst« im Kolleg tätig.

Im Dezember waren dann neben Schwester Graziana schon mehrere Schwestern aus Menzingen in Rom. Schwester Pascalina ging zusammen mit den Schwestern Maria Konrada und Ewaldis ins Kolleg, um dort jeder Schwester ein kleines Weihnachtsgeschenk zu bringen. Kurz vor dem Weihnachtsfest versicherte Bischof O'Connor, mit den Schwestern sehr zufrieden zu sein. Auch Graziana schien sich gut eingelebt zu haben, meinte allerdings, aller Anfang sei schwer.

Doch bald zeigte sich eine Reihe von Problemen. Zudem fühlte sich Schwester Pascalina für das Geschehen im Kolleg voll verantwortlich. Das war für Schwester Graziana sicher schwierig. Sie war zwar die »Madre Superiora« des Kollegs, doch ihre Mitschwester Pascalina war seit 1949 die »Generalprokuratorin der Menzinger Schwestern in Rom«, eine Konstellation, die nicht günstig war. Schwester Pascalina meinte, sich in alles einmischen zu müssen und machte Schwester Graziana das Leben schwer. Pascalina war zu Ohren gekommen, dass alle Schwestern die Oberin kritisieren würden und dies schon Gesprächsstoff im Kolleg sei. Schwester Pascalina versuchte die Probleme zu lösen: »Alle haben mir versprochen, sich zu bessern und ich gehe bald wieder, um mich zu versichern, ob es geschehen ist.«[3]

Nach Meinung der »altgedienten« Schwester Ewaldis seien die Schwestern im College noch viel zu jung. Außerdem sollte der Küche nach Aussage von Schwester Maria Konrada eine Schwester vorstehen, die auch mutig sei. Damals war zu allem Unglück gerade auch noch der Koch spurlos verschwunden. Allen Schwestern fehlte es an Selbstständigkeit, und somit brauchten sie eine energische Hand. Erschwerend kam hinzu, dass Schwester Graziana des Deutschen nicht mächtig war. Andererseits bestand Pascalina darauf, dass die Schwestern aus Menzingen unbedingt die Landessprache, also Italienisch, lernten. Wer sich dazu nicht bereit erklärte, der könne gleich wieder nach Menzingen zurückgeschickt werden, drohte sie. Doch zurück wollte keine der Schwestern.

Im Jahr 1954 kam dann aus Menzingen ein wahrer Ruhepol ins Kolleg: die 47-jährige Schwester Irma Paula.[4] Sie nahm sich dort liebevoll der Kranken an, und bald sprach es sich unter den Priesterstudenten herum, dass sie immer ein offenes Ohr für alle Nöte hatte.

Nachdem Madre Pascalina im Januar 1959 in das amerikanische Kolleg eingezogen war, kam sie mit Schwester Graziana immer weniger zurecht. Diese ertrage auch nicht die geringste Kritik. Den Grund für die Verstimmung nannte Pascalina dann selbst: »Auf keinen Fall dürfte sie merken, dass eventuell ich infrage käme für sie. Ich bin mir auch noch nicht klar, ob dies durchführbar ist, aber ich habe es einfach und kindlich *Pius XII.* übergeben. Er wird es schon recht machen.«[5]

Schließlich traf Schwester Graziana Tavelli ihre Entscheidung selbst. Sie teilte Bischof O'Connor am 8. September 1959 persönlich mit, dass sie weggehen werde, da ihre Dienstzeit (sechs Jahre) abgelaufen sei. Er wiederum dankte ihr für all das, was sie für das Pontifical North American College getan habe, und wünschte ihr alles Glück für die Zukunft. Sie bekam von ihm die jährliche Publikation der Studenten mit einer persönlichen Widmung. Es war der Wunsch von Schwester Graziana, dass die Schwestern in Albano 10000 Lire als Geschenk bekommen sollten. Bischof O'Connor stimmte zu.[6]

Im Oktober 1960 kam Schwester Maria Konrada ins Kolleg, denn Madre Pascalina wollte auf die so tüchtige Mitschwester nicht verzichten. Sie »amtete« im Kolleg als Hausmeisterin und sorgte unter den Studenten für Disziplin.[7]

In der Klinik in Rom und Missouri

Im Jahr 1963 reiste Madre Pascalina zu einer Operation in die USA. Diese Reise steht im Zusammenhang mit einem 1952 erlittenen Unfall. Damals dürfte sich die Generaloberin Maria Carmela Motta in Menzingen darüber gewundert haben, dass aus Castel Gandolfo ein Brief mit dem Absender Schwester Maria Konrada und Schwester Ewaldis eintraf.[8] Wenig erfreut war sie über den Inhalt des Briefes: Madre Pascalina hatte am 21. September 1952 einen Unfall erlitten. Sie war mit Mutter Concordia und deren Begleiterin, die sich seit acht Tagen in Rom befanden, nach Circeo gegangen. Beim Spaziergang durch den Garten hatte sich Schwester Pascalina das Bein gebrochen. Ingenieur Galeazzi ließ sie sofort nach Rom in die Klinik Sorores Divini Salvatoris, Villa Salvator Mundi, bringen. Das Bein wurde gegipst. Der Chirurg war der Meinung, es handle sich um einen einfachen Bruch. Schwester Konrada bat nun die Generaloberin in Menzingen, am Grabe der lieben Mutter Bernarda um gute und baldige Genesung zu beten. Außerdem wünschten die beiden deutschen Schwestern die Zusendung eines Bildchens von Mutter Bernarda, damit sie ihr letztes der Madre Pascalina ins Krankenhaus bringen könne. Im Nachwort des Briefes steht dann allerdings zu lesen, dass Graf Enrico Galeazzi bei seinem Besuch in der Klinik erfahren habe, »lieb Madre« habe das Schienbein gebrochen.[9]

Pascalina wurde absolute Bettruhe verordnet. Schwester Konrada fand, dass die Madre sich »vorläufig ergeben hat mit *Herz* und mit *Hand*, denn ein Ausreißen ist ihr physisch momentan ganz unmöglich«.[10]

Die beiden Schwestern durften mit Erlaubnis des Heiligen Vaters schon einen Tag nach dem Unfall die Patientin in der Klinik besuchen. Bei ihrem Eintritt ins Krankenzimmer sahen sie zu ihrem großen Erstaunen eine weinende Madre. Sie erfuhren, dass die erste Diagnose des Arztes falsch gewesen war. Der Fuß war dreimal gebrochen und es waren weitere Röntgenaufnahmen nötig. Schließlich stand eine dreieinhalbstündige Operation an.

Es ging Pascalina sehr schlecht. Der Unfallschock saß tief; sie konnte vierzehn Tage und Nächte kaum schlafen, trotz starker

Schmerzmittel. Bei Pascalina verursachten die vielen Medikamente und Spritzen ein andauerndes Übelsein, außerdem litt sie unter ständigem Erbrechen. Der Arzt ließ per Luftpost besondere Spritzen mit einem Spezialmittel aus Amerika kommen, um das Zusammenwachsen der Knochen zu fördern. Schwester Maria Konrada hielt nicht viel davon und war der Meinung, die Amerikaner sollten »ihren amerikanischen Plunder nur drüben behalten«;[11] sie schien recht zu haben. Madre Pascalina wurde von Tag zu Tag schwächer und elender. Daraufhin setzte der Arzt alle Medikamente ab.

Genesungswünsche kamen reichlich an ihr Krankenbett. Sie freute sich, dass der Papst sie immer wieder anrief. Die Schmerzen und alle anderen Begleiterscheinungen machten ihr nichts aus – nur der Gedanke an den Heiligen Vater, der nun ohne sie zurechtkommen musste, machte ihr großen Kummer.

Während sie eine ihrer »Jammerepistel« – wie sie selbst das nannte – nach Menzingen verfasste, wurde ihr ein wunderschöner Blumenstrauß aus weiß-gelben Nelken überreicht, der von der Generaloberin Maria Carmela Motta in Auftrag gegeben worden waren.

Am 4. November 1952 ging der erste Brief von Pascalina, inzwischen bequem zu Hause im Lehnstuhl sitzend, nach Menzingen. Von dort hatte sie schon ein Telegramm mit guten Wünschen zur Rückkehr aus dem Krankenhaus erhalten. »Unseres lieben Heiligen Vaters Freude über mein Kommen, kann ich Ihnen gar nicht schildern, das erzähle ich Ihnen dann, wenn Sie kommen …«,[12] konnte die Generaloberin lesen.

Pascalina fühlte sich aber noch recht schwach, da sie immerhin vierzig Tage im Krankenhausbett zugebracht hatte. Der Heilige Vater freute sich, so oft sie mit ihrem »Wägelchen« in sein Zimmer kam, ihn nach seinem Befinden fragte und gleichzeitig versuchte, ein wenig aufzuräumen. Das »Wägelchen« war ein zusammenklappbarer Rollstuhl, der ebenfalls mit dem Flugzeug von den USA nach Rom in die Klinik gebracht worden war.

Irgendwie hatte auch die Presse vom Unfall der Schwester erfahren. Die italienische Journalistin Inge Beyer-Viranto hätte zu gerne ein Interview mit Schwester Pascalina in Rom geführt, doch Pascalina hielt sich an ihr selbst auferlegtes Versprechen, zu Lebzeiten des Papstes keine Zeitungs- oder Radiointerviews zu geben. Dennoch erschien am 20. November 1952 ein kleiner Bericht mit der Überschrift »Deutsche ›befiehlt‹ dem Papst.« in der Bildzeitung mit einer lustigen Zeichnung.

Als sich Pascalina den Fuß brach, war Papst Pius XII. sehr krank. Pascalina saß oft nächtelang am Bett des Kranken. »Ich habe die ganze Nacht am Bett des hohen Kranken nicht anderes gebetet, als dass ich für Ihn etwas aushalten dürfte. Freilich habe ich es nicht so gemeint. Aber der liebe Gott fragt nicht und macht wie Er es für gut findet.«[13]

Elf Jahre später hatte Pascalina wieder große Probleme mit ihren beiden Füßen, möglicherweise waren beim einst gebrochenen Fuß Spätfolgen aufgetreten. Sie schien ihr Vertrauen in die römischen Ärzte verloren zu haben, denn sie beschloss im Mai 1963, sich in eine Spezialklinik in die USA zu begeben: in das St. Mary's Hospital in St. Louis in Bundesstaat Missouri.

Durch einen Brief von 1945 klärt sich, warum Pascalina gerade diese Klinik ausgewählt hatte. Als Pacelli noch Kardinalstaatssekretär war, kam die Generaloberin des Hospitals in St. Louis, Mother Concordia, »eine liebe alte Deutsche«, einmal nach Rom und Pascalina konnte ihr einige Freundlichkeiten erweisen. Die beiden blieben in Kontakt. Zudem war Pacelli Protektor der Kongregation in St. Louis geworden. Bei seiner Nordamerikareise im Jahr 1936 besuchte er auch St. Louis und war dort mit Erzbischof John Glennon zusammengetroffen.[14]

Mother Concordia schickte nach Ende des Zweiten Weltkriegs ständig CARE-Pakete nach Rom.

Da pro Person nur jeweils ein Paket mit einem Gewicht von zwei Kilogramm im Monat nach Europa versandt werden durfte, veranlasste sie, dass jede ihrer Mitschwestern monatlich ein Paket schickte. So hatte Pascalina damals schon etwa 200 Pakete erhalten mit vielen hundert Metern schwarzen Stoff für Kleider, etwa ebensoviel Baumwollstoff für Wäsche, 500 Paar Strümpfe, Fadenrollen und Lebensmittel.

Von dieser Verbindung nach USA profitierte auch der Münchner Kardinal Faulhaber, dem sie am 31. März 1946 miteilte: »Meine Freundin, Mother Concordia von St. Louis schrieb mir kürzlich, dass sie, sobald man Pakete nach Deutschland senden kann, sie auch Eurer Eminenz schicken wird.«[15] Mother Mary Concordia war es zudem möglich, dem Kardinal nach München einen größeren Geldbetrag über das Staatssekretariat in Rom zukommen zu lassen und dabei bat sie Schwester Pascalina, ihr die Ankunft der finanziellen Zuwendung in München bestätigen zu lassen.[16]

Im Krankenhaus von St. Louis erhielt Schwester Pascalina Post von Bischof O'Connor aus Rom. Er hatte von Schwester Maria Konrada gehört, dass Pascalina beabsichtigte, etwa fünf bis sechs Wochen in den USA zu bleiben, um sich einer Spezialbehandlung zu unterziehen. Der Bischof bedauerte sehr, dass sie solche Gesundheitsprobleme habe. Er hoffte und betete, dass alles gut würde. Es erstaunt, dass Bischof O'Connor, Rektor des North American College in Rom, offensichtlich nicht über diese Reise der Generalprokuratorin, mit der er tagaus, tagein zusammenarbeitete, informiert war.

Während ihres Krankenhausaufenthaltes in St. Louis starb Papst Johannes XXIII. (1958–1963) in Rom. Er erlag am 3. Juni 1963 einem Krebsleiden. »Der Tod des Papstes Johannes hat die ganze Welt erschüttert, aber der gute Gott war gnädig, ihn von seinem schrecklichen Leiden zu erlösen.«[17] Zur Beisetzung des Papstes kehrte sie nach Rom zurück. Da Schwester Pascalina nach dieser Reise in die USA nie mehr Probleme mit ihren Füßen erwähnte, muss die Operation erfolgreich gewesen sein.

Madre Pascalina wurde nach ihrer Rückkehr aus den USA von der mit ihr eng befreundeten Generaloberin Maria Carmela Motta eingeladen, zu Exerzitien nach Menzingen zu kommen. Eine Zeit der körperlichen und geistigen Entspannung könne ihr nur guttun.

Wie sich schon Anfang des Jahres 1963 Schwester Irene Sganzini zusammen mit Mutter Clara Francisca in Rom überzeugen konnten, wirkte Madre Pascalina oft erschöpft, weil es immer wieder einmal Probleme mit den Mitschwestern gab. Man hoffte in Menzingen, bald mit dem Bau eines eigenen Hauses in Rom beginnen zu können »für unsere Generalbevollmächtigte. Wir sind sicher, bis Mutter Pascalina das College verlassen wird, besteht die unerlässliche Übereinstimmung, Streit zu vermeiden, der indirekt der Familie der Schwestern schaden würde.«[18]

Manchmal war Madre Pascalina nicht ganz sicher, wie es mit dem Kolleg weitergehen sollte. Es wurde ihr vorgeschlagen, eine Schwester an ihre Seite zu nehmen, die sie vertreten könne und somit entlasten. Ziemlich resigniert klingt ihre Aussage: »Ich spiele gewiss nicht nur Oberin und tue nichts, das kann ich gar nicht.«

Fröhliche unbeschwerte Tage erlebte Madre Pascalina im August 1963 zusammen mit elf Schwestern des Kollegs in Circeo. Alle hatten eine Erholung dringend notwendig. Freundlicherweise hatte Graf Galeazzi seinen schönen Turm als Wohnung angeboten. Alle genossen das Meer und die frische Meeresluft. Es stand ihnen ein großes Motorboot zusammen mit einem Matrosen zur Verfügung. Am Abend blieben alle Schwestern lange im Freien sitzen, sangen und spielten. Jeden Morgen kam ein Priester, um die heilige Messe zu zelebrieren, was ihnen ganz besonders gefiel. Es ging ihnen so gut, dass sie während der Predigt nicht vor Müdigkeit einschliefen. Nach Rom zurückgekehrt, zeigte sich Reverend F. Murphy bei der Austeilung der Kommunion etwas abgelenkt, als er in die gebräunten Gesichter der sonst so blassen Schwestern blickte, was zur Erheiterung des Bischofs Martin O'Connor beitrug.[19] Eine weitere positive Folge des Urlaubs: Und im Kolleg schien wieder Ruhe eingekehrt zu sein.

»... dann kannst Du sofort nach Menzingen zurück.«

Es gibt noch eine Zeitzeugin, die mit Madre Pascalina im Kolleg in Rom lebte: Schwester Prisca Hüppin, die heute in der Küche im Mutterhaus in Menzingen ihren Dienst tut. Sie war 1968 nach Rom geschickt worden.[20] Als sie ankam, wurde sie zur Madre gebracht. Beim Anblick der jungen Schwester schlug diese die Hände über dem Kopf zusammen und rief: »Warum denn gerade diese Schwester, die ist ja so mager und unscheinbar.« Sie drehte sich um und ließ die junge Mitschwester einfach stehen. Das war keine schöne Begrüßung. Beim ersten Offizium hatte Schwester Prisca nicht das richtige Gebetbuch. Die Madre riss es ihr aus der Hand. Gegessen wurde gemeinsam im Souterrain des Kollegs. Dort stand ein langer Tisch. Wenn die Madre zum Essen erschien, standen die Schwestern Spalier, bis sie sich gesetzt hatte. Neben ihrem Platz war ein großes Fenster, durch das Tageslicht hereindrang. Der restliche Raum hatte keine Fenster, sodass es ganz hinten recht dunkel war. Die Neuangekommene beklagte sich, man sehe kaum genug, um richtig essen zu können. Doch das hatte die Madre gehört. Sie steuerte auf die junge, nun völlig verängstigte Schwester zu, und bat sie, mit ihr den Platz zu tauschen. Pascalina setzte sich auf den dunklen Platz, die junge Schwester war nun die »Präsidentin«. Sie empfand das Ganze als schrecklich. Doch nicht nur sie fürchtete sich vor dem Satz: »Wenn nicht alles

ordentlich läuft, dann kannst du sofort nach Menzingen zurück.«
Eines Tages wollte ein junger Schweizer Gardist, der aus der Heimat von Schwester Prisca stammte, diese im College besuchen. Das wurde ihr zwar ausgerichtet, aber es war ihr verboten worden, sich mit ihm zu treffen, weil Madre Pascalina schon andere Pläne mit den Schwestern hatte. Der Besuch sollte an einem Sonntagnachmittag stattfinden, dem einzigen Nachmittag, den die Schwestern pro Woche frei hatten. Schwester Pascalina meinte, wer lieber einen Besuch empfange als um 14 Uhr das Mittagsgebet zu beten, der habe zu wenig Gottesliebe. Und damit war der Fall für sie erledigt. Da Madre Pascalina sonntags immer sehr früh zu Bett ging, mussten auch alle Schwestern früh schlafen gehen.

An die Madre erinnert sie sich, dass sie viel mit dem Auto unterwegs gewesen sei, das Schwester Maria Konrada steuerte. Die Madre saß immer im Fond des Wagens und betete den Rosenkranz.

Schwester Prisca erzählte, wie sie zum ersten Mal ins Mutterhaus nach Menzingen reisen durfte. Sie bekam lediglich ein Zugbillett ausgehändigt, aber keinen Pfennig Geld. Eine Mitschwester hatte ihr dann wenigstens so viel geborgt, dass sie sich auf dieser langen Reise einen Kaffee kaufen konnte.

Trotz der Demütigungen war Schwester Prisca gerne in Rom. Sie verschweigt nicht, dass Madre Pascalina als Vorgesetzte der Schwestern wirklich sehr streng sein konnte. Aber sie gibt auch zu, dass manche in ihrer Umgebung sie sogar »Madre Santa« nannten.

Schließlich wurden Ende 1968 alle Schwestern, die am Pontifical North American College arbeiteten, in ihre Stammprovinzen zurückgeholt. Madre Pascalina ihrerseits blieb in Rom[21], und unter ihren Händen entstand das lange angedachte eigene Haus der Kongregation der Schwestern vom Heiligen Kreuz: die »Casa Pastor Angelicus«.

Die Professjubilarin

In ihre Zeit als Generalprokuratorin fiel für Madre Pascalina ein ganz besonderes Fest: Die Goldene Jubelprofess am 20. September 1967 im Provinz- und Missionshaus Heilig Kreuz in Altötting. Papst Paul VI. übersandte Glückwünsche.[22] Acht Schwestern vom Heiligen Kreuz konnten in diesem Jahr ihre Goldene Jubelprofess feiern.[23] Diese Schwestern waren die ersten, die vor fünfzig Jahren in der damals neu gebauten Herz-Jesu-Kirche des Kreszentiaheimes kurz nach deren Kirchweihefest ihre Ordensgelübde abgelegt hatten. An der Feier des Jubelfestes nahm die ganze Ordensgemeinschaft der Kreuzschwestern bewegten Anteil. Der Gottesdienst wurde eröffnet mit einem feierlichen Einzug der Jubilarinnen. Offiziator war der neu gewählte Provinzial der bayerischen Kapuziner, Pater Pius Perreiter. Er erinnerte in seiner Predigt an die zeitlose Aufgabe der Priester und Ordensleute. »Wer vom Altar kommt, erscheint seinen Mitmenschen als vertrauender, gläubiger und froher Mensch.«

Pater Pius dankte den Professjubilarinnen, dass sie 50 Jahre als »Magd des Herrn« der Kirche gedient und sich den klaren Blick, die Herzensweite und die geistige Jugendlichkeit bewahrt hätten. Während der Eucharistiefeier erneuerten die Schwestern ihre Ordensgelübde. Die ganze Kloster- und Festgemeinde begleitete die Jubilarinnen zur Kommunion, die diese in beiderlei Gestalt empfangen durften.

Besonders groß war die Freude der Ordensfamilie über die Anwesenheit der Generaloberin der Lehrschwestern vom Heiligen Kreuz Irene Sganzini, die aus der Schweiz angereist war. Die größte Aufmerksamkeit fand an diesem Ehrentag natürlich Schwester Pascalina Lehnert.[24]

Casa Pastor Angelicus in Rom

Das Generalkapitel der Schwestern von Heiligen Kreuz in Menzingen beschloss 1965, dass die Provinz Schweiz eine eigene Provinzleitung erhalten und nicht länger unmittelbar unter der Generalleitung regiert werden solle. Schon zweimal, 1935 und 1954 war der Versuch unternommen worden, Generalleitung und Provinzleitung personell zu trennen. Dies scheiterte aber jeweils nach kurzer Zeit an der Schwierigkeit, die Kompetenzen von General- und Provinzleitung, die im selben Haus residierten, auseinanderzuhalten. Das Generalkapitel von 1965 legte deshalb fest, dass die Generalleitung einen Sitz außerhalb von Menzingen erhalten müsse. Es lag längst der Plan in der Luft, den Menzinger Schwestern ein eigenes Haus in Rom zu bauen oder zu erwerben, wo sich auch die Generalleitung hätte ansiedeln können.

Madre Pascalina, obwohl schon 75 Jahre alt, übernahm nun gerne die ihr von der Generaloberin Irene Sganzini in Menzingen gestellte Aufgabe, sich für den Bau eines Hauses ihrer Kongregation zu engagieren. Nun hieß es, erst einmal ein entsprechendes Grundstück in Rom zu finden.

Schließlich fand Pascalina »durch göttliche Vorsehung« ein sehr weitläufiges Grundstück auf dem Monte Mario, in exponierter Hanglage mit Blick auf die Ewige Stadt. Schwester Pascalina konstatierte, dass mit diesem Kauf »ihr Geld«[25] gut angelegt wäre. Sie engagierte für dieses Bauvorhaben Graf Enrico Galeazzi, der längst zu ihrem besten Freund geworden war. Zu ihm kam sie nie vergebens und alles bog er wieder zurecht.

Im Jahr 1969 konnte mit dem Bauvorhaben begonnen werden. Als der Rohbau bereits weit fortgeschritten war, nahm Madre Pascalina im September 1970 Exerzitien in ihrem »lieben Altötting«, wo sie während der Freizeit immer vor dem ausgesetzten Allerheiligsten all ihre Sorgen abladen konnte. Sie hatte dann auch die

Freude, ihre Angehörigen in Ebersberg wieder einmal zu sehen. Ehe sie nach Rom zurückfuhr, stattete sie Mutter Irene Sganzini in Stella Maris – dort war seit 1969 die Generalleitung – einen allerdings nur drei Stunden dauernden Besuch ab. Weshalb sie es so eilig hatte, nach Rom zurückzukehren, war ganz sicher das im Bau befindliche Haus. Sie wollte die Arbeiten überwachen und da oder dort noch das eine oder andere verbessern oder ändern.

Im Jahr 1971 war die äußerst beeindruckende villenartige Anlage fertiggestellt; sie liegt in einem großen Park auf dem Monte Mario, Via Pecore Giraldi 137. Zu Ehren von Papst Pius XII. erhielt das Haus den Namen »Casa Pastor Angelicus«. Es war konzipiert als Damenstift – »Casa di ripose per Signore anziane« – mit fünfundfünfzig Appartements. Madre Pascalina sprach immer von »ihrem Haus«,[26] was manche der Schwestern in Erstaunen versetzte.

Die Casa Pastor Angelicus unterstand bis 1976 der Generalleitung in Rorschach, dann kam sie unter die Verwaltung der Provinzleitung in Altötting. Die Oberin in Rom wurde Schwester Hemma Wegmann aus Altötting. Pascalina war damals die Geschäftsträgerin der deutschen Provinz in Rom.

Eine Kommunität von drei Schwestern

Mit sichtlichem Stolz zog Schwester Pascalina dann 1971 zusammen mit Schwester Maria Konrada in die Casa Pastor Angelicus ein. Beide hatten nach Verlassen des nordamerikanischen Kollegs bei den Schwestern vom Guten Hirten in Rom, Via Aurelia, gewohnt. Im Personalbogen von Schwester Pascalina steht: »Dazu sei noch bemerkt: Die Schwestern vom Guten Hirten kamen den beiden Kreuzschwestern mit wahrem Edel- und Großmut entgegen.«[27]

»Madre Pascalina, Schwester Konrada und die Krankenschwester Irma Paula bildeten eine Kommunität in der Kommunität«, so Schwester Salutaris Unterpaintner (1931, Profess 1954) in Rom.[28] Sie speisten lediglich zusammen mit der Oberin und den Schwestern, ansonsten bestimmten sie ihren Tagesablauf individuell oder unternahmen vieles gemeinsam.

Schwester Maria Konrada bewährte sich als stadt- und fahrkundige »Chauffeuse« für Madre Pascalina. Außerdem liebte sie die Gartenarbeit und verbrachte viel Zeit in der großartigen Außenanlage der Casa Pastor Angelicus. Bis an ihr Lebensende übernahm sie den Nachtdienst für erkrankte Damen im Hause.

Schwester Irma Paula aus Menzingen kam ebenfalls wieder nach Rom. Sie übernahm den persönlichen Dienst für Madre Pascalina. Der mütterlichen Freundin und Gönnerin blieb Schwester Irma Paula über den Tod hinaus anhänglich. Im hohen Alter erzählte sie oft von »der Madre«. Da sie in der Kirchenkuppel des Mutterhauses in Menzingen die Kuppel von St. Peter wiedererkannte, fühlte sie sich oft nach Rom zurückversetzt und sagte manchmal verwirrt, dass sie nun sehen müsse, was die Madre mache.

Madre Pascalina hatte neben den beiden Schwestern eine Dame an ihrer Seite, mit der sie sehr befreundet war. Sie hieß Gerda von Menshausen und war die Witwe des Geschäftsträgers der deutschen Botschaft beim Heiligen Stuhl, Botschaftsrat Fritz Menshausen[29], in der Zeit des Pontifikats von Papst Pius XII. Sie war viel jünger als Schwester Pascalina und in Bonn karitativ tätig. Gemeinsam unternahmen sie viele Reisen. So waren die beiden mehrmals im Missionshaus in Altötting. Sehr oft kamen sie mit einem älteren Mercedes dorthin. Als die lange Reise zu beschwerlich wurde, kamen Frau von Menshausen und Schwester Pascalina mit dem Flugzeug nach München und wurden von einer Schwester dort abgeholt und nach Altötting gebracht.

So konnte Madre Pascalina ihr 88. Lebensjahr am Sonntag, dem 29. August 1982, im Provinz- und Missionshaus Heilig Kreuz vollenden. »88 – und kein bisschen Greisin«, titelte eine Zeitung.

Die päpstliche Weihnachtskrippe

Das Weihnachtsfest im Jahr 1973 sollte für Madre Pascalina eine ganz besondere Freude bereithalten. Ihr schon 1971 geäußerter Wunsch, man möge ihr die Weihnachtskrippe aus Menzingen nach Rom zurücksenden, war in Erfüllung gegangen. Nach dem Tod des Papstes hatte Madre Pascalina die Krippe an Mutter Maria Carmela Motta übergeben lassen. Die herrlichen Figuren waren seinerzeit eigens für Pius XII. angefertigt worden. Er mochte sie gerne, denn jedes Jahr zierte die Krippe seine Privatkapelle. Madre Pascalina bat in Menzingen um Verständnis dafür, dass ihr die Krippe deshalb so viel bedeute, weil sie Pius XII. so sehr teuer gewesen war. Und nun sollte diese Krippe in die Kapelle des Hauses, das seinen Namen trug, zurückgegeben werden. Dass Menzingen unendlich viel von Pius XII. bekommen habe, darüber könne Mutter Maria Carmela Motta Auskunft geben. Auch Mutter Irene Sganzini wisse viel darüber, wenn auch die jüngere Generation es vergessen zu haben scheine. – Offensichtlich waren die Schwestern in Menzingen nicht begeistert, sich von dieser Krippe trennen zu müssen.

Für Madre Pascalina war jedoch diese Krippe eine »herzerhebende Erinnerung an den, dem sie gehörte« und der sie ihr geschenkt hatte. Sie freute sich, dass die »Casa Pastor Angelicus« nun wieder eine teure Erinnerung habe an »unseren großen Heiligen Vater, der so viel für unsere Kongregation getan hat«.[30]

»Wir brauchen ganz gute, ganz treue, heilige Ordensfrauen!«

Bei der Korrespondenz von Rom nach Menzingen ging es in diesen Jahren aber nicht nur um eine Weihnachtskrippe, sondern sehr ausführlich um das »Reformkleid« der Schwestern vom Heiligen Kreuz.

Der Generaloberin Maria Carmela Motta vom Mutterkloster in Menzingen gelang es, Papst Pius XII. zu überzeugen, den Beschluss des Generalkapitels von 1953, nämlich der Schweiz eine eigene Provinzleitung zu geben, getrennt von der Generalleitung, aufzuheben. Auf Anregung von Papst Johannes XXIII. wurde am Generalkapitel von 1959 eine Revision der Satzungen beschlossen. Die neuen Satzungen brachten Modernisierungen und eine stärkere Bindung an biblische und franziskanische Texte. Es waren die ersten von den Schwestern selbst geschriebenen Satzungen, und sie hatten einen ganz neuen Stil.

Zu den Neuerungen gehörte eine vereinfachte Ordenstracht. Schon an Ostern 1960 wechselten alle Schwestern der Kongregation von einem Tag auf den anderen in diese vereinfachte Ordenstracht mit einer nicht mehr gestärkten Haube, die die Stirne freiließ. Die bisherigen Hauben sahen zwar sehr ansprechend aus, mussten aber aus mehreren hart gestärkten weißen Stoffen zusammengesteckt werden, eine Arbeit von mindestens einer Stunde. Die Reinigung war ebenso zeitaufwendig. So bedeutete die kleinere Haube eine große Erleichterung.

Schwester Pascalina setzte sich in der Frage einer vereinfachten Tracht unerbittlich und autoritär auseinander mit Mutter Mechthild Som (*1927, Profess 1949), Sekundarlehrerin, erst Assistentin und dann von 1967 bis 1979 selbst Provinzoberin der Schweiz. Aber Mutter Mechthild hielt sich tapfer an die Beschlüsse des Generalkapitels von 1969 und an die im Provinzkapitel in mehrjähriger Arbeit geschaffenen Provinzstatuten.

Schwester Pascalina berichtete im Februar 1970 nach Menzingen, dass sie zu Papst Paul VI. gerufen worden sei, ohne zu wissen, was er mit ihr besprechen wollte. Er wollte von ihr erfahren, wie viele Novizinnen der Orden habe. Und als sie die Zahl nannte, reagierte er sehr traurig darauf. Er wünschte sich nichts mehr, als dass die Kongregation der Lehrschwestern vom Heiligen Kreuz eine von denen sei, die »ganz gute, ganz treue, heilige Ordensfrauen«[31] habe. Diesem Brief nach Menzingen fügte Schwester Pascalina eine Kurzfassung ihrer Audienz vom 7. Februar 1970 hinzu:

> … dann spricht der Heilige Vater von den Schwestern im allgemeinen, freut sich, dass ich auch in der Kleidung ganz Ordensfrau geblieben bin, sagt, dass er viel lieber Schwestern im Ordenskleid sehe, als so etwas, wo man nicht recht wisse, was sie seien, dass er sich immer freue, wenn Ordensfrauen in die Audienz kommen, die auch nach außen zeigen, dass sie gottgeweiht – consacrate –, auch in der Kleidung ein Zeichen für ihre ganze, volle, jungfräuliche Hingabe an Christus sind. Madre, ich habe die Schwestern lieb, habe sie immer lieb gehabt und muss immer an meinen großen, heiligen Lehrer Pius XII. denken, der die Ordensfrauen, die ganze Ordensfrauen sind, eine Stütze der Kirche nannte. Oh, wenn wenigstens die Ordensfrauen ganz treu, ganz treu, ganz gut bleiben möchten! – Dann werden sie mir helfen für die Priester zu beten – oh die Priester. Aber es gibt auch noch Gute. Doch man muss für sie beten, beten und opfern – und die Schwestern müssen mir dabei helfen! Wir brauchen ganz gute, ganz treue, heilige Ordensfrauen![32]

Nach dieser Audienz war Schwester Pascalina sehr beunruhigt. Sie fand, dass die »Weltdamen« weniger besorgt seien um die Kleiderfrage als die im Kloster lebenden Frauen, die doch einmal die heilige Armut gelobt, Einfachheit und Bescheidenheit versprochen hätten. »Wie kann man abito semplificato nennen, was doch ein regelrechtes Weltkleid ist, selbst wenn ein Schleierchen dazu getragen wird?«.[33] Pascalina ging im Juli 1970 gleich zweimal zur heiligen Religiosenkongregation, um diese Frage zu klären. So allmählich herrschte in Rom Verwunderung darüber, was im Mutterhaus in Menzingen ablief.

Mutter Mechthild entschloss sich am 27. Juli sehr ausführlich auf das »Protokoll« von Schwester Pascalina einzugehen, die nun erfuhr, dass das Provinzkapitel der Schweiz zwei Dinge entschieden verfolgt:

> Das Kleid, das wir heute tragen ist einfach und macht uns als Schwestern kenntlich; wir werden nach wie vor in der Öffentlichkeit als solche erkannt und angesprochen.
>
> Das Kreuz, das wir auch mit der neuen Bekleidung tragen, verbindet uns untereinander und ist Zeichen unserer Zugehörigkeit zu Christus und zu einer Gemeinschaft, die sich Schwestern vom Heiligen Kreuz nennt.[34]

Doch auf diesen Brief kam ein wütender Protest aus Rom.[35] Und Schwester Pascalina zitierte Schwester M. Felice, die nach einer großen Mittwochsaudienz in St. Peter sagte:

> Wie schade, dass ich keinen Registratore hatte, um allen Schwestern wissen zu tun, was der Heilige Vater denkt. Nicht an der Änderung der Kleider und Gebräuche liegt es. Minnikleider, Minnigebete, Minnisatzungen machen euch nicht mehr zum echten Zeugnis für den Glauben und die Liebe, die die Welt von euch erwartet. Ihr könnt nur geben, was ihr selber seid, deshalb seid innerliche, ganz eurer Berufung lebende Menschen.[36]

Mutter Mechthild hatte den Mut, Schwester Pascalina wissen zu lassen, dass dem neuen Kleid von ihr aus nicht eine zweitrangige, sondern eine dritt- oder viertrangige Bedeutung beigemessen werde. Es erfolgte ein erneuter Angriff aus Rom nach Menzingen:

Schwester Pascalina war zu Ohren gekommen, dass manche Schwestern nicht täglich an der Messe teilnahmen. Mutter Mechthild teilte unmissverständlich nach Rom mit, dass es Schwestern gebe, für die ein täglicher Besuch der Messe unmöglich sei, entweder weil nicht täglich ein Priester zur Verfügung stehe oder weil es die Arbeitsbedingungen nicht erlaubten. Allerdings wehrte sie sich gegen den Vorwurf, dass in ihrem Kloster das Fernsehen bei manchen Schwestern wichtiger sei als der Besuch der täglichen heiligen Messe.

Weiter berichtete Schwester Pascalina nach Menzingen, dass sie in Rom angesprochen und gefragt worden sei, warum sie noch ein Ordenskleid trage, sie sei doch eine Menzinger Schwester. Sie konnte nur antworten, dass sie nie etwas anderes getragen habe. Ein Ehepaar wollte wissen, wann sie zum letzten Mal in der Schweiz gewesen sei, wo es ein Skandal sei, »wie die jetzt herumlaufen«. Die jungen Schwestern würden sich schmücken, sodass jeder erkennen könne, dass sie den Männern gefallen wollten. Die älteren Schwestern dagegen sähen aus wie Vogelscheuchen. Da hätten diese Frauen lieber keine Ordensschwestern werden sollen. Man kann förmlich den Ärger von Schwester Pascalina spüren, wenn man ihren Brief vom 29. September 1970 an Mutter Mechthild liest. Ihr war zu Ohren gekommen, dass man den Heiligen Vater beim 83. Katholikentag am 1. September in Deutschland öffentlich geschmäht habe. Pascalina sah darin sofort eine Parallele zum Brief von Mutter Mechthild vom 27. Juli, in dem sich diese geweigert hatte, die Schwestern über Pascalinas Forderungen zu informieren. Pascalina schrieb: »Ist dies nicht dasselbe – wenn auch im Kleinen – was sich da progressistische Schreier in Deutschland geleistet haben?«[37] Es folgte dann noch die wirklich unnötige Belehrung, dass der Papst der Stellvertreter Christi auf Erden sei, und wenn die Ordensfrauen nicht alles, was er sagt und wünscht, freudig erfüllten – wer sollte es dann tun?[38]

Mutter Mechthild wehrte sich massiv gegen die Anschuldigung, sie mit den »progressistischen Schreiern in Deutschland« zu vergleichen. Schwester Pascalina war zu Ohren gekommen, Mutter Mechthild sei herumgereist und habe für die Verweltlichung der Ordenstracht Propaganda gemacht. Daraufhin hätten sofort sechshundert Schwestern sich für das »kurze normierte« Kleid entschieden. Mit Nachdruck wiederholte sie: »Das Kleid soll ja Zeichen unserer consecratae sein und dies ist dieses kurze sicher nicht.«[39]

Es stimmte, dass Mutter Mechthild zwar damals viel auf Reisen war, doch handelte es sich um mühsame Unternehmungen, um die jeweiligen Kapitelbeschlüsse den Schwestern zu erläutern. Ganz am Schluss eines Besuches wurde jeweils auch das neue Kleid gezeigt und besprochen.

Mutter Mechthild klang ziemlich resigniert, nachdem Pascalina in keinem ihrer Briefe irgendeine aufrichtige Bemühung der Schwestern in Menzingen anerkannt hatte. Sie konnte sich des Eindrucks nicht erwehren, dass Pascalina aus »trüben Quellen« schöpfe, was speziell die Schweizer Provinz betraf.

Mutter Mechthild hatte einen einzigen Wunsch an Schwester Pascalina: »Wenn Sie ein wenig von diesem guten Willen, der auch in den Schwestern der Schweiz lebt, anerkennen könnten, würde uns dies sehr freuen. Um ein Stücklein Wohlwollen von Ihrer Seite, aber auch um ein Stück abgeklärtes Glück in Ihre Tage, bete ich für Sie.

In dieser Gebetsverbundenheit grüsse ich Sie herzlich, Sr. Mechthild Som.«[40]

Im Februar 1971 sah sich Schwester Pascalina ihrem Gewissen verpflichtet, noch einmal mit allem Nachdruck darauf hinzuweisen, dass sie alle Neuerungen im Orden strikt ablehne. Von vielen Seiten – auch von mehreren Provinzoberinnen – sei sie angeschrieben und gefragt worden, was Rom heute zu den Ordensfrauen sage, die fast alles, was sie als Ordensfrauen kenntlich machte, aufgegeben hätten und mit dem Weltkleid – oder einem sehr verweltlichten Kleid – auch weltliche Manieren und weltliches Gehabe zur Schau trügen.

Schwester Pascalina wies noch zusätzlich darauf hin, dass es nicht erlaubt sei, dass einige Schwestern ohne eine Oberin zusammenwohnten. Zu einer religiösen Gemeinschaft gehöre eine Oberin – eine Autorität – das sei Ordensrecht, das man nicht willkürlich aufheben kann. »Wer sich hier nicht fügen will, gehört hinaus.«[41] Anschließend brach der Briefwechsel zum Thema »Reformkleid« ab.

Noch heute erinnern sich Schwestern im Mutterhaus in Menzingen an Besuche der Schwester Pascalina. Man hörte ihr gerne zu, wenn sie von ihrem Leben im Vatikan und in Rom erzählte. Beim leisesten Widerspruch gegen eine ihrer Ausführungen schlug sie ihre Hände über dem Kopf zusammen und ließ hören: »Wenn das der Heilige Vater wüsste.«[42] Schwester Pascalina hat sich zeitlebens geweigert, das »Reformkleid« zu tragen. Sie blieb der vorkonziliaren Kirche[43] verhaftet, sowohl in ihrem Denken als auch in ihrem Kleid.

»Ich durfte ihm dienen«

Auf Wunsch der Generaloberin Maria Carmela Motta in Menzingen begann Madre Pascalina bereits im Frühjahr 1959, ihre Erinnerungen an ihr Leben an der Seite von Nuntius Pacelli/Papst Pius XII. zu Papier zu bringen. Bevor sie allerdings mit dem Schreiben begann, fragte sie vorsichtshalber den einstigen Beichtvater des Papstes, Pater Augustin Bea SJ in Rom, »Was er meint, dass ich etwas schreiben soll, von meinen 40 Jahren – und er sagte – zu meinem Leidwesen ja. Also mache ich mich halt, in Gottes

Namen und im Gehorsam daran. Aber wenn ich erst ein Teilchen geschrieben habe, lasse ich's jemand lesen, um zu erfahren, ob ich nicht viel zu dumm bin, etwas Lesbares zu schreiben.«[44] Es dauerte nicht lange, da brachte Pascalina Pater Bea schon die ersten Seiten zum Lesen. Sie hoffte, er werde sagen: Verbrennen Sie alles. »Aber er hat es nicht getan – leider – so bin ich also verurteilt.«[45] Sie bat in Menzingen darum, dass die Generaloberin nicht von einer »Herausgabe der Erinnerungen« sprechen möge. Pascalina dachte nur an eine Aufzeichnung für ihre Kongregation. »Ich bin keine Buchschreiberin. Nun das hat ja Zeit, die Hauptsache ist nur, dass ich im Gehorsam tue, was Sie mich geheißen.«[46], erfuhr die Generaloberin. In weiser Voraussicht, dass sie eines Tages doch »wirklich etwas schreiben soll«,[47] hatte Pascalina von den vielen Hundert Kondolenzschreiben zum Tod des Papstes einen Stapel nach Menzingen gesandt, die sie nun für ihre Aufzeichnungen mit verwenden konnte.

Unmittelbar nach Bekanntwerden des Hinscheidens von Papst Pius XII., waren im Mutterhaus in Menzingen Anfragen mehrerer Verlage eingetroffen, die sich stark für eine Veröffentlichung möglicher Memoiren der Schwester interessiert hatten. Selbst »The Catholic Hospital of the United States and Canada« in Saint Louis, Missouri, baten um entsprechende Berücksichtigung.

Doch Papst Paul VI. (1963–1978), einst Giovanni Battista Montini, und seit 21. Juni 1963 Nachfolger von Papst Johannes XXIII., erlaubte es Madre Pascalina nicht, ihre Aufzeichnungen zu veröffentlichen. Auf mehrere Anfragen antwortete ihr Papst Paul VI. noch persönlich, dann bekam sie vom damaligen Substitut, Erzbischof Giovanni Benelli (1921–1982), immer eine negative Antwort, aus welchen Gründen auch immer.[48] Giovanni Montini schien am wenigsten mit Schwester Pascalina zurechtzukommen. Er musste zudem schnell erkennen, dass der Kardinalstaatssekretär der Schwester immer mehr Aufgaben übertrug und sie sein volles Vertrauen hatte. Allerdings muss hier auf die völlige Verschiedenheit der jeweiligen Aufgabenbereiche und Verpflichtungen hingewiesen werden.

Pascalina habe angeblich Montini gegenüber immer ihre »Mother Superior«-Rolle an den Tag gelegt. Ihr wiederum wurde allerdings nachgesagt, ihre Abneigung gegen ihn sei mit ein Grund gewesen, dass Papst Pius XII. Montini 1954 völlig überraschend als Erzbischof von Mailand eingesetzt habe, ohne ihn jedoch zum Kardinal zu kreieren. Tatsache ist aber, dass Montini wegen seiner Nähe zur italienischen Partei Democrazia Cristiana als »liberal« verdächtigt wurde und starke Gegner in der römischen Kurie und ihrer Umgebung hatte.

Als Madre Pascalina Jahre später bei Papst Johannes Paul II. an einer Frühmesse im päpstlichen Palast teilgenommen hatte, trug sie ihr Manuskript bei sich. Sie übergab es dem Papst, der es richtig in seine Arme schloss, und lediglich von ihr wissen wollte, ob sie diese Aufzeichnungen selbst verfasst habe. Als sie das bejahte, versprach er ihr, das Manuskript zu lesen. Nach einigen Tagen schon ließ er sie wissen, dass er sehr beeindruckt sei und einer Veröffentlichung ihrer Aufzeichnungen nichts mehr im Wege stehe. Somit wurde Madre Pascalinas Buch »Ich durfte ihm dienen«, ganz sicher ein zeitgeschichtliches Werk von Bedeutung, 1982 endlich veröffentlicht, ein Jahr vor ihrem Tod in Wien.

Der Verlag Johann Wilhelm Naumann hatte das Buch auf der Frankfurter Buchmesse 1982 präsentiert. Die erste Auflage war sofort vergriffen und weitere Auflagen folgten. Wie Schwester Pascalina immer wieder betonte, habe sie dieses Buch nicht aus eigener Neigung, sondern im Gehorsam der Ordensfrau niedergeschrieben.

Die Reaktionen auf das Buch reichten von »Aufzeichnungen einer rüstigen Greisin, die erst unlängst den Zeugenstand der Weltgeschichte betreten« habe in völliger Verkennung, dass das Manuskript seit 1958 existierte. Auf der anderen Seite wurde das Buch gesehen »als eine für jedermann lesbare, wirklichkeitsnahe Darstellung des Lebensweges Eugenio Pacellis«.[49]

Mutter Julia Verhaeghe

Madre Pascalina fuhr gerne sonntags zur Vesper zu den »Fräuleins« – wie Pascalina sie nannte – in die »Piccola Casa« (Via Aurelia 257). Damit meinte sie die Schwestern, die zur geistlichen Familie »Das Werk« gehören und seit 1965 in Rom ansässig sind. Sie sorgen sich um Küche und Wäsche im angrenzenden Generalat der Weißen Väter (Missionare von Afrika); außerdem betreuen die Schwestern seit 1975 ein Newman-Forschungszentrum und übernehmen Pilgerführungen in den Ausgrabungen unter St. Peter und in den Katakomben von San Sebastiano.[50]

Madre Pascalina hegte eine besondere Wertschätzung für die geistliche Familie »Das Werk«. Diese katholische Gemeinschaft, zu der gottgeweihte Frauen und Männer gehören und mit der andere Gläubige verbunden sind, wurde 1938 von Mutter Julia Verhaeghe gegründet und 2001 von Johannes Paul II. päpstlich anerkannt. Mutter Julia wurde am 11. November 1910 in Geluwe (Belgien) geboren und wuchs in einer einfachen, kinderreichen Familie auf. Schon in jungen Jahren weihte sie ihr Leben Gott. Durch die Betrachtung der Briefe des heiligen Paulus wurde in ihr das Verlangen geweckt, mit ganzer Kraft zur Erneuerung der Kirche beizutragen. So entstand im Lauf der Jahre eine neue Gemeinschaft in der katholischen Kirche. Nach einem erfüllten Leben in dienender Liebe und opferbereiter Hingabe, starb Mutter Julia Verhaeghe am 29. August 1997 im Kloster Thalbach in Bregenz/Vorarlberg (Österreich), wo sie auch ihre letzte irdische Ruhestätte fand.[51]

Madre Pascalina war zweimal zu Gast in Bregenz. Für ein Kunstwerk konnten sie sich besonders begeistern: Die »Sedes Sapientiae« der Klosterkirche Thalbach, die zu den bedeutendsten Kunstwerken des Bodenseeraumes zählt. Die Muttergottes von Thalbach wird seit Jahrhunderten verehrt und ist Ziel von Wallfahrern aus nah und fern. So weilte Madre Pascalina auch in ihrem letzten Lebensjahr, im Sommer 1983, im Kloster Thalbach in Bregenz und machte dort Exerzitien. In einem Gespräch mit einem Journalisten der »Vorarlberger Nachrichten«, erzählte sie damals von ihrer Zeit als »rechte Hand« des Nuntius Pacelli in Deutschland.

Nach dem Ableben von Madre Pascalina erhielt die geistliche Familie »Das Werk« in Rom mehrere Erinnerungstücke an sie. So findet sich dort eine kleine flache Tasche, die sie ständig bei sich trug, ein Rosenkranz, ein Herz-Jesu-Andenken und einige persönliche Briefe des Nuntius Pacelli aus der Berliner Zeit. Von diesen Briefen hatte sie sich nie getrennt.[52]

Letzte Reisen

Pascalina hat »als Haushälterin und Sekretärin
durch ihre praktische, nüchterne Art verstanden,
für Pius XII. den menschlichen Lebens-
raum zu schaffen ...«

Aufbruch aus Rom

Im Jahr 1983 musste sich Schwester Maria Konrada einer
schweren Operation unterziehen. Das war genau zu der Zeit, als
die Gedenkfeier an mehreren Orten zum 25. Todestag von Papst
Pius XII. stattfinden sollten. Madre Pascalina zögerte sehr, die
schwer kranke Schwester für einige Tage in Rom zu verlassen.
Aber diese meinte: »Gehen Sie nur. Sterben kann ich allein.«[53]
Entgegen aller Erwartungen kehrte Schwester Maria Konrada
gesund in die »Casa Pastor Angelicus« zurück. Die Madre dagegen ereilte der Tod in Wien.
Schwester Maria Konrada blieb im Casa Pastor Angelicus. Mitschwestern schilderten sie als fröhlich, die »gut gewürzte bayerische Späße auftischte«. Es war die kleine, zierliche fast scheu zu
nennende Schwester Irma Paula, die die groß gewachsene
Schwester Maria Konrada mit unendlicher Geduld betreute, als
deren Kräfte immer mehr nachließen. Schließlich kehrten beide
Schwestern am 30. November 1994 nach Menzingen zurück.
»Der Glanz des Papsttums war auf Maria Konrada gefallen«[54] und
davon zehrte sie in ihren späten Jahren. Papst Pius XII. hatte
ihr in Rom vorhergesagt, sie werde noch viel leiden müssen, aber

bei ihrem Tod werde er ihr entgegenkommen. Schwester Maria Konrada starb am 20. Oktober 1995 in der Sonnhalde Menzingen.

Schwester Irma Paula verbrachte noch zweieinhalb Jahre in der Sonnhalde und ein knappes Jahr im Pflegeheim St. Franziskus. Dort starb sie zwei Monate nach ihrem 90. Geburtstag.

Im Jahr 2006 verkaufte die Provinzleitung in Altötting die Casa Pastor Angelicus in Rom. Schwester Salutaris Unterpaintner, von 1983 bis 1994 Oberin des Hauses, brach fast das Herz, als sie miterleben musste, wie die Ausstattung der prächtigen Hauskapelle ausgebaut und einer anderen Kirche zugeführt wurde. Eine große Vitrine mit besonderen Andenken an Papst Pius XII., geschaffen von Madre Pascalina, musste aufgelöst werden. Die neuen Besitzer des Anwesens werden den Namen »Pastor Angelicus« nicht weiterführen.[55]

Gedenkfeiern in München und Wien

Aus Anlass der Feierlichkeiten zum 25. Todestag von Papst Pius XII. im Jahr 1983 kam Schwester Pascalina in Begleitung des Generalvikars des Papstes für die Vatikanstadt, Bischof Petrus Canisius van Lierde[56], nach München. Dort nahmen beide an der Feierstunde im Kardinal-Wendel-Haus teil. Der Erzbischof von München und Freising Dr. Friedrich Wetter hatte auch im Hinblick darauf eingeladen, dass Pius XII. von 1917 bis 1929 als Apostolischer Nuntius in Bayern und beim Deutschen Reich gewirkt hatte.

An der Feierstunde nahmen teil: der Apostolische Nuntius in der Bundesrepublik Deutschland Erzbischof Guido del Mestri, der Bischof von Berlin, Joachim Kardinal Meisner, der Erzbischof von Salzburg Karl Berg sowie der Erzbischof von Bamberg Elmar

Maria Kredel. Anwesend waren Prof. Dr. Hans Maier, Staatsminister und Präsident des Zentralkomitees der deutschen Katholiken, Ministerpräsident a. D. Alfons Goppel sowie Alexander Prinz von Bayern als ein Vertreter des Hauses Wittelsbach. Den Festvortrag hatte Prof. Konrad Repgen, der Vorsitzende der Kommission für Zeitgeschichte der Deutschen Bischofskonferenz, mit dem Thema »Das Verhältnis Pius XII.' zu den Deutschen« übernommen. Papst Johannes Paul II. und Bundespräsident Karl Carstens übermittelten Grußadressen.

Schwester Pascalina wurde ganz besonders herzlich begrüßt und der Kardinal erwähnte auch den kanonistischen Berater Prälat Ludwig Kaas und den getreuen Sekretär Leiber, die einst zusammen mit Schwester Pascalina nach Rom gegangen waren. Dadurch war im Vatikan – wie es Abt Hugo Lang umschrieben hat – »in dieser Marmorwelt so etwas wie ein bayerisches Idyll«[57] entstanden.

Madre Pascalina war in den letzten Jahren ihres Lebens mit Österreich durch Herbert Schambeck in Kontakt gekommen. Herbert Schambeck, der viele Jahre Delegationen des Heiligen Stuhls bei internationalen Konferenzen angehörte und später auch Funktionen im Vatikan bekleidete, hatte sich mit dem Wirken von Papst Pius XII. insbesondere mit dem staatsrechtlichen und rechtsphilosophischen Gehalt seiner Lehräußerungen beschäftigt und dadurch ein besonders Interesse an diesem seinem Pontifikat. Als sich der hundertste Geburtstag von Papst Pius XII. im Jahr 1977 näherte, ergriff Herbert Schambeck auf Anregung des damaligen apostolischen Nuntius in Österreich Opilio Rossi die Initiative zu einem umfangreichen Sammelband mit dem Titel: »Papst Pius XII. zum Gedächtnis«.[58] Für diesen Sammelband benötigte er Fotomaterial, welches ihm der damalige Gesandte an der österreichischen Botschaft beim Heiligen Stuhl, Dr. Christoph Parisini, von Madre Pascalina beschaffte. Als dieses Buch erschien, hatte Papst Paul VI., dem er dieses Gedenkwerk zu seinem achtzigsten Geburtstag gewidmet hatte, ihn gemeinsam mit dem Verleger Dr. Johannes Broermann in einer Privataudienz empfangen. Anschließend besuchte Herbert Schambeck, vermittelt von Christoph Parisini, Madre Pascalina in der Casa Pastor Angelicus am Monte Mario in Rom, wo er auch die beiden Neffen von Papst Pius XII., die Principe Giulio und Marcantonio Pacelli, kennenlernte. Von diesem Tag an war Herbert Schambeck mit Madre Pascalina bis zu ihrem Heimgang in regelmäßigem Kontakt. Wann immer er nach Rom kam, traf er sich mit ihr. Zusammen mit Schwester M. Konrada besuchten sie dann das Grab von Papst Pius XII.

Drei Jahre nach dem Erscheinen des Gedenkbuches für Pius XII. lud Herbert Schambeck Madre Pascalina als seinen persönlichen Gast im Juni 1980 nach Wien ein. Da er von Bundespräsident Dr. Rudolf Kirchschläger wusste, wie sehr dieser Papst Pius XII. verehrte und auch an einer Begegnung mit Madre Pascalina interessiert war, informierte er diesen über den Besuch. Daraufhin ersuchte Bundespräsident Dr. Kirchschläger Herbert Schambeck mit Madre Pascalina unmittelbar nach ihrer Ankunft in die Hofburg zu kommen, wo er sie auf das Freudigste erwartete und mit ehrenden Worten würdigte.

Zusammen mit ihrem Gastgeber Herbert Schambeck stattete Madre Pascalina dem Apostolischen Nuntius, Erzbischof Dr. Mario Cagna, einen Höflichkeitsbesuch ab. Madre Pascalina war damals auch Schwester M. Olimpia Konopka, der heutigen Generalvikarin der Kongregation der Barmherzigen Schwestern vom heiligen Karl Borromäus aus Trebnitz begegnet, die jahrzehntelang in der Apostolischen Nuntiatur in Wien tätig war.[59]

Der Madre Pascalina wurde mehrere Tage lang eindrucksvoll Wien gezeigt. Sie wurde begleitet von Herbert und Elisabeth

Schambeck, Prof. Dr. Heribert Köck und Schwester M. Olimpia Konopka. Der Höhepunkt an diesem Tag war der Besuch des Augustiner Chorherrenstifts Klosterneuburg, wo die kleine Gruppe von Prälat Generalabt Gebhard Koberger auf das Herzlichste willkommen geheißen wurde.

Ein zweites Mal kam Madre Pascalina 1983 ebenfalls auf Initiative von Herbert Schambeck nach Wien, der als Präsident der Österreich-Deutschen Kulturgesellschaft einen festlichen Abend aus Anlass des fünfundzwanzigsten Todestages Papst Pius XII. vorbereitet hatte. Hierzu hatte er als Ehrengast Madre Pascalina eingeladen zusammen mit dem langjährigen Generalvikar der Vatikanstadt, Bischof Petrus Canisius van Lierde, den er um den Festvortrag gebeten hatte. Er war ein besonderer Zeitzeuge, zumal er zu Beginn der 1950er-Jahre von Papst Pius XII. in den Vatikan berufen und alle folgenden vier Pontifikate bis Johannes Paul II. erlebte hatte.

Die einzigartige Zeitzeugin für Papst Pius XII. war natürlich Madre Pascalina, die sich sichtlich geehrt fühlte, besonders auch durch die Anwesenheit von zwei Staatsoberhäuptern: Bundespräsident Dr. Rudolf Kirchschläger und der Regierende Fürst Franz Josef II. von und zu Liechtenstein, die beide Papst Pius XII. persönlich erlebt hatten. Die Bundesrepublik Deutschland war durch Botschafter Hans-Heinrich Noebel vertreten.

An der Spitze der Persönlichkeiten des kirchlichen Lebens war der Vorsitzende der Österreichischen Bischofskonferenz und Erzbischof von Wien, Franz Kardinal König, anwesend, den Papst Pius XII. am 10. Mai 1956 zum Erzbischof von Wien ernannt hatte. Der Erzbischof von Salzburg, Karl Berg, der in seiner Studienzeit Eugenio Pacelli im Vatikan selbst erlebt hatte, ließ es sich nicht nehmen, nach der Feierstunde in München auch in Wien anwesend zu sein.

Während dieses zweiten Österreichaufenthaltes besuchte Madre

Pascalina gemeinsam mit Bischof van Lierde, geführt von Herbert Schambeck seine Geburtsstadt Baden bei Wien – die dortige alte Stadtpfarrkirche, in der Wolfgang Amadeus Mozart 1791 das Ave Verum, das er für diese Kirche komponierte, uraufgeführt hatte sowie das altehrwürdige Zisterzienserkloster Heiligenkreuz im Wiener Wald. In diesem traditionsreichen Kloster wurden sie vom Abt Gerhard Hradil empfangen. Er führte Madre Pascalina auch in die große Kapelle vom Heiligen Kreuz, die neben dem Eingang des Klosters liegt. Ein junger Mönch nahm voll Ehrfurcht die große kostbare Reliquie des Heiligen Kreuzes vom Hochaltar und trug sie den Besuchern entgegen. Plötzlich trat Schwester Pascalina mit ihren 89 Jahren vor, nahm mit festem Griff die heilige Reliquie aus den Händen des jungen Ordensmannes und küsste sie mit sichtbarer Freude und innerer Erleuchtung mehrmals. Überrascht blickten der Abt und der Bischof sich schweigend an. Petrus Canisius van Lierde sagte später: »Ich muss ehrlich gestehen, dass ich erst in jenem Augenblick begriffen habe, wie tief die Liebe Schwester Pascalinas, Ordensfrau des Ordens vom Heiligen Kreuz, zum Kreuz oder vielmehr zu Jesus Christus, dem Gekreuzigten, war.«[60]

»Sich selbst zurückzunehmen«

Am letzten Tag ihres Besuchs war Madre Pascalina wiederum Gast im Hause Schambeck in Wien. Zur Kaffeestunde unterhielten sich Herbert Schambeck, seine Frau Elisabeth und ihre Tochter Ruth fröhlich miteinander. Schwester Pascalina wünschte sich damals sehnlichst, ihr Gastgeber möge ein weiteres Buch über Papst Pius XII. herausgeben. Es sollten darin die wichtigsten Stimmen der Zeit und bedeutende Vorträge publiziert werden. Das Erscheinen des entsprechenden Buches »Pius XII. – Friede durch Gerechtigkeit« im Jahr 1986 erlebte sie leider nicht mehr. Ihr schriftlicher Beitrag zu diesem Buch war: »Der Tagesablauf und das Wirken des Heiligen Vaters«.[61] Bis heute denkt Herbert Schambeck in großer Verehrung an Madre Pascalina. Für sie stand zeitlebens die Verehrung von Papst Pius XII. an erster Stelle. »Sich selbst zurückzunehmen, das hat die Madre meisterhaft verstanden«, erklärte Herbert Schambeck.[62]

Madre Pascalina war am 10. November 1983 mit dem Wagen, chauffiert von Erich Mroz, von Herbert Schambeck zum Flughafen nach Wien-Schwechat gebracht worden. Zum Abschied schenkte sie Erich Mroz ein Papstgedenkbildchen mit einem Partikelchen eines von Papst Pius XII. getragenen Tuches und überreichte Herbert Schambeck einen Rosenkranz von Papst Pius XII. Sie sprach dazu die Empfehlung aus: »Ein Rosenkranz gehört in die Hände und gebetet.«

In den späten Abendstunden des 10. November 1983 läutete im Provinzhaus Heilig Kreuz in Altötting mehrmals das Telefon. Von Rom und von dem mit Madre Pascalina »sehr befreundeten Prof. Dr. Schambeck« musste die Provinzoberin Amabilis Büttner (geb. 1921, Profess 1949) erfahren, dass Madre Pascalina infolge einer Gehirnblutung in eine Wiener Klinik gebracht worden sei.[63] Schon im Flugzeug, kurz vor dem Start zurück nach Rom, erlitt sie einen Schlaganfall, der innerhalb weniger Tage zum Tod führte. Den genauen Hergang schilderte auf Wunsch von Herbert Schambeck die VIP-Hostess der Austrian Airlines, Bärbel Zehetner, die sich über das Wiedersehen mit Schwester Pascalina besonders gefreut hatte, da sie diese schon von deren erstem Besuch in Wien kannte. Schwester Pascalina plauderte über ihren Aufenthalt in Wien. »Lächelnd, fröhlich vermengt mit bescheidenem Stolz«,[64] fand es Bärbel Zehetner ein Vergnügen, ihr zuzuhören. Als beide den Sicherheitsbogen passierten, schlug das Meldegerät an. Der »Übeltäter« konnte nur das große Kreuz an Pascali-

nas Brust sein. Nach zögerndem Versuch, die Rolltreppe zu benützen, entschieden sich die Damen für den Treppenabgang. Sie setz-
ten sich auf eine Bank, um auf das Einsteigen in die Maschine zu
warten.

Madre Pascalina erzählte der jungen Frau ihren Werdegang und
mit unendlicher Begeisterung auch vom ersten Zusammentreffen
mit dem späteren Papst Pius XII. in München, welches der Anfang
ihres aufgabenreichen Lebens werden sollte. Sie berichtete von
der in Vorbereitung befindlichen Ausgabe eines neuen Buches
über ihren »Heiligsten Vater«, wie sie immer wieder zu sagen
pflegte. »Welche Freude es mir bedeutet mitmachen zu dürfen!
Zwar bin ich schon eine alte Frau, doch geistig erhielt mich mein
Herrgott so frisch, dass ich an diesem Werk wirklich aktiv mitar-
beiten kann. Alle kommen mit Fragen zu mir, auch bei der Bild-
auswahl darf ich beraten.«[65]

Die Abflugzeit war gekommen. Sie wurden mit einem kleinen Bus
zum Flugzeug gebracht. Flink kletterte Madre Pascalina die
schmale Treppe hinauf und wurde von einer Stewardess willkommen geheißen. Die Fluggesellschaft wollte »der ehrwürdigen
Mutter« die Reise so angenehm wie möglich machen. Und so bot
man ihr einen Fensterplatz in der ersten Klasse an.

Nun kümmerten sich die Stewardessen um die anderen einstei-
genden Passagiere. Als das Flugzeug zu rollen begann, sah eine
Stewardess, dass die Schwester nicht angeschnallt war. Sie schien
zu schlafen, doch ihr Atem ging eigenartig unregelmäßig. Dies
wurde sofort dem Flugkapitän mitgeteilt, der den Rettungsdienst
rief. Schwester Pascalina wurde sogleich mit Sauerstoff versorgt.
Außerdem versuchte man, die beengenden Kleidungsstücke zu
lockern. Der Notarzt ließ Madre Pascalina in die Intensivstation
des Wiener Krankenhauses Rudolph-Stiftung bringen. Dort blieb
Madre Pascalina in ihren letzten Lebensstunden nicht ohne sorg-
fältige Betreuung und geistlichen Beistand. Herbert Schambeck

hatte Schwester M. Olimpia Konopka telefonisch von dem Geschehen informiert. Sie kam gegen Mitternacht an das Sterbebett von Schwester Pascalina, wo sie Herbert Schambeck schon antraf. Sie versuchte ein paar Worte mit der Sterbenden zu wechseln. Auf die Frage, wie es ihr gehe, meinte Schwester M. Olimpia als Antwort ein »gut« gehört zu haben. Als Madre Pascalina vernahm, wer im Krankenzimmer anwesend war, lächelte sie, bevor sie friedlich verschied.

In- und ausländische Zeitungen brachten die Nachricht vom Tod der Madre Pascalina Lehnert. Selbst die internationale Zeitschrift *Time*, New York, berichtete am 28. November 1983 von ihrem Ableben in Wien und fügte an : »Madre Pascalina Lehnert, 89, die strenge deutsche Nonne, die de facto Sekretärin und Vertraute von Papst Pius XII. war, wurde auch des Papstes Schutzengel genannt.«

Beisetzung im Campo Santo Teutonico

Es war, als würde einer der Großen der Kirche zu Grabe getragen, an jenem 18. November 1983. Im November ist Rom fast ohne Touristen. Doch an diesem Tag drängelten sich viele Menschen zum von Schweizer Gardisten bewachten Zugang zum Campo Santo Teutonico links neben dem Petersdom. »Zur Beerdigung der Madre Pascalina«, das war das Stichwort, um unkontrolliert passieren zu dürfen. Der alte Friedhof der Deutschen am Petersdom ist voll mit Grabkreuzen, Gedenksteinen und Sarkophagen. Als deutsches Territorium auf dem Boden des »Heiligen Römischen Reiches deutscher Nation« war dieser Friedhof seit dem Mittelalter stets ein Stück Deutschland im Herzen der Ewigen Stadt.

Der Friedhof, auf dem heute noch die Mitglieder der Erzbruderschaft beim Campo Santo sowie Mitglieder deutschstämmiger

Ordensgemeinschaften beigesetzt werden, hält die Erinnerung an die jahrhundertelange Präsenz Deutscher in Rom wach. Zahlreiche bedeutende Persönlichkeiten haben dort ihr Grab gefunden. Beim Abschied von Madre Pascalina war die Kirche Santa Maria della Pietà bis zum letzten Sitzplatz gefüllt. Selbst hinter den Bankreihen und im Seitenschiff neben der Tür standen gedrängt Römer und Deutsche. In Anwesenheit von Kurienkardinal Joseph Ratzinger zelebrierte der Generalvikar des Papstes für den Vatikanstaat, Bischof Petrus Canisius van Lierde, das Requiem. Es war ein sehr römischer Gottesdienst für die bayerische Ordensfrau, die im Dienst für Eugenio Pacelli, den aus Rom stammenden Papst, selber zur Römerin geworden war. Über diesem Abschied – nicht nur über der Predigt – lagen Freude und Dankbarkeit für den Reichtum, den die Ordensfrau der Kirche und vielen Menschen geschenkt hat.

Vorn im Chor der Kirche befanden sich auch die Mitglieder der Erzbruderschaft vom Campo Santo in ihren schwarzen Kutten, die den Ehrendienst leisteten und die anschließende Prozession zum Grab der Verstorbenen anführten. Madre Pascalina fand ihre letzte Ruhestätte in dem für die Menzinger Schwestern bestimmten Grab.

Eine lateinische Inschrift erinnert daran, dass in dem Grab schon Prälat Kaas bestattet worden war. Seit 1965 ruht seine irdische Hülle in den Grüften unter dem Petersdom. »Verehrung, aufrichtige Liebe und unbedingte Treue verband Monsignore Kaas bis zu seinem Tode mit dem Heiligen Vater«, schrieb Schwester Pascalina über den ehemaligen Führer der deutschen Zentrumspartei in ihrem Buch.[66]

Die Einsegnung am Grab nahm der Rektor der Erzbruderschaft beim Campo Santo, Prälat Prof. Dr. Erwin Gatz, vor. Zugegen waren Joseph Kardinal Ratzinger, Präfekt der römischen Glaubenskongregation, Erzbischof Achille Silvestrini, Sekretär des

Rates für die öffentlichen Angelegenheiten der Kirche, Erzbischof Augustinus Mayer OSB, Sekretär der Kongregation für die Ordensleute, Titularerzbischof Antonio Travia, der Weihbischof der Diözese Rom und Beauftragter für die Ordensleute, Bischof Fiorenzo Angelini. Aus Österreich war der Vizepräsident des Bundesrates, Prof. Dr. Herbert Schambeck, gekommen. Die deutsche und die österreichische Botschaft beim Heiligen Stuhl waren durch die Botschaftsräte Prälat Alois Heck und Dr. Karl Diem vertreten. Ebenso anwesend war Dr. Walter Fehlhoff, der deutsche Botschafter am Heiligen Stuhl. Angehörige des römischen Adels und viele Ordensleute hatten sich eingefunden.

Aus Altötting waren die Provinzoberin Amabilis Büttner und Schwester Christa Scharnagl zur Trauerfeier angereist. Aus dem Mutterhaus in Menzingen kam Schwester Dr. Maria Crucis Doka, von 1979 bis 1988 Assistentin der Provinzoberin Maria Paula Gasser. Sie war als einzige Vertreterin der Provinz Schweiz in Rom. Aus der Generalleitung in Rorschach war niemand gekommen.[67] Von Pascalinas Familie stand ihr Neffe, Hans Lehnert, Sohn ihres Bruders Ferdinand, trauernd am Grab. Er war von der Oberin in Altötting vom Tod seiner Tante verständigt worden war.

Eine größere Gruppe von Gläubigen blieb noch lange nach Beendigung des Ritus am Grab, um betend und singend der Verstorbenen zu gedenken, die bewegte Jahre der Kirchengeschichte an zentraler Stelle miterlebt hatte.

Mit der Aussage in seiner Predigt, Schwester Pascalina sei in Wahrheit eine »Schwester vom Heiligen Kreuz« gewesen, hat Bischof Petrus Canisius van Lierde das Wesentliche ihres Lebensweges zusammengefasst. Er sprach weiter:

Schwester Pascalina, die sich wahrhaftig Jesus Christus geweiht hatte, machte sich auch als treue Magd des Herrn

bekannt, die nicht dem eigenen Wollen, sondern dem geliebten Willen ihres Gottes den Vorzug gab ... Auf diese Weise
hat Schwester Pascalina ihrem Herrn Jesus Christus gedient,
und vierzig Jahre lang hat sie ihm in Seinem Stellvertreter
auf Erden, Papst Pius XII. gedient. Es war ein stiller und berei-
ter, treuer und einwandfreier Dienst. Ein Dienst, der von
Gebet und schuldiger Aufmerksamkeit genährt wurde; ein
ständiges Sorgetragen Jahre hindurch, wobei sie in Eugenio
Pacelli nicht nur den Bischof, den Kardinal, den Papst, sondern auch und vor allem ihren Herrn Christus und seine Kirche achtete.[68]

Gedenken

Am 13. November 1993 anlässlich des 10. Todestages von Schwester Pascalina feierte Joseph Kardinal Ratzinger in der Kirche Santa Maria della Pietà am Campo Santo Teutonico eine Gedenkmesse. Viele Freunde und Mitschwestern von Madre Pascalina
hatten sich zu der abendlichen Eucharistiefeier eingefunden.
Anwesend waren auch Kardinal Alfons Stickler, Bischof Petrus
Canisius van Lierde, der Präsident des Österreichischen Bundesrates, Herbert Schambeck, sowie der österreichische Botschafter
beim Heiligen Stuhl, Dr. Georg Hohenberg.
In seiner Predigt zeichnete Joseph Kardinal Ratzinger das Bild der
bayerischen Ordensfrau, die ihr Leben ganz in den Dienst Papst
Pius' XII. gestellt hatte.
Als sich 2003 der zwanzigste Todestag von Madre Pascalina
näherte, nahm der Erzbischof von Köln, Joachim Kardinal Meisner, mit Herbert Schambeck Kontakt auf. Kardinal Meisner, der
schon in seiner Jugend Papst Pius XII. sehr verehrte, hatte Madre
Pascalina öfters in der Casa Pastor Angelicus besucht. Sie hatte
ihm auch eine Erinnerung an den Papst geschenkt.

Kardinal Meisner hatte wegen der Gedenkstunde mit Joseph Kardinal Ratzinger gesprochen. Schließlich wurde Herbert Schambeck gebeten, sich mit der Kongregation der Schwestern vom Heiligen Kreuz in der Schweiz wegen eines Gedenkgottesdienstes in Rom ins Benehmen zu setzen. Doch dort sind derartige Gedenkmessen für verstorbene Kongregationsangehörige nicht vorgesehen. So nahm Herbert Schambeck Kontakt auf mit der geistlichen Familie »Das Werk« in Rom, mit der Madre Pascalina sehr verbunden war, sowie mit der Verbindung Capitulina im CV, einer Gemeinschaft katholisch farbentragender Akademiker, in der Papst Pius XII. in seiner Zeit in Deutschland Ehrenmitglied gewesen war. Diese übernahmen die Vorbereitungen für die Gedenkmesse. Am Abend des 13. Novembers, dem Todestag von Madre Pascalina, zelebrierte Joachim Kardinal Meisner feierlich die heilige Messe in der Kirche Santa Maria delle Pietà im Campo Santo Teutonico in Rom.

Madre Pascalina habe »als Haushälterin und Sekretärin durch ihre praktische, nüchterne Art verstanden, für Pius XII. den menschlichen Lebensraum zu schaffen, den er brauchte, um seiner Aufgabe in einer schwierigen Zeit gerecht werden zu können«, so lautet die Wertschätzung des Papstes Benedikt XVI.

Im Nachlass der Madre Pascalina befanden sich mehrere Gebete, die diese verehrungswürdige, fromme Frau wohl immer wieder von ganzem Herzen gebetet hat.[69] Ein Gebet, das Schwester Pascalina liebte, heißt »Tagesweihe«.

Tagesweihe
Ich leg' in Deine guten Vaterhände,
Was Du an Sorgen schickst, an Freuden schenkst.

Ich weihe Dir die Meinen, die ich liebe,
Damit Du gnädig ihre Wege lenkst.

Ich weihe Dir die Menschen, die ich führe,
Führ Du sie einmal in den Himmel ein.

Ich weihe Dir die Arbeit, die ich schaffe,
Laß meine schwache Hand gesegnet sein.

Ich weihe Dir den Ansturm der Versuchung,
Gib Du mir Kraft, dass ich ihr widersteh'.

Ich weihe Dir mein Herz und was es einschließt.
Ich weihe Dir mein Wollen: gut zu sein.

Komm' mächt'ger Vater, gib mir Deinen Segen,
Bleib bei mir, hilf mir, laß mich nicht allein.

Amen

Anhang

Anmerkungen
Literaturverzeichnis
Dank
Abbildungsnachweis
Archive
Personenregister

Anmerkungen zu Teil I

[1] Fischer, 1930 zogen wir dann in den Vatikan, in: FAZ vom 22. März 1983. Dieses Bekenntnis stammt von Madre Pascalina, als sie im Alter von knapp 88 Jahren mit Heinz-Joachim Fischer von der Frankfurter Allgemeinen Zeitung ein Gespräch führte.

[2] Die genealogischen Angaben verdanke ich Hans Lehnert, einem Neffen von Schwester Pascalina (November 2006).

[3] Siehe dazu: Fromherz, Menzinger Schwestern, S. 278ff., in: Helvetia Sacra.

[4] Frdl. Hinweise von Schwester Uta Teresa Fromherz, Menzingen.

[5] In Altötting wurde mit dem Bau des Kreszentiaheimes begonnen, das in den Jahren 1915/16 erweitert wurde und als Neubau eine Herz-Jesu-Anbetungskirche erhielt. Architekt der im Jugendstil erbauten und jetzt unter Denkmalschutz stehenden Kirche war Prof. Kurz aus Augsburg. Der Hauptaltar stammt vom Bildhauer Franz Hoser und zeigt im Hauptrelief eine Darstellung des Herzens Jesu, umgeben von Engeln. Anlässlich der Einführung des Festes »Patrona Bavariae« am 6.5.1917 erhielt die Herz-Jesu-Kirche als erste einen Seitenaltar zu Ehren der Patronin Bayerns. Siehe auch: »90 Jahre Missions- und Anbetungskloster« – Sonderdruck aus »Ewige Anbetung«, Altötting 1983. Archiv Altötting. Dank an Schwester Laetitia Inger, Provinzoberin von 1986–1995.

[6] Im Marienheim in Mussenhausen im Unterallgäu wirken bis heute die Schwestern vom Heiligen Kreuz, Menzingen, in verschiedenen sozialen Bereichen.

[7] Archiv Institut Menzingen – 21.2.1959.

[8] Archiv Institut Menzingen – 21.2.1959.

[9] Archiv Institut Menzingen – 21.2.1959.

[10] Franz Matt war Jurist und Politiker (BVP). Er hat im nachrevolutionären Bayern von 1920 bis 1926 maßgeblich die bayerische Kulturpolitik definiert und durchgesetzt. Er wurde 1920 zum Kultusminister ernannt. Matt entwickelte die bayerische Kunstpolitik fort und schuf die Voraussetzungen für eine Neuregelung des Verhältnisses von Staat und Kirche. Das Konkordat mit dem Heiligen Stuhl von 1924 wie auch die Verträge mit den evangelischen Landeskirchen sind auch heute noch maßgeblich auf die zielstrebige Politik von Matt zurückzuführen. – Schwester Antonia hatte sich 1959 nicht mehr so genau erinnert, dass Matt erst 1920 Kultusminister wurde.

[11] Archiv Institut Menzingen – 21.2.1959.

[12] Archiv Institut Menzingen – 21.2.1959.

[13] Der heilige Vinzenz von Paul (1581–1660) hatte zusammen mit der heiligen Louise de Marillac 1633 in Paris die »Filles de la Charité«, die Genossenschaft der »Töchter der christlichen Liebe« gegründet. Die Barmherzigen Schwestern gehen zwar nicht in direkter Linie auf diese Gründung zurück, stehen aber mit den »Töchtern der christlichen Liebe«, die ebenso wie die Barmherzigen Schwestern auch Vinzentinerinnen genannt werden, in enger Verbindung.

[14] Die Barmherzigen Schwestern haben erst 1925 auf Wunsch von Kardinal Faulhaber eine Ausnahme gemacht und einen bischöflichen Haushalt übernommen. Bis zu seinem Tod 1952 blieben sie im Bischofshof. Im Bischofspalais in München sind die Barmherzigen Schwestern nun wieder seit 1977, dem Amtsantritt von Kardinal Ratzinger. Freundliche Hinweise von Hildegard Zellinger-Kratzl, München.

[15] Gebhardt, Mutterhauschronik, Geschichte der Barmherzigen Schwestern vom hl. Vinzenz von Paul – Mutterhaus, München 1923, S. 119–121.

[16] Gebhardt, Mutterhauschronik, Geschichte der Barmherzigen Schwestern vom hl. Vinzenz von Paul – Mutterhaus, München 1923, S. 119–121.

[17] Archiv des Erzbistums München und Freising – NL Pfaffenbüchler, No. 1.

[18] Dies führte zu genealogischen Schwierigkeiten. Hier sei für die Hilfe der Archivarin Schwester Ariadne und der Generalsekretärin Schwester Anna Maria von den Barmherzigen Schwestern vom hl. Vinzenz von Paul in München gedankt.

[19] Stadtarchiv Ebersberg.

[20] Die Heiligsprechung der Mystikerin erfolgt durch Papst Pius XII. am 27.6.1947.

[21] Archiv des Erzbistums München und Freising – NL Pfaffenbüchler.

[22] Lebensbogen der Schwester Berthilia – Dank an Schwester Anna-Maria.

[23] Archiv der Barmherzigen Schwestern München – 18.10.1932.

[24] Archiv des Erzbistums München und Freising – NL Pfaffenbüchler – 4.4.1934.

[25] Archiv des Erzbistums München und Freising – NL Pfaffenbüchler.

[26] Archiv des Erzbistums München und Freising – NL Pfaffenbüchler.

[27] Archiv Institut Menzingen – 24.11.1946.

[28] Erzbischöfliches Archiv München – NL Kardinal Faulhaber, 1153, 1154, 1552, 1553.

[29] Mathieu-Rosa, Die Päpste im 20. Jahrhundert, S. 111.

[30] Robert Leiber (1887–1967), 1906 Eintritt in den Jesuitenorden, war von 1924 bis 1958 dauerhafter Sekretär von Pacelli.

[31] Leiber, Pius XII. Sonderdruck aus: Stimme der Zeit, Band 163, Heft 2, November 1958, S. 6.

[32] Frdl. Hinweis von Schwester Uta Fromherz, Menzingen: Von 1920 bis 1925 erscheinen im Katalog der Schwestern vom Heiligen Kreuz, Menzingen, neben Pascalina die Namen mehrerer Schwestern, die in München arbeiteten. Im ersten Jahr sind das Bonifatia Walle aus Ormesheim und Johanna Kolb aus Schweinheim, im folgenden Jahr wurde Schwester Kolb durch Antonia Reichenberger, Premenreuth, ersetzt, die aber nur ein Jahr in der Nuntiatur in München blieb und mit ihr wurde Schwester Walle in das Mutterhaus zurückgerufen, dafür kam Schwester Theodosia Weber, Hilgartsberg, die bis 1928 blieb. 1924 und 1925 bekam Pascalina als Mitschwestern Maria Berchmans Schoch, Hamhausen, und Hilaria Wagner, Dollnstein.

[33] Lehnert, Ich durfte ihm dienen, S. 11.

[34] Siehe dazu: Pfister, Kirchenamtliche und persönliche Verbindungen zum Apostolischen Nuntius Pacelli und zur Papst Pius XI. (42), in: Kardinal Michael von Faulhaber: 1869–1952.

[35] Wolff und Unterburger, Eugenio Pacelli, S. 14f.

[36] Scholder, Die Kirchen zwischen Republik und Gewaltherrschaft, S. 102.

[37] Siehe dazu: Götz/Kornacker/Treffler, Erzbischof und Kardinal, in: Kardinal Michael von Faulhaber: 1869–1952, S. 169f.

[38] Weitlauff, Die Leitung der Erzdiözese und Freising in Kriegs- und Nachkriegszeit, S. 324, 320–346.

[39] Mathieu-Rosa, Die Päpste im 20. Jahrhundert, S. 110f.

[40] Feldkamp, Pius XII. und Deutschland, S. 34.

[41] Siehe dazu: Lehnert, Ich durfte ihm dienen, S. 15ff.; Feldkamp, Pius XII. und Deutschland, S. 33ff.

[42] Feldkamp, Pius XII. und Deutschland, S. 35.

[43] Archiv Institut Menzingen – 11.3.1920.

[44] Archiv Institut Menzingen – 28.12.1921.

[45] Archiv Institut Menzingen – 8.8.1919.

[46] Lehnert, Ich durfte ihm dienen, S. 17.

[47] Gespräch mit Prof. Schambeck am 19.2.2007 in Wien.

[48] Siehe dazu: Kornacker, Der »Apostelkreis« Faulhabers, in: Kardinal Michael von Faulhaber: 1869–1952, S. 464.

[49] Siehe dazu: Weiß, Kronprinz Rupprecht. Siehe dazu auch: Schad, Bayerns Königinnen. Im Alter von 55 Jahren erlag Antonia am 31. Juli 1954 ihren Leiden, die auf die zusammen mit ihren Kindern verbrachte Zeit in den Konzentrationslagern Flossenbürg und Dachau zurückzuführen waren.

[50] Schad, Kaiserin Elisabeth und ihre Töchter, S. 36f.

[51] Konstantin Prinz von Bayern (*15. August 1920, † 30. Juli 1969). Er heiratete 1942 zunächst Maria Adelgunde von Hohenzollern-Sigmaringen, zwei Söhne Leopold Prinz von Bayern (*1943) und Adalbert Prinz von

Bayern (1944). Prinz Konstantin heiratete 1953 dann Helene von Khevenhüller-Metsch (*1921), eine Tochter Ysabel (*1954) verh. Alfred Graf von Hoyos. Prinz Konstantin, Jurist und Buchautor, war vom 19.10.1965 bis zu seinem Tode Mitglied des Deutschen Bundestages. Kurz nach Erscheinen seines politischen Werks »Die Zukunft sichern« kam Konstantin von Bayern bei einem Flugzeugabsturz ums Leben.

[52] Bayern von, Papst Pius XII., S. 35.

[53] Bayern von, Papst Pius XII.

[54] Archiv Institut Menzingen – 11.4.1924.

[55] Archiv Barmherzige Schwestern München – 8.6.1926 Berlin.

[56] Archiv des Erzbistums München und Freising – NL Pfaffenbüchler.

[57] Archiv Institut Menzingen – 28.12.21.

[58] Archiv Institut Menzingen – 25.11.1929.

[59] Archiv Barmherzige Schwestern München.

[60] Schwester Edgar starb am 13.2.1955. Sie wurde in Menzingen auf dem Friedhof des Mutterhauses beerdigt.

[61] Archiv Institut Menzingen – 23.9.1924.

[62] Archiv »Das Werk«, Collegium Paulinum, Rom.

[63] Archiv Institut Menzingen.

[64] Lehnert, Ich durfte ihm dienen, S. 31.

[65] Archiv »Das Werk«, Collegium Paulinum, Rom.

[66] Archiv »Das Werk«, Collegium Paulinum, Rom.

[67] Siehe dazu ausführlich: Feldkamp, Pius XII. in Deutschland, S. 40ff.

[68] Feldkamp, Pius XII. und Deutschland, S. 40.

[69] Reichskanzler Wilhelm Marx trat im Oktober 1928 vom Vorsitz der Zentrumspartei zurück; Kaas wurde sein Nachfolger als Parteichef.

[70] Fromm, Als Hitler mir die Hand küsste, S. 53.

[71] Rathgeber, Pastor Angelicus, S. 64.

[72] Hatch, Crown of Glory, S. 82f. Zu Dorothy Thompson siehe: Schad, Frauen gegen Hitler.

[73] Fromm, Als Hitler mir die Hand küsste, S. 24f.; Fromm, Blood and Banquets. A Berlin Social Diary, S. 18, 43. Zu Bella Fromm siehe: Schad, Frauen gegen Hitler, S. 51f.

[74] Fromm, Als Hitler mir die Hand küsste, S. 23f.

[75] Zu Galen siehe auch: Spicer, Resisting the Third Reich, S. 45f.

[76] Lehnert, Ich durfte ihm dienen, S. 40.

[77] Archiv Institut Menzingen – Juli 1925.

[78] Frdl. Hinweis von Christiane Schwarz, Archiv der Bayerischen Franziskanerprovinz, München. Im Archiv findet sich kein Hinweis auf den Ärger mit Schwester Pascalina.

[79] Archiv Institut Menzingen.

[80] Archiv Institut Menzingen – 23.7.1926.

[81] Ludwig Kaas (1881–1952), Kanonist und Politiker, 1909 Priester, 1918 bis 1924 Professor für Kirchenrecht in Trier, dann Domkapitular, Berater Pacellis als Nuntius und später als Papst, 1920 bis 1933 für das Zentrum im Reichstag, 1928 bis 1933 Zentrumsvorsitzender, beteiligt am Zustandekommen des Reichskonkordats, seit 1935 Domherr an St. Peter in Rom.

[82] Archiv Institut Menzingen – 2.8.1926.

[83] Archiv Institut Menzingen – 12.10.1926.

[84] Archiv Institut Menzingen – 2.8.1926.

[85] Archiv Institut Menzingen – 5.8.1926.

[86] Archiv Institut Menzingen – 28.7.1927.

[87] Archiv Institut Menzingen – 5.2.1928.

[88] Archiv Institut Menzingen – 6.6.1930.

[89] Lehnert, Ich durfte ihm dienen, S. 43.

[90] Archiv Institut Menzingen.

[91] Eugenio Pacelli. Die Lage der Kirche in Deutschland 1929, bearbeitet von Hubert Wolf und Klaus Unterburger, S. 217.

Anmerkungen zu Teil II

[1] Lehnert, Ich durfte ihm dienen, S. 45.

[2] Chélini, L'Église sous Pie XII: la Tourmente 1939–1945, S. 94 – Chélini schrieb in Französisch:»gouvernante«. Es war bis dahin nicht üblich, dass Schwestern in Nuntiaturen eingesetzt wurden, was in diesem Fall auf Empfehlung von Bischof von Faulhaber geschah. Frdl. Hinweis von Prof. Dr. P. Peter Gumpel, Rom.

[3] Robert Leiber (1887–1967), 1906 Jesuit, war 1924 bis 1958 gleichsam dauerhafter Sekretär von Pacelli.

[4] Feldkamp, Pius XII. und Deutschland, S. 67.

[5] Wilhelm Hentrich SJ (1887–1972), Bibliothekar Pacellis.

[6] Augustin Bea SJ (1881–1968), 1902 Jesuit, Professor für Exegese des Alten Testaments in Valkenburg, lehrte seit 1924 in Rom, 1930 Rektor des päpstlichen Bibelinstituts, ab 1945 Beichtvater von Pius XII., 1959 Kardinal.

[7] Bayern von, Pius XII., S. 384f.

[8] Archiv Institut Menzingen – Dies schrieb Pater Hentrich in seinem Brief zum Tod von Papst Pius XII. an die Generaloberin nach Menzingen im Oktober 1958.

[9] Archiv Institut Menzingen – August/September 1930.

[10] Murphy, La Popessa, S. 90.

[11] Siehe dazu S. 73–84 in diesem Buch.
[12] Cornwell, Pius XII., S. 162.
[13] Cornwell, Pius XII., S. 279.
[14] Cornwell, Hitler's Pope. The Secret History of Pius XII., S. 201.
[15] Siehe dazu S. 73–76 in diesem Buch.
[16] Siehe dazu: Cornwell, Hitler's Pope, S. 201. Zeugnisse für das Seligsprechungsverfahren von Pius XII. (Gesellschaft Jesu, Rom), S. 66.
[17] Wolf/Unterburger (Hg.), Eugenio Pacelli, S. 18.
[18] Gespräch mit P. Gumpel am 21.3.2007 in Rom. Siehe auch: Wolf/Unterburger, Eugenio Pacelli, S. 18.
[19] Rathgeber, Pastor Angelicus, S. 212f.
[20] Chélini, L'Église sous Pie XII: la Tourmente 1939–1945, S. 94.
[21] Chélini, L'Église sous Pie XII: la Tourmente 1939–1945, S. 95.
[22] Galeazzi-Lisi, Dans l'ombre et dans la lumière de Pie XII, S. 145.
[23] Galeazzi-Lisi, Dans l'ombre et dans la lumière de Pie XII, S. 145.
[24] Galeazzi-Lisi, Dans l'ombre et dans la lumière de Pie XII, S. 146f.
[25] Bayern von, Papst Pius XII., S. 58.
[26] Siehe: Vocke, Der demütige Dienst der Schwester Pascalina, in: Deutsche Tagespost vom 15./16. November 1983.
Seit ihrer Ankunft in Rom wurde Schwester Pascalina vom Kardinalstaatssekretär »Madre« genannt. Sie hatte nie als Oberin in ihrer Kongregation gedient, hatte also, streng genommen, nicht Anspruch auf das Wort »Mutter«. Für die Italiener war sie Jahrzehnte die »Madre Pascalina«, nicht nur im kirchlichen Rom, eine fast volkstümlich bekannte Gestalt.
[27] Bayern von, Papst Pius XII., S. 73.
[28] Galeazzi-Lisi, Dans l'ombre et dans la lumière de Pie XII, S. 11.
[29] Archiv Institut Menzingen – 13.12.1942.
[30] Galeazzi-Lisi, Dans l'ombre et dans la lumière de Pie XII, S. 144.
[31] Galeazzi-Lisi, Dans l'ombre et dans la lumière de Pie XII, S. 144.
[32] Diesen Dompfaff schenkte Schwester Pascalina angeblich später als Andenken dem Arzt Riccardo Galeazzi-Lisi. Alle anderen Vögel verließen 1958 mit der »bonne Mère Pascalina« den Vatikan.
[33] Galeazzi-Lisi, Dans l'ombre et dans la lumière de Pie XII, S. 149.
[34] Archiv Institut Menzingen – 2.7.1945.
[35] Archiv Institut Menzingen.
[36] Archiv Institut Menzingen – 16.8.1953.
[37] Archiv Institut Menzingen – 14.8.1953.
[38] Archiv Institut Menzingen – Oktober 1958.
[39] Aus: Immortellen, Nr. 104, Menzingen – März 1982, S. 74.
[40] Schwester Maria Konrada – Ein Lebensbild von Schwester Uta Teresa Fromherz, Menzingen (unveröffentlicht).

[41] Papst Pius IX. hatte den heiligen Josef schon 1870 zum Schutzpatron der katholischen Kirche erhoben.

[42] Archiv Collegium Paulinum Rom – 15.5.1928.

[43] Lehnert, Ich durfte ihm dienen, S. 40.

[44] Erzbischöfliches Archiv München – NL Faulhaber, 20.4.1946.

[45] Lehnert, Ich durfte ihm dienen, S. 57.

[46] Dank an Andrea Hocke, Rom.

[47] Lehnert, Ich durfte ihm dienen, S. 58.

[48] Lehnert, Ich durfte ihm dienen, S. 59.

[49] Ein Eucharistischer Kongress ist eine besondere Bezeugung der Eucharistieverehrung in neuerer Zeit. Die Initiatorin Émilie Tamisier aus Tours (1834–1910) war inspiriert von P. J. Eymard. Der erste internationale Eucharistische Kongress wurde in Lille 1881 gefeiert; im deutschen Sprachraum 1960 in München.

[50] Siehe dazu: Lehnert, Ich durfte ihm dienen, S. 50.

[51] Archiv der Barmherzigen Schwestern in München.

[52] Pio Rossignani war der Bruder von Luigi Rossignani mit dem Pacellis Schwester Elisabetta verheiratet war.

[53] Frdl. Hinweis von Prof. P. Gumpel am 19.3.2007.

[54] Erzbischöfliches Archiv München – NL Pfaffenbüchler.

[55] Der 4. Oktober ist das Fest des heiligen Franziskus, im Menzinger Mutterhaus früher ein Feiertag, weil die Schwestern Franziskanerinnen sind.

[56] Archiv Institut Menzingen – 4.10.1934.

[57] Padarello, Pius XII., S. 281.

[58] Rathgeber, Pastor Angelicus, S. 107; Lehnert, Ich durfte ihm dienen, S. 61.

[59] *1889 in Withman, †1967 in New York.

[60] Gannon, The Cardinal Spellman Story, S. 62.

[61] Gannon, The Cardinal Spellman Story, S. 66.

[62] Cooney, The American Pope, S. 42.

[63] Archiv Institut Menzingen – Dezember 1942.

[64] Lehnert, Ich durfte ihm dienen, S. 54.

[65] Sie gründete den Carroll Club für »Catholic Business Girls«, besuchte und beschenkte katholische Kranken- und Waisenhäuser sowie Altenheime. Zudem war sie die Präsidentin der »Girls Scouts of America«. Sie erhielt die Auszeichnung »Notre Dame's Laetare Medal« als der bedeutendste amerikanische Laie im Jahr 1933.

[66] Archdiocese of New York-Archives Saint Joseph's Seminary, Dunkers, »The Diary of Cardinal Spellman«. Frdl. Hinweis von Archivist Sr. Marguerita Smith. Die Tagebücher von Kardinal Spellman sind bis 1939 einsehbar. – Dank an P. Kevin P. Spicer, Easton, MA.

[67] Hewitt, The Home of Mr. and Mrs. Nicholas F. Brady, Abbildungen ohne Seitenangaben.

[68] Fogarty, The Vatican and the American Hierarchy, S. 246.

[69] Cooney, The American Pope, S. 64f.

[70] Murphy, La Popessa, S. 121.

[71] Archiv Institut Menzingen.

[72] Archiv Institut Menzingen.

[73] Archiv Institut Menzingen.

[74] So war er in Boston, Philadelphia, Baltimore, Washington, South Bend, Cleveland, St. Paul, Cincinnati, Detroit, Chicago, San Francisco, Los Angeles und St. Louis.

[75] Archdiocese of New York – Archives Saint Joseph's Seminary. »The Diary of Cardinal Spellman«.

[76] »The Diary of Cardinal Spellman« – 2. Oktober 1936.
Das Jesuit Center in Wernersville ist heute ein Zentrum für die Menschen, die Ruhe und Frieden in einer schönen Umgebung suchen. Es werden Exerzitien im Geiste von Ignatius von Loyola angeboten. Das Zentrum ist aber in erster Linie ein Ruhesitz für ältere Jesuiten. Es arbeiten seit 30 Jahren auch Frauen mit den Jesuiten zusammen, die sowohl im geistlichen Bereich, als auch im Altenheim zu finden sind.

[77] Archiv Institut Menzingen – 11.10.1936.

[78] Archiv Institut Menzingen – 11.10.1936.

[79] Archiv Institut Menzingen – 8.11.1936.

[80] Padellaro, Pius XII., S. 274.

[81] Archiv Institut Menzingen – 17.11.1936.

[82] Archiv Institut Menzingen – 17.11.1936.

[83] Archiv des Erzbistums München und Freising – NL Pfaffenbüchler – 20.8.1932. Siehe dazu: Vorderholz, Umgang mit verfolgten Katholiken »Geh den geraden Weg« – Kardinal Faulhaber und Fritz Gerlich, in: Kardinal Michael von Faulhaber: 1869–1952, S. 345–348. »Der gerade Weg« war eine NSDAP-kritische Münchner Wochenzeitschrift, herausgegeben von Fritz Gerlich (1883–1934).

[84] Lehnert, Ich durfte ihm dienen, S. 55.

[85] Laube, Zwangssterilisierung und Euthanasie, Kriegsgefangene und Zwangsarbeiter, in: Kardinal Michael von Faulhaber: 1869–1952, S. 406.

[86] Blet, Papst Pius XII. und der Zweite Weltkrieg, S .65; Napolitano/Tornielli, Il Papa che salvò gli ebrei, S. 150f.

[87] Brechenmacher, Der Vatikan und die Juden, S. 204.

[88] Lehnert, Ich durfte ihm dienen, S. 151.

[89] Blet, Papst Pius XII. und der Zweite Weltkrieg, S. 66.

[90] Siehe dazu: Schad, Frauen gegen Hitler, S. 30.

91 Schad, Frauen gegen Hitler, S. 301f.
92 Lehnert, Ich durfte ihm dienen, S. 41.
93 Lehnert, Ich durfte ihm dienen, S. 151.
94 Lehnert, Ich durfte ihm dienen, S. 149.
95 Archiv Institut Menzingen – 12.2.1939.
96 Archiv Institut Menzingen – 12.2.1939.
97 Archiv Institut Menzingen – 12.2.1939.
98 Archiv Institut Menzingen – 12.2.1939.
99 Pallenberg, Hinter den Türen des Vatikans, S. 47.
100 Lehnert, Ich durfte ihm dienen, S. 69.

Anmerkungen zu Teil III

1 Gespräch mit Prof. Schambeck am 19.2.2007 in Wien.
2 Blet, Papst Pius XII. und der Zweite Weltkrieg, S. 289 – Dieser Satz stammt aus der Ansprache des Papstes an die Kardinäle am 2.6.1945.
3 Becker, Der Vatikan und der II. Weltkrieg, S. 307.
4 Feldkamp, Pius XII. und Deutschland, S. 129.
5 Lehnert, Ich durfte ihm dienen, S. 101.
6 Lehnert, Ich durfte ihm dienen, S. 101.
7 Die hier erwähnten Aufzeichnungen wurden 1982 unter dem Titel »Ich durfte ihm dienen« veröffentlicht.
8 Dank an Prof. Dr. Herbert Schambeck für das wichtige Gespräch mit ihm am 19.2.2007 in Wien.
9 Lehnert, Ich durfte ihm dienen, S. 102.
10 Lehnert, Ich durfte ihm dienen, S. 102.
11 Schmidt, Statist auf diplomatischer Bühne, S. 488.
12 Schmidt, Statist auf diplomatischer Bühne, S. 488.
13 Lehnert, Ich durfte ihm dienen, S. 117.
14 Siehe dazu allgemein, Brechenmacher, Der Vatikan und die Juden.
15 Lehnert, Ich durfte ihm dienen, S. 117.
16 Lehnert, Ich durfte ihm dienen, S. 117.
17 Lehnert, Ich durfte ihm dienen, S. 117f.
18 Lehnert, Ich durfte ihm dienen, S. 42.
19 Lehnert, Ich durfte ihm dienen, S. 117.
20 Zitiert bei Brechenmacher, Der Vatikan und die Juden, S. 164. Der Brief ist undatiert, das Begleitschreiben trägt das Datum 12.4.1933.
21 Brechenmacher, Der Vatikan und die Juden, S. 164.
22 Am 11.10.1998 erfolgte ihre Heiligsprechung, begründet durch die wun-

dersame Heilung eines dreijährigen Kindes im Jahre 1987. 2006 wurde eine Skulptur der Heiligen als eine der Patroninnen Europas in der letzten freien Außenkonche des Petersdoms in Rom aufgestellt und von Papst Benedikt XVI. geweiht.

23 Feldkamp, Pius XII. und Deutschland, S. 141.
24 Sánchez, Pius XII. und der Holocaust, S. 92.
25 Frdl. Hinweis von Pater Gumpel vom 21.3.2007 – Pascalina hatte schon am 24. März 1959 ihre Aufzeichnungen dem Vorsitzenden des Tribunals übergeben.
26 Lehnert, Ich durfte ihm dienen, S. 114.
27 Offene Städte waren jene Städte, die auf der Grundlage des »Abkommens betreffend die Gesetze und Gebräuche des Landkriegs« vom 19.7.1899 nicht angegriffen oder bombardiert werden durften.
28 Willer, P. Pankratius Pfeiffer SDS.
29 Lehnert, Ich durfte ihm dienen, S. 122.
30 Schmid, Papst Pius XII. begegnen, S. 90; Lehnert, Ich durfte ihm dienen, S. 122.
31 Feldkamp, Pius XII. und Deutschland, S. 147.
32 Feldkamp, Pius XII. und Deutschland, S. 147.
33 Siehe dazu: Feldkamp, Pius XII. und Deutschland, S. 149.
34 Archiv Institut Menzingen.
35 Lehnert, Ich durfte ihm dienen, S. 117 – Zu Erklärung fügte Pascalina noch hinzu, dass vier Leintücher ungefähr 20 000 Lire kosteten.
36 Aufzeichnungen Hudals über das Gespräch mit General Stahel vom 17. Oktober 1943. Brechenmacher, Der Vatikan und die Juden, S. 222f.
37 Tornielli, Pio XII., S. 246f.
38 Schmid, Papst Pius XII. begegnen, S. 96.
39 Siehe dazu: Brechenmacher, Der Vatikan und die Juden, S. 218ff.
40 Lehnert, Ich durfte ihm dienen, S. 123.
41 Archiv Institut Menzingen – 1.2.1944.
42 Archiv Institut Menzingen – 16.2.1944.
43 Archiv Institut Menzingen – 16.2.1944.
44 Archiv Institut Menzingen – 19.5.1944.
45 Feldkamp, Pius XII. und Deutschland, S. 154.
46 Lehnert, Ich durfte ihm dienen, S. 117.
47 Archiv Institut Menzingen – 16.2.1944.
48 Erzbischöfliches Archiv München – NL Faulhaber.
49 Erzbischöfliches Archiv München – NL Faulhaber.
50 Archiv Institut Menzingen.
51 Archiv Institut Menzingen.

[52] 1946 wurde der amerikanische Bischof von Fargo, Aloysius Muench zum »Apostolischen Visitator und Leiter der Päpstlichen Mission für die Flüchtlinge in Deutschland« mit Sitz in Kronberg im Taunus und zum Armeebischof der US-Streitkräfte in Deutschland ernannt, 1949 zum Verweser der seit dem Tod von Nuntius Orsenigo vakanten Apostolischen Nuntiatur und wurde von Papst Pius XII. zum Erzbischof ernannt. Zwei Jahre nach Gründung der Bundesrepublik Deutschland wurde die Kronberger apostolische Mission aufgelöst. Erzbischof Muench war bis Dezember 1959 Apostolischer Nuntius in Bonn. Dann nahm ihn Papst Johannes XXIII. als Kardinalpriester in das Kardinalkollegium auf.

[53] The American Catholic History Research Center & University Archives, Washington, Muench Papers, Folder 29, Box 12 – 8.10.1955. Bei seiner Reise nach Nordamerika hatte Pacelli auch diese Universität besucht.

[54] Pfister, Zur Ausstellung; Pfister, Kirchenamtliche und persönliche Verbindungen zum Apostolischen Nuntius Pacelli und zu Papst Pius XII (42), in: Kardinal Michael von Faulhaber: 1869–1952, S. 14, 204ff.

[55] Lehnert, Ich durfte ihm dienen, S. 12.

[56] Archiv des Erzbistums München und Freising – NL Pfaffenbüchler – 1.6.1926.

[57] Lehnert, Ich durfte ihm dienen, S. 69.

[58] Lehnert, Ich durfte ihm dienen, S. 76.

[59] Archiv Institut Menzingen – 7.4.1947.

[60] Archiv der Barmherzigen Schwestern München.

[61] Das Fest war Mariä Himmelfahrt am 15. August.

[62] Erzbischöfliches Archiv München – NL Faulhaber.

[63] Erzbischöfliches Archiv München – NL Faulhaber.

[64] Erzbischöfliches Archiv München – NL Faulhaber – 2.5.1948.

[65] Erzbischöfliches Archiv München – NL Faulhaber – 11.9.1948.

[66] Archiv Institut Menzingen – 28.4.1948.

[67] Erzbischöfliches Archiv München – NL Faulhaber 29.3.1950.

[68] Kornacker, Karitatives Wirken Faulhabers, in: Kardinal Michael von Faulhaber: 1869–1952, S. 422, No. 103, S. 422ff.

[69] Erzbischöfliches Archiv München und Freising – NL Faulhaber: Oskar Jandl, Caritasdirektor: Schlüssel zu Verteilung der Liebesgaben in US-Zone (ohne Bremen): Bayern 50 % – Großhessen 27% – Württemberg 14,5% – Baden 8,5% – Bremen 5,6%.

[70] Bayern von, Papst Pius XII., S. 23.

[71] Bayern von, Papst Pius XII., S. 23.

[72] Bayern von, Papst Pius XII., S. 350.

[73] Feldkamp, Pius XII. und Deutschland, S. 178.

[74] Guttenberg von, Beim Namen gerufen, S. 241. Sie gehörte zum »Apostel-

kreis« Faulhabers. Siehe dazu Kornacker, Der »Apostelkreis« Faulhabers, in: Kardinal Michael von Faulhaber: 1869–1952, S. 464f. Baronin Elisabeth von Guttenberg war die Gemahlin von Georg Enoch Freiherr von Guttenberg (1893–1940). Dank an Manfred Kosch.

[75] Erzbischöfliches Archiv München – NL Faulhaber.
[76] Erzbischöfliches Archiv München – NL Faulhaber.
[77] Erzbischöfliches Archiv München – NL Faulhaber.
[78] Archiv Institut Menzingen – 22.4.1945.
[79] Erzbischöfliches Archiv München – NL Faulhaber.
[80] Erzbischöfliches Archiv München – NL Faulhaber.
[81] The American Catholic History Research Center & University Archives, Washington, Muench Papers, Folder 29, Box 12.
[82] Erzbischöfliches Archiv München – NL Faulhaber.
[83] Erzbischöfliches Archiv München – NL Faulhaber.
[84] Erzbischöfliches Archiv München – NL Faulhaber.
[85] Erzbischöfliches Archiv München – NL Faulhaber.
[86] Erzbischöfliches Archiv München – NL Faulhaber.
[87] Erzbischöfliches Archiv München – NL Faulhaber.
[88] Archiv Institut Menzingen – 8.4.1948.
[89] Archiv Institut Menzingen – 5.12.1958.
[90] Archiv Institut Menzingen – 5.12.1958.
[91] Dank an Prof. Hermann Rumschöttel. Bayerisches Hauptstaatsarchiv, StK – BayVO 3000 – 26.6.1980.
[92] Reden anlässlich der Ordensverleihung. Dank an Herrn Fred G. Rausch, Staatskanzlei München.
[92a] Dank an Prof. Hermann Rumschöttel. Bayerisches Hauptstaatsarchiv, StK – BayVO 3000 – 26.6.1980.
[93] Frdl. Mitteilung von Prof. Schambeck vom 17.3.2007.
[94] Erzbischöfliches Archiv München – NL Faulhaber.
[95] Erzbischöfliches Archiv München – Brief von Kardinal Spellman und Briefe von Faulhaber an Ferdinand Lehnert.
[96] Kornacker, Karitatives Wirken Faulhabers, in: Kardinal Michael von Faulhaber: 1869–1952, S. 422f.
[97] Frdl. Hinweis von Hans Geiser, Arbon.
Große Geldzuwendungen von Frau Saurer gingen an das Kloster in Menzingen, an Schwester Pascalina, an Kardinal Faulhaber für die Ausgebombten und sie half den Bedürftigen mit Lebensmittelsendungen nach dem Zweiten Weltkrieg. Der Heilige Vater bekam nicht nur die schönsten weißen Leibchen gesandt, sondern auch ein Camion, einen Lastwagen, für die päpstlichen Hilfsaktionen.
[98] Archiv Institut Menzingen.

99 Erzbischöfliches Archiv München – NL Faulhaber – 15.10.1946.

100 Kardinal von Faulhaber starb ein Jahr später am 12.6.1952.

101 Archiv Institut Menzingen – 27.8.1952.

102 Steiner, Zerstörung und Wiederaufbau der Kirchen Münchens, in: Münchener Theologische Zeitschrift, Heft 4, 2006, S. 291–304, hier S. 299. Erst im März 1953 konnte das neu geschaffene »Netzgewölbe in alter Form« geschlossen werden. Es gab Bemühungen von Kardinal Faulhaber, die Finanzierung des Wiederaufbaus unter Mithilfe von amerikanischen Bischöfen zu bewerkstelligen, was aber Kardinal Spellman aus verschiedenen Gründen ablehnen musste. Siehe dazu: Erzbischöfliches Archiv München – NL Faulhaber, 2056.

103 Haub, P. Rupert Mayer SJ und P. Alfred Delp SJ, in: Münchener Theologische Zeitschrift, Heft 4, 2006, S. 308.

104 Siehe dazu ausführlich: Haub, Rupert Mayer, in: Münchener Theologische Zeitschrift, Heft 4, 2006, S. 311. Die Seligsprechung erfolgte am 3.5.1987.

105 Die Villa Hardt, später Zottmayr, wurde 1914 aus Privatbesitz erworben. Sie wurde von den Schwestern nur »die Villa« genannt. Dort wohnten die Erzbischöfe und deren Gäste in Adelholzen. 1976 wurde diese Villa wegen des Quellwasserschutzgebietes abgerissen. Frdl. Hinweis von Frau Kornacker.

106 Frdl. Hinweis von Prälat Pfarrer i.R. Waxenberger vom 31.3.2007.

107 Frdl. Hinweis von Prälat Pfarrer i.R. Waxenberg vom 4.6.2007.

108 Leimgruber, Seelsorge und Religionsunterricht in und um München in der Kriegs- und Nachkriegszeit, in; Münchener Theologische Zeitschrift, Heft 4, 2006, S. 382. Berchtesgaden mit der damals sogenannten »Hitler-Pfarrei« war im April 1944 stark bombardiert worden, der Aufbau ging allerdings gut voran und als Pascalina dort war, kamen auch schon wieder die ersten Sommergäste.

109 Archiv Institut Menzingen – 27.8.1951.

110 Archiv Institut Menzingen – 27.8.1951.

111 Siehe dazu auch: van Lierde, Eindrücke von Person und Wirken Pius' XII., in: Schambeck, Pius XII. Friede durch Gerechtigkeit, S. 85; Brechenmacher, Der Vatikan und die Juden, S. 183.

112 Lehnert, Ich durfte ihm dienen, S. 125.

113 Siehe dazu: Hecker, Obersalzberg-Protokoll (1936), in: Kardinal Michael von Faulhaber: 1869–1952, S. 541–547.

114 Hecker, Hitler, S. 301f.

115 Die Heiligsprechung des Bruders Konrad von Parzham durch Papst Pius XI. am 20. Mai, dem Pfingstfest 1934, hatte der Kardinal in Rom im Petersdom zusammen mit Schwester Pascalina und 60 000 Gläubigen

234

miterlebt. Kardinalstaatssekretär Eugenio Pacelli schrieb ein Büchlein »Der hl. Konrad von Parzham« und widmete es handschriftlich Kardinal von Faulhaber. Siehe dazu: Pfister, Faulhaber und Kardinalstaatssekretär Pacelli, in: Kardinal Michael von Faulhaber: 1869–1952, S. 208–212.

[116] Archiv Institut Menzingen – 27.8.1951.

[117] Frdl. Hinweis von Prälat Pfarrer i.R. Waxenberger vom 31.3.2007.

[118] Weitlauff, Die Leitung der Erzdiözese München und Freising in Kriegs- und Nachkriegszeit, in: Münchener Theologische Zeitschrift, Heft 4, 2006, S. 339.

[119] Weitlauff, Die Leitung der Erzdiözese München und Freising in Kriegs- und Nachkriegszeit, S. 339.

[120] Bayern von, Papst Pius XII., S. 30.

[121] Archiv Institut Menzingen – 21.1.1953.

[122] Siehe dazu allgemein: Fromherz, Menzinger Schwestern, in: Henggeler u. a., Helvetia Sacra, S. 278ff.

[123] Pater Athanasius Staub (*4.5.1864, †16.8.1955), Benediktiner, stammte aus Menzingen. Profess in Einsiedeln 1885, Priesterweihe 1891. 1895 bis 1902 Professor in San Anselmo, dem internationalen Benediktinerkolleg in Rom, 1902 bis 1905 Lehrer und Internenpräfekt an der Einsiedler Stiftsschule, 1905 bis 1925 Dekan des Benediktinerklosters Einsiedeln, 1925–1939 Rektor von San Anselmo in Rom.

[124] Im Katalog der Schwestern vom Hl. Kreuz steht ab 1949: Città del Vaticano: »Frau Paskalina Lehnert« – der Titel »Frau« war inzwischen für höhere Oberinnen eingeführt worden. Ab 1954 heißt der Eintrag »Mutter Paskalina«, 1955 »Mutter Pascalina« und 1957 zum ersten Mal »Päpstlicher Haushalt: Mutter Pascalina«.

[125] Archiv Institut Menzingen.

[126] Schwester Uta Terese Fromherz – Gespräch vom 28.5.2007.

[127] Archiv Institut Menzigen – 13.12.1950.

[128] Valerio Valeri war von 1936 bis 1944 Apostolischer Nuntius in Paris und Vichy.

[129] Clemente Micara, ab 1923 Apostolischer Nuntius in Brüssel.

[130] Archiv Institut Menzingen – 3.10.1953.

[131] Archiv Institut Menzingen – 28.8.1953.

[132] Archiv Institut Menzingen – Nicolaus Ferraro.

[133] Siehe dazu Lehnert, Ich durfte ihm dienen, S. 136ff.

[134] Siehe dazu Congregatio de causis sanctorum, 1999, S. 573ff.; Schauber/ Schindler, Heilige und Namenspatrone im Jahreslauf.

[135] Lehnert, Ich durfte ihm dienen, S. 163.

[136] Lehnert, Ich durfte ihm dienen, S. 162; Archiv Institut Menzingen – 4.7.1950.

[137] Archiv Institut Menzingen – Juni 1950.

[138] Archiv Institut Menzingen – Vatikan 15.1.1951.

[139] Archiv Institut Menzingen – 3.9.1946.

[140] Siehe dazu: Rathgeber, Pastor Angelicus, S. 210f.

[141] Cornwell, Pius XII., S. 471f.

[142] Erzbischöfliches Archiv München – NL Faulhaber.

[143] Erzbischöfliches Archiv München – NL Faulhaber.

[144] Archiv Institut Menzingen – 27.12.1953.

[145] Information von Herbert Schambeck am 29.6.2007.

[146] Galeazzi-Lisi, Dans l'ombre et dans la lumière de Pie XII, S. 145.

[147] Cornwell, Pius XII., S. 476.

[148] Galeazzi-Lisi, Dans l'ombre et dans la lumière de Pie XII, S. 245. Galeazzi-Lisi selbst sah sich als den Arzt des Papstes schlechthin, den er bis zu seinem Tode ärztlich betreute. Er verschweigt in seiner Biografie über Papst Pius XII. völlig, dass er bereits 1956 als Archiatra entlassen wurde, wie das immer wieder zu lesen ist. »In Wirklichkeit wurde er nicht entlassen, sondern nie mehr zum Papst vorgelassen, da dieser ihn nicht mehr sehen wollte.« So P. Peter Gumpel SJ, Rom. Der Grund dafür war eine »Persönlichkeitsveränderung« und Gerüchte über immense Spielschulden. Doch Galeazzi-Lisi brachte es fertig, am Sterbebett des Papstes zu erscheinen. Dies führte zu einem Skandal. Der völlig verschuldete Galeazzi-Lisi machte Fotos vom sterbenden Papst und verkaufte diese für viel Geld an Fotoagenturen. Beim toten Papst wollte der Arzt eine neue Methode der Einbalsamierung anwenden. Dabei werden die inneren Organe im Körper belassen. Doch bei der damals herrschenden Hitze verweste der Körper so rasch, dass die Organe beim Zersetzungsprozess mit einem lauten Geräusch zerplatzten. Während der Aufbahrung im Petersdom verfärbte sich das Gesicht grau, dann grün und purpurrot. Die Nase des Toten wurde schwarz und fiel vor der Beisetzung ab.

[149] Galeazzi-Lisi, Dans l'ombre et dans la lumière de Pie XII, S. 172.

[150] Siehe dazu Lehnert, Ich durfte ihm dienen, S. 152f.

[151] Frdl. Hinweis von P. Peter Gumpel, Rom – 12.6.2007.

[152] Die Behandlung basierte auf der Injektion von »lebenden Zellen« unter die Haut des Patienten. Diese Zellen stammten von Föten von Schafen und Affen, wobei vorzugsweise Zellen aus dem vorderen Teil des Gehirns der Embryos verwendet wurden. Niehans sah seine Therapie als eine Art »Universalheilmittel« und als ein Mittel gegen den Alterungsprozess. Die Anwendung dieser Kur erfolgte üblicherweise in einer eigenen Klinik oberhalb des Genfer Sees. Die Methode der Frischzellentherapie war ganz sicher nicht unumstritten.

[153] Siehe dazu allgemein: Fischer, Niehans. Arzt des Papstes – Das Mariani-

sche Jahr: 1854 verkündete Papst Pius IX. (1846–1878) das Dogma von der Unbefleckten Empfängnis Mariens. Im Jahr 1954, zum Jahrhundertjubiläum, wurde unter Pius XII. ein »Marianisches Jahr« gefeiert.

[154] Archiv Institut Menzingen – 5.3.1954.

[155] Archiv Institut Menzingen – 25.9.1954.

[156] Archiv Institut Menzingen – 28.12.1954.

[157] Lehnert, Ich durfte ihm dienen, S. 159.

[158] Frdl. Hinweis von P. Peter Gumpel – 12.6.2007.

[159] Archiv Institut Menzingen – 4. Juli 1950.

[160] Archiv Institut Menzingen – 4. Juli 1950.

[161] Lehnert, Ich durfte ihm dienen, S. 161.

[162] Archiv Institut Menzingen – Himmelfahrtsfest 1955.

[163] Archiv Institut Menzingen – 9.7.1955.

[164] Archiv Institut Menzingen – 20.10.1958.

[165] Lehnert, Ich durfte ihm dienen, S. 187.

[166] Lehnert, Ich durfte ihm dienen, S. 189.

[167] Lehnert, Ich durfte ihm dienen, S. 189.

[168] Lehnert, Ich durfte ihm dienen, S. 192.

[169] Lehnert, Ich durfte ihm dienen, S. 192.

[170] Rathgeber, Pastor Angelicus, S. 330.

[171] Nach Empfang der Todesnachricht verließ Kardinal Spellman das Schiff SS »Olympia«, um in einem amerikanischen Flugzeug über Lissabon nach Rom zurückzukehren. Die »Olympia« hatte ihren Kurs ändern müssen, um den Hafen von Praia da Viyoria, Azoren, anlaufen zu können.

[172] Gannon, The Cardinal Spellman Story, S. 416f.

[173] Gespräch mit P. Gumpel SJ am 20.3.2007 in Rom.

[174] Pascalina sei damals angeblich zu weit gegangen: es sei ihr die Hand ausgerutscht. Siehe dazu: Cooney, The American Pope, S. 262.

[175] Gespräch mit Prof. Schambeck am 19.2.2007 in Wien.

[176] Archiv Institut Menzingen.

[177] Bis in ihre letzten Lebensjahre vertraute sie ihren Kummer P. Peter Gumpel in Rom an.

[178] The American Catholic History Research Center & University Archives, Washington, Muench Papers, Folder 29, Box 12 – 9.11.1958.

[179] Archiv »Das Werk«, Collegium Paulinum, Rom.

[180] Archiv »Das Werk«, Collegium Paulinum, Rom.

[181] Archiv Institut Menzingen.

[182] Archiv Institut Menzingen. – Mit Kardinal ist in München sicher Kardinal Michael von Faulhaber gemeint.

[183] Archiv Institut Menzingen.

[184] The American Catholic History Research Center & University Archives, Washington, Muench Papers, Folder 29, Box 12.

[185] Archiv Institut Menzingen.

[186] Archiv Institut Menzingen. Am Schluss des Beileidsbriefes bat P. Hentrich Madre Pascalina um eine »Kleinigkeit«. In der Lade seines Schreibtisches in dem letzten Zimmer der Privatbibliothek (mit den Glas-Bücher-schränken) läge noch sein »ombrello tascabile«, ein Taschenschirm Marke »Knirps« für Herren. Das war ein Geschenk seiner Nichten. Sollte Pascalina, wie er vermutete, bei der endgültigen Übergabe aller Sachen an den »Neugewählten« dabei sein, dann sollte sie auf diesen Umstand aufmerksam machen.

[187] Lehnert, Ich durfte ihm dienen, S. 87.

[188] Archiv Institut Menzingen.

[189] Archiv Institut Menzingen – 10.5.1959.

[190] Galeazzi-Lisi, Dans l'ombre et dans la lumière de Pie XII, S. 102.

[191] Brechenmacher, Der Vatikan und die Juden, S. 254.

[192] Die Fortsetzung der von Papst Paul VI. als Reaktion auf Hochhuths Drama »Der Stellvertreter« eingeleiteten Politik der Freigabe von Archivmaterial wird zur Versachlichung der Debatten der Geschichtswissenschaft letztendlich beizutragen haben. Siehe dazu: Brechenmacher, Der Vatikan und die Juden, S. 275.

[193] Lehnert, Ich durfte ihm dienen, S. 126.

[194] Archiv Institut Menzingen.

[195] The American Catholic History Research Center & University Archives, Washington, Muench Papers, Folder 29, Box 12 – 8.11.1958.

[196] Gespräche mit P. Gumpel am 19.3.2007 in Rom und Telefonate. Siehe dazu auch: Feldkamp, Wird Pius XII. bald seliggesprochen?, in: Rheinischer Merkur Nr. 20 vom 17.5.2007.

Anmerkungen zu Teil IV

[1] The American Catholic History Research Center & University Archives, Washington, Muench Papers, Folder 29, Box 12 – 23.12.1958. Dank an Processing Archivist Jordan Patty, Washington, D.C.

[2] Schwester Graziana, (*1902) Profess im Instituto San Lorenzo, Sondrio, 1927 als Schwester Graziella. Durch ihren Wechsel aus der Provinz Italien in die Provinz Schweiz nahm sie den Namen Maria Graziana an. Der Katalog von 1959 führt sie in Cadegliano/Varese, Casa Santa Croce, pensione estiva. Am 21.12.1987 starb sie in San Lorenzo.

[3] Archiv Institut Menzingen – Rom 4.1.1953.

[4] Sie trat am 2. April 1930 in Menzingen ein, wurde am 28. August 1931 in das Noviziat aufgenommen und legte am 1. September 1932 die heilige Profess ab. Ihr eigentlicher Wunsch war gewesen, in die Mission zu gehen. So wurde sie als Krankenschwester ausgebildet, und nach Wanderjahren kam sie 1942 für zwölf Jahre nach Sonvico im Tessin, wo sie vor allem betagte Menschen pflegte und Italienisch lernte.

[5] Archiv Institut Menzingen – Rom 27.4.1959.

[6] Archiv North American College – 9.9.1959. Mit dem Zusatz vertraulich an Maria Carmela Motta.

[7] Lebensbild von Maria Konrada von Uta Teresa Fromherz, Menzingen (unveröffentlicht).

[8] Archiv Institut Menzingen – 22.9.1952.

[9] Archiv Institut Menzingen – 22.9.1952.

[10] Archiv Institut Menzingen – 22.9.1952.

[11] Archiv Institut Menzingen – 22.10.1952.

[12] Archiv Institut Menzingen – 4.11.1952.

[13] Archiv Institut Menzingen – 10.2.1954.

[14] Gannon, The Cardinal Spellman Story, S. 105.

[15] Erzbischöfliches Archiv München – NL Faulhaber.

[16] Erzbischöfliches Archiv München – NL Faulhaber – 5.1.1947.

[17] Archiv Pontifical North American College – 4.6.1963. Dank an Archivist Norma Fultz, Rom.

[18] Archiv Pontifical North American College – 13.3.1963.

[19] Archiv Pontifical North American College – handschriftlicher Bericht; Brief an Martin J. O'Connor vom 17.8.1963.

[20] Die folgenden Zitate sind aus dem Gespräch mit Schwester Prisca am 10.10.2006 in Menzingen entnommen.

[21] Archiv Institut Menzingen – Laut Katalog von 1969 wohnte Pascalina 1969 zusammen mit Schwester Maria Konrada Grabmair unter dem Titel »Procura Generalizia« unter der Adresse 00166 Roma, Via Aurelia km 8,287.

[22] Archiv Provinzhaus Hl. Kreuz, Altötting – Alt-Neuöttinger Zeitung Nr. 216 vom 20.9.1967.

[23] Den Goldkranz als Jubilarinnen trugen die Schwestern Pascalina Lehnert aus Ebersberg, Diözese Passau; Maria Paula Wolf aus Troschenreuth, Diözese Eichstätt; Sigismunda Dietz aus Holzhausen/Oberpfalz, Diözese Regensburg; Mechthildis Rebmann aus Kirchzarten/Schwarzwald, Diözese Freiburg; Kunigunde Schnell aus Train/Oberpfalz, Diözese Regensburg; Bonifatia Walle aus Ormesheim/Rheinpfalz, Diözese Speyer; ferner die vom gleichen Professkurs stammenden, in der Mission wirkenden

Schwestern Wilhelmine Diegruber aus Julbach, Diözese Passau, seit 1922 in Afrika; Maria Gertrudis Sax aus Ensdorf/Oberpfalz, Diözese Regensburg, seit 1923 in Afrika.

[24] Das 60-jährige Professjubiläum fand 1977 wieder im Provinz- und Missionshaus in Altötting statt.

[25] Archiv Institut Menzingen.

[26] Bericht der Schwestern bei meinem Besuch im Casa Pastor Angelicus am 20.3.2007.

[27] Kopie von Prof. Schambeck erhalten.

[28] Gespräch mit Schwester Salutaris im Casa Pastor Angelicus am 20. März 2007.

[29] Feldkamp, Pius XII. und Deutschland, S. 112.

[30] Archiv Institut Menzingen.

[31] Archiv Institut Menzingen.

[32] Archiv Institut Menzingen.

[33] Archiv Institut Menzingen.

[34] Archiv Institut Menzingen.

[35] Archiv Institut Menzingen.

[36] Archiv Institut Menzingen – 3.8.1970.

[37] Archiv Institut Menzingen – 19.09.1070.

[38] Archiv Institut Menzingen – 5.10.1970.

[39] Archiv Institut Menzingen – 25.9.1970.

[40] Archiv Institut Menzingen – 25.9.1970.

[41] Archiv Institut Menzingen – 25.9.1970.

[42] Gespräche mit den Schwestern im Mutterhaus in Menzingen.

[43] Das Zweite Vatikanische Konzil (Vaticanum II.), welches von der katholischen Kirche als das 21. Ökumenische Konzil angesehen wird, fand vom 11. Oktober 1962 bis zum 8. Dezember 1965 statt. Es wurde von Papst Johannes XXIII. mit dem Auftrag zu pastoralem und ökumenischem Denken einberufen. Der Papst wies ausdrücklich darauf hin, dass eine Aktualisierung dogmatischer Sätze im Sinne ihrer Orientierung auf das Verständnis des gegenwärtigen Zeitalters möglich und notwendig sei. Nach dem Tod von Papst Johannes XXIII. im Jahr 1963 wurde das Konzil durch Papst Paul VI. fortgesetzt und beendet.

[44] Archiv Institut Menzingen.

[45] Archiv Institut Menzingen – 10.5.1959 nach Menzingen.

[46] Archiv Institut Menzingen – 25.5.1959 nach Menzingen.

[47] Archiv Institut Menzingen – 18.11.1958 aus Rom.

[48] Archiv Institut Menzingen.

[49] Siehe dazu: Süddeutsche Zeitung in: Kostbarkeiten über Papst Pius XII. von Harald Vocke, in: Deutsche Tagespost vom 15. Februar 1983, Nr. 19,

S. 3. und Schambeck »Ein ›Vicarius Christi‹ schlechthin«, in: L'Osservatore Romano – Wochenausgabe in deutscher Sprache vom 4.3.1983.

50 Gespräch mit P. Hermann Geißler zusammen mit Diakon Dominick Oversteyns (Belgien) am 19. März 2007 im Collegium Paulinum, Rom.

51 1983 übernahm die geistliche Familie »Das Werk« das Kloster Thalbach auf Bitten der Dominikanerinnen. Durch die Verbreitung des »Werkes« in zahlreichen Ländern ist das Kloster Thalbach zu einer Stätte internationaler Begegnung für geistliche, religiöse und wissenschaftlich-theologische Vertiefung geworden.

52 Archiv Collegium Paulinum – Dank an P. Hermann Geißler für die Überlassung der Briefkopien.

53 Lebensbild von Maria Konrada von Schwester Uta Teresa Fromherz, Menzingen vom 20. Februar 1998 (unveröffentlicht).

54 Lebensbild von Maria Konrada von Schwester Uta Teresa Fromherz, Menzingen vom 20. Februar 1998 (unveröffentlicht).

55 Die Oberin Loyola Thedathucherry/Kerala (geb. 1945, Profess 1970) kehrte in ihre Heimat nach Indien zurück. Ebenso verließen Schwester Salutaris und Schwester Pietra Divora (geb. 1948, Profess 1972) das ihnen so vertraute Haus. Die seit 1977 in Rom gewesene Krankenschwester Pietra wurde im Mutterhaus in Altötting sehnlichst zum Dienst erwartet. Schwester Salutaris, die 50 Jahre in Rom gelebt hatte, kehrte ebenfalls nach Altötting zurück – in den wohlverdienten Ruhestand.

56 Petrus Canisius Jean van Lierde (22.04.1907–12.03.1995), seit 1951 Titularbischof von Porfireone, ab 14.01.91 Altgeneralvikar für die Città del Vaticano.

57 Wetter, Das Wirken des Nuntius Pacelli in Bayern, in: Schambeck, Pius XII. – Friede durch Gerechtigkeit, S. 31ff.

58 Schambeck (Hg.), Pius XII. zum Gedächtnis, Berlin 1977 – Das Buch umfasst den Lebenslauf und das Wirken des Papstes mit den verschiedenen Schwerpunkten seiner Lehre in Theologie, aber auch auf den Gebieten der Rechts-, Staats- und Sozialwissenschaften. Vor allem auch mit Hinweisen und Materialien auf die Initiative Papst Pius XII. zur Vorbereitung eines II. Vatikanischen Konzils, dessen Idee auf ihn zurückging.

59 Dank an Generalvikarin M. Olimpia Konopka für die Überlassung ihrer Aufzeichnungen.

60 Lierde van, Ein psychologischer Schlüssel: ihr deutsches Temperament. Zum 90. Geburtstag von Schwester Pascalina Lehnert, in: L'Osservatore Romano, Wochenendausgabe in deutscher Sprache vom 24. August 1984/Nr. 34–35. Das ist ein erneuter Abdruck der denkwürdigen Homilie, die der Generalvikar bei der Totenmesse für Schwester Pascalina gehalten hatte.

241

[61] Lehnert, Der Tagesablauf und das Wirken des Heiligen Vaters, in: Pius XII. – Frieden durch Gerechtigkeit, hg. v. Schambeck, S. 45f.

[62] Gespräch mit Prof. Schambeck am 19.2.2007 in Wien.

[63] Aus: Immortellen Nr. 106, Menzingen Februar 1983.

[64] Bericht der VIP-Hostess B. Zehetner vom 9.2.1984, überlassen von Prof. Schambeck am 19.2.2007 in Wien.

[65] Bericht B. Zehetner.

[66] Lehnert, Ich durfte ihm dienen, S. 29.

[67] Gespräch zwischen Schwester Uta Fromherz und Schwester Maria Crucis Doka am 20. April 2007. – Im Katalog der Schwestern vom Heiligen Kreuz erscheint Schwester Pascalina ab 1972 als »einfache« Schwester zur Provinz Deutschland gehörend.

[68] Lierde van, Ein psychologischer Schlüssel: ihr deutsches Temperament. Zum 90. Geburtstag von Schwester Pascalina Lehnert, in: L'Osservatore Romano, Wochenendausgabe in deutscher Sprache vom 24. August 1984/Nr. 34–35.

[69] Archiv Collegium Paulinum, Rom – Wie schon erwähnt, trug Madre Pascalina immer ein Täschchen mit sich. Darin fanden sich auch Blätter mit Gebeten.

Literaturverzeichnis

Albrecht, Dieter, Der Notenwechsel zwischen dem Heiligen Stuhl und der deutschen Reichsregierung. I: Von der Ratifizierung des Reichskonkordats bis zur Enzyklika »Mit brennender Sorge«, Reihe A: Quellen, Band 1, Paderborn 1970

Bayern, Konstantin Prinz von, Papst Pius XII. Ein Lebensbild, Stein am Rhein 1980

Becker, Josef, Der Vatikan und der II. Weltkrieg, in: Heinen, Ernst, Schoeps, Hans Julius (Hg.),Geschichte in der Gegenwart. Festschrift für Kurt Kluxen zu seinem 60. Geburtstag, Paderborn 1972, S. 301–317

Benz, Wolfgang, Was ist Antisemitismus?, München 2004

Besier, Gerhard, in Zusammenarbeit mit Francesca Piombo, Der heilige Stuhl und Hitler-Deutschland. Die Faszination des Totalitären, München 2004

Binotto, Thomas, Durch alle Stürme. Bernarda Heimgartner – Ordensgründerin und Kämpferin für die Bildung der Frauen, Luzern 2003

Blet, Pierre, Papst Pius XII. und der Zweite Weltkrieg. Aus den Akten des Vatikans, Paderborn 2. Aufl. 2000

Brandmüller, Walter (Hg.), Handbuch der bayerischen Kirchengeschichte, Bd. 3: Vom Reichsdeputationshauptschluss bis zum Zweiten Vatikanischen Konzil, St. Ottilien 1991

Brandmüller, Walter, Holocaust in der Slowakei und katholische Kirche, Neustadt an der Aisch 2003

Brechenmacher, Thomas, Der Vatikan und die Juden, Geschichte einer unheiligen Beziehung vom 16. Jahrhundert bis zur Gegenwart, München 2005

Charles-Roux, François, Huit ans au Vatican. 1932–1940, Paris 1947

Chélini, Jean, Histoire de l'Eglise du Christ 1,1 – L'Eglise sous Pie XII: la tourmente (1939-1945), Paris 1970

Chenaux, Philippe, Pie XII. Diplomate et pasteur, Paris 2003

Congregatio de causis sanctorum, Index ac Status Causarum. Città del Vaticano 1999

Cooney, John, The American Pope. The Life and Times of Francis Cardinal Spellmann, New York 1984

Cornwell, John, Pius XII. Der Papst, der geschwiegen hat, München 2001

Cornwell, John, Hitler's Pope. The Secret History of Pius XII., New York 1999

Feldkamp, Michael F., Pius XII. und Deutschland, Göttingen 2000

Fischer Heinz-Joachim, 1930 zogen wir dann in den Vatikan, in: FAZ vom 22. März 1983

Fischer, Kurt Joachim, Niehans. Arzt des Papstes, München, 3. Aufl., Wien 1957

Flynn, George Q., Roosevelt and Romanism. Catholics and American Diplomacy, 1937–1945, Westport, Connecticut 1976

Fogarty, Gerald, The Vatican and the American Hierarchy from 1870 to 1965, Stuttgart 1982

Frenke, Cyrenäa, Pauline von Mallinckrodt. In ihrer Zeit 1817–1881, Paderborn 1984

Friedländer, Saul, Pius XII. und das Dritte Reich, Reinbek bei Hamburg 1965

Fromherz, Uta Teresa, Menzinger Schwestern, in: Henggeler, Rudolf von, Beaudoin, Yvon (Hg.), Helvetia Sacra, Basel 1989, S. 278–315

Fromm, Bella, Als Hitler mir die Hand küsste, Reinbek bei Hamburg 1997

Fromm, Bella, Blood and Banquets. A Berlin Social Diary, New York 2002

Gatz, Erwin, Roma Christiana. Ein kunst- und kulturgeschichtlicher Führer über den Vatikan und die Stadt Rom, Regensburg 1998

Gatz, Erwin (Hg.), Hundert Jahre Deutsches Priesterkolleg beim Campo Santo Teutonico 1876–1976. Beiträge zu seiner Geschichte, Freiburg 1977

Gannon, Robert I., The Cardinal Spellman Story, New York 1962

Galeazzi-Lisi, Riccardo, Dans l'ombre et dans la lumière de Pie XII, Paris 1960

Gebhardt, Caritas, Mutterhauschronik, Geschichte der Barmherzigen Schwestern vom hl. Vinzenz von Paul – Mutterhaus, München 1923

Götz, Roland/Kornacker, Jörg/Treffler, Guido, Berufung Faulhabers zum Kardinal von München und Freising, in: Kardinal Michael von Faulhaber: 1869–1952, S. 169–175

Guttenberg Elisabeth von, Beim Namen gerufen. Erinnerungen, Berlin 2000

Katz, Robert, Rom 1943–1944. Besatzer, Befreier, Partisanen und der Papst, Essen 2006

Hatch, Alden and Walshe, Seamus, Crown of Glory. The Life of Pope Pius XII., London 1957

Haub, Rita, P. Rupert Mayer SJ und P. Alfred Delp SJ, in: Münchener Theologische Zeitschrift Heft 4, 2006, S. 305-319

Henggeler, Rudolf von, Beaudoin, Yvon, Helvetia Sacra, Abteilung VIII, Band 2: Die Kongregationen in der Schweiz – 19. und 20. Jahrhundert, hg. vom Kuratorium der Helvetia Sacra, Basel, 1998

Internationales Edith Stein Institut (Hg.), Edith Stein Jahrbuch 2004, Würzburg 2004

Kardinal Michael von Faulhaber: 1869–1952 (Katalog). Eine Ausstellung des Archivs des Erzbistums München und Freising der Bayerischen Hauptstaatsarchive und des Stadtarchivs München zum 50. Todestag, Neuburg an der Donau 2002

Kloos, Basina (Hg.), Frauen – Klosterführer, München 2001

Kornacker, Susanne, Der »Apostelkreis« Faulhabers, in: Kardinal Michael von Faulhaber: 1869–1952, S. 464

Kornacker, Susanne, Karitatives Wirken Faulhabers, in: Kardinal Michael von Faulhaber: 1869–1952, S. 422f.

Krammer, Markus (Hg.), Ebersberger Geschichten, Bd. 1, hg. von der Stadt Ebersberg, Ebersberg 2000

Kusch, Erich B., Alle meine Päpste, in: Strieder, Swantje (Hg.), Merian, Rom und der Vatikan, 9/2004

Lazzarini, Andrea, Papst Paul VI. Sein Leben und seine Gestalt, Freiburg 1965

Lehnert, M. Pascalina, Ich durfte ihm dienen. Erinnerungen an Papst Pius XII., 8. Aufl., Würzburg 1986

Lehnert, Pascalina, La giornata del Pontefice PIO XII., in: I L'Osservatore Romano, Città del Vaticano vom 12. März 1952

Leiber, Robert, Pius XII. Sonderdruck aus Stimme der Zeit, Band 163 (1958/59 – November 1958), Heft 2, S. 81–100

Leimgruber, Stephan, Seelsorge und Religionsunterricht in und um München in der Kriegs- und Nachkriegszeit, in: Münchener Theologische Zeitschrift, Heft 4, 2006, S. 376

Maier, Hans, Pius XII. – Zukunftsweisender Mahner der Politik, in: Schambeck, Herbert (hg.), Pius XII. – Friede durch Gerechtigkeit, Wien 1986, S. 39–42

Malachi, Martin, The Decline and Fall of the Roman Church, New York 1981

Münchener Theologische Zeitschrift. München 60 Jahre nach Kriegsende, 57. Jahrgang, Heft 4, 2006

Mathieu-Rosay, Jean, Die Päpste im 20. Jahrhundert, Darmstadt 2005

Morsey, Rudolf, Fritz Gerlich (1883–1934). Publizist, Prophet, Märtyrer (Kirche und Gesellschaft 210), Köln 1994

Morsey Rudolf (Hg.), Zeitgeschichte in Lebensbildern. Aus dem deutschen Katholizismus des 20. Jahrhunderts, Bd. 2, Mainz 1975

Murphy, Paul I., Arlington R. Rene, La Popessa: The Controversal Biography of Sister Pascalina, the Most Powerful Woman in Vatican History, New York 1983

Napolitano, Matteo L. und Tornielli, Andrea, Il Papa che salvò gli ebrei, Casale Monferrato 2001

Padellaro, Nazareno, Pius XII., Bonn 1957

Pallenberg, Corrado, Hinter den Türen des Vatikan, München 1961

Pallenberg, Corrado, Paul VI., Schlüsselgestalt eines neuen Papsttums, München 1965

Pfister, Peter, Faulhaber und Kardinalstaatssekretär Pacelli (43), in: Kardinal Michael von Faulhaber: 1869–1952, S. 208–212

Pfister, Peter Kirchenamtliche und persönliche Verbindungen zum Apostolischen Nuntius Pacelli und zu Papst Pius XI. (42), in: Kardinal Michael von Faulhaber: 1869–1952, S. 204ff.

Pfister, Peter (Hg.), Michael Kardinal von Faulhaber (1869–1952). Beiträge zum 50. Todestag und zur Öffnung des Kardinal-Faulhaber-Archivs. Schriften des Archivs des Erzbistums München und Freising, Bd. 5, Regensburg 2002

Pfister, Peter, Zur Ausstellung, in: Kardinal Michael von Faulhaber: 1869–1952, S. 13–16

Rathgeber, Alphons Maria, Pastor Angelicus. Ein Lebensbild des Papstes Pius XII., Kempten im Allgäu 1960

Repgen, Konrad, Hitlers »Machtergreifung«, die christlichen Kirchen, die Judenfrage und Edith Steins Eingabe an Pius XI. vom (9.) April 1933, in: Internationales Edith Stein Institut (Hg.), Edith Stein Jahrbuch 2004, S. 31–68

Repgen, Konrad, Pius XII. und die Deutschen, in: Schambeck, Herbert (Hg.), Pius XII. – Friede durch Gerechtigkeit, Wien 1986, S. 144–161

Ruppel, Edith, Zur Tätigkeit des Eugenio Pacelli als Nuntius in Deutschland, in: Zeitschrift für Geschichtswissenschaft 7 (1959), S. 297–317

Rutishauser, Maria Clarissa, Mutter Maria Schwerer, Leben und Werk, Ingenbohl 1959

Sánchez, José M., Pius XII. und der Holocaust. Anatomie einer Debatte, Paderborn 2003

Sailer, Gudrun, Frauen im Vatikan. Begegnungen, Portraits, Bilder, Leipzig 2006

Schad, Martha, Bayerns Königinnen, 4. Aufl., Regensburg 2006

Schad, Martha, Frauen gegen Hitler, München 2001

Schad, Martha, Kaiserin Elisabeth und ihre Töchter, München 1997

Schambeck, Herbert (Hg.), Pius XII. zum Gedächtnis, Berlin 1977

Schambeck, Herbert (Hg.), Pius XII. – Friede durch Gerechtigkeit, Kevelaer 1986

Schambeck, Herbert, Pius XII. und der Weg der Kirche, hg. v. Institut für Demokratieforschung Würzbug, Band 27, Würzburg 1979

Schauber, Vera, Schindler, Hanns Michael, Heilige und Namenspatrone im Jahreslauf, Augsburg 2003

Schmid, Johanna, Papst Pius XII. begegnen, Augsburg 2001

Schmidt, Paul, Statist auf diplomatischer Bühne 1923-45, Bonn 1953

Scholder, Klaus, Die Kirchen zwischen Republik und Gewaltherrschaft. Gesammelte Aufsätze, hg. v. Karl Otmar von Aretin und Gerhard Besier, Berlin 1988

Schwaiger, Georg, Kardinal Michael von Faulhaber, in: Zeitschrift für Kirchengeschichte 80 (1969) S. 359–374

Sheldon, Marcus, Father Coughlin, The Tumultous Life of the Priest of the Little Flower, Boston 1973

Spellman, Francis J., No Greater Love. The Story of our Soldiers, New York 1945

Spicer, Kevin, Resisting the Third Reich: The Catholic Clergy in Hitler's Berlin, Northern Illinois University Press, 2004

Steiner, Peter, Zerstörung und Wiederaufbau der Kirchen Münchens, in: Münchener Theologische Zeitschrift, 57. Jg., Heft 4, 2006, S. 291–304

Strauß, Franz Josef, u.a., Ansprachen anlässlich der Verleihung des Bayerischen Verdienstordens am 12. Juni 1980, 10.00 Uhr im Antiquarium der Residenz in München

Strindberg, Friedrich, Beloved, hated, forgotten: the German nun Pasqualina. The Woman who was the Pope's housekeeper, Collection Personal Papers of Drew Pearson, Box G 205, 2 of 3, »Quick # 1«, Archiv Lyndon B. Johnson Library and Museum, Hyde Park, NY, USA, vom 4.12.2001

Tardini, Domenico Kardinal, Pius XII. als Oberhirte, Priester und Mensch, Freiburg, Basel, Wien 1961

Tornielli, Andrea, Pio XII. – Il Papa degli Ebrei, Casala Monferrato 2001

Vocke, Harald, Der demütige Dienst der Schwester Pascalina, in: Die deutsche Tagespost vom 15./16. November 1983

Volk, Ludwig, Michael Kardinal von Faulhaber (1869–1952), in: Morsey, Rudolf (Hg.): Zeitgeschichte in Lebensbildern. Aus dem deutschen Katholizismus des 20. Jahrhunderts, Bd. 2, Mainz 1975, S. 101–113

Vorderholz, Rudolf, Umgang mit verfolgten Katholiken (82) »Geh den geraden Weg« – Kardinal Faulhaber und Fritz Gerlich, in: Kardinal Michael von Faulhaber: 1869–1952, S. 345–348

Warren, Donald, Radio Priest. Charles Coughlin, the Father of Hate Radio, New York 1996

Waxenberger, Johannes, Der Katholikentag in München 1922. Fragen und Ergänzungen zu den veröffentlichten Archivalien, in: Beiträge zur altbayerischen Kirchengeschichte 35 (1984), S. 219–228

Weiß, J. Dieter, Kronprinz Rupprecht von Bayern. Eine politische Biographie, Regensburg 2007

Weitlauff, Manfred, Die Leitung der Erzdiözese München und Freising in Kriegs- und Nachkriegszeit, in: Münchener Theologische Zeitschrift, 57. Jhg., Heft 4, 2006, S. 320–346

Weitlauff, Manfred, Josef Kardinal Wendel (1901–1960), Koadjutor-Bischof und Bischof von Speyer (1941–1952), Erzbischof von München und Freising (1962–1960). Leben und Wirken eines Bischofs der Ära Pius' XII. Aus Anlass seines 100. Geburtstags, des 60. Jahrestages seiner Bischofsweihe und des 50. Jahrestags zur Erhebung zum Erzbischof von München und Freising, in: BABKG 46 (2001) S. 9–207

Wetter, Friedrich, Das Wirken des Nuntius Pacelli in Bayern, in: Schambeck, Herbert (Hg.), Pius XII. – Friede durch Gerechtigkeit, Wien 1986 S. 31–34

Willer, P. Pankratius Pfeiffer, Vom Bäckergesellen zum Vatikandiplomat, hg.v. Kath. Pfarramt Waltenhofen mit Gemeinde Schwangau, Lindenberg, 2005

Wolf, Hubert, Pacelli, die Kardinäle und der Nationalsozialismus, in: FAZ, No. 24 vom 28.1.2006

Wolf, Hubert, Unterburger, Klaus (Bearb.), Eugenio Pacelli. Die Lage der Kirche in Deutschland 1919, Veröffentlichungen der Kommission für Zeitgeschichte, hg. von Ulrich von Hehl, Reihe A: Quellen, Bd. 50, Paderborn 2006

Zellinger-Kratzl, Hildegard (Hg.), 175 Jahre Barmherzige Schwestern in Bayern 1832 bis 2007, hg. im Jubiläumsjahr 2007 von der Kongregation der Barmherzigen Schwestern vom heiligen Vinzenz von Paul München, München 2007

Zittel, Bernhard, Die Vertretung des Hl. Stuhles in München 1785–1934, in: Der Mönch im Wappen. Aus Geschichte und Gegenwart des katholischen München, München 1960, S. 419–494

Ziegler, Walter, Kardinal Faulhaber im Meinungsstreit. Vorwürfe, Kritik, Verehrung, Bewunderung, in: Kardinal Michael von Faulhaber: 1869–1952, München 2002, S. 64–93

Dank

Bei der Recherche für ein Buch sandte man mir fälschlicherweise aus dem Archiv Lyndon B. Johnson Library, Hyde Park, NY, den Aufsatz von Friedrich Strindberg: »Beloved, hated, forgotten: the German nun Pasqualina. The Woman who was the Pope's housekeeper«. So kam Schwester Pascalina bei mir an.

Ich danke allen, die mich beim Entstehen dieser Biographie helfend begleitet und unterstützt haben. An erster Stelle steht mein tiefer Dank an Dr. Uta Teresa Fromherz, Schwester vom Heiligen Kreuz, Institut Menzingen/Schweiz, der ich diese Biographie über ihre Mitschwester Pascalina gewidmet habe. Dank auch an Schwester Magdala Geser.

Mein Dank im Vatikan und in Rom gilt an erster Stelle Prof. Dr. P. Peter Gumpel SJ für sein überaus freundliches Wohlwollen an meiner Arbeit. Ich bedanke mich bei Mons. Prof. Dr. Walter Brandmüller sowie Dr. P. Hermann Geißler FSO.

Mein Dank geht auch zum Provinz- und Missionshaus Hl. Kreuz in Altötting und an die Barmherzigen Schwestern, München.

Für wertvolle Hinweise danke ich Prof. Dr. Manfred Weitlauff, Augsburg, Prälat Dr. Norbert Maginot, Augsburg, und Dr. Klaus Unterburger, Universität Münster. Diplom-Bibliothekar Werner Schwarz von der Universitätsbibliothek Augsburg ebenfalls herzlichen Dank.

Bei Archivdirektor Dr. Peter Pfister, Archiv des Erzbistums München und Freising, bedanke ich mich, ebenso bei Guido Treffler MA, vor allem aber bei Lic. theol. Susanne Kornacker, die mir mit ihrem großen Wissen über Kardinal Faulhaber zur Seite stand.

Schließlich darf ich mich bei Hans Lehnert, München, einem Neffen von Schwester Pascalina, ganz herzlich für die gute Zusammenarbeit bedanken.

Ich danke meiner Verlegerin Brigitte Fleissner-Mikorey, ebenso Dr. Carmen Sippl und meiner einfühlsamen und klugen Lektorin Dagmar von Keller.

Augsburg, im Juli 2007   Dr. Martha Schad

Abbildungsnachweis

4, 6, 12 und S. 93, 132, 179: Archiv Institut Menzingen; 3, 5: Archiv der Schwester vom Heiligen Kreuz, Altötting; 7 und S. 49: Archiv der Kongregation der Barmherzigen Schwestern vom Hl. Vinzenz von Paul, München; 13: Erzbischöfliches Archiv München, NL Faulhaber, Fotosammlung B4; 14, 16, 18 und S. 33: Archiv der geistlichen Familie »Das Werk«, Rom; 10: picture-alliance/dpa/dpaweb; 8: SV Bilderdienst, Scherl; 17: Peter Becker, Altötting; 1, 2, 19 und S. 7: Hans Lehnert, München; 15, 20, 21: Prof. Dr. Herbert Schambeck, Wien; 11: Helmut Wohner, Ebersberg.

Trotz intensiver Bemühungen konnte der Verlag den Rechteinhaber von Bild 9 nicht ermitteln. Er bittet, ihm bestehende Ansprüche mitzuteilen.

Archive

Schweiz:
Archiv Institut Menzingen – Schwestern vom Heiligen Kreuz

Italien:
Archiv geistliche Familie »Das Werk«, Collegium Paulinum, Rom; Archives Pontifical North American College, Vatican City State

USA:
Archdiocese of New York, Archives Saint Joseph's Seminary, Dunwoodie, Yonkers, N.Y.; »The Diary of Cardinal Spellman«; The American Catholic History Research Center and University Archives, Washington, D.C.; Franklin D. Roosevelt Library, Hyde Park, N.Y.; President's Secretary's File, Justice Department, Hoover, Box 57; Treasury Department, Morgenthau, Box 80; Official Files, Federal Bureau of Investigation, File 10-B, Box 12

München:
Archiv des Erzbistums München und Freising – NL Pfaffenbüchler 1; Erzbischöfliches Archiv München und Freising – NL Faulhaber 1153, 1154, 1552, 1553; Bayerisches Hauptstaatsarchiv; Archiv Barmherzige Schwestern vom hl. Vinzenz von Paul

Personenregister

Ein einfühlsames Porträt

Swetlana war Stalins einzige Tochter. Sie liebte ihren Vater bedingungslos, bis sie als junge Frau die Unmenschlichkeit des Sowjetdiktators erkannte. Beschämt harrte sie in Russland aus, bis ihr 1967, inmitten des Kalten Krieges, die Flucht in die USA gelang – ein Ereignis, das weltweit für Schlagzeilen sorgte. 1984 trieb es sie, jedoch nur für kurze Zeit, zurück in ihre Heimat, desillusioniert zog sie danach für einige Jahre nach England, um sich schließlich wieder in den USA niederzulassen. Dort verstarb sie 2011, vereinsamt und völlig verarmt.

Anhand von Dokumenten, Zeitzeugenberichten und langen Gesprächen mit Stalins Tochter zeichnet die Historikerin Martha Schad den tragischen, außergewöhnlichen Lebensweg der Swetlana Allilujewa nach, der es nicht gelang, aus dem Schatten ihres übermächtigen Vaters herauszutreten.

Martha Schad
Stalins Tochter

272 Seiten mit Abb., ISBN 978-3-7766-2714-5

HERBiG   www.herbig-verlag.de